Éva Hédervári
Bindung und Trennung

Éva Hédervári

Bindung und Trennung

Frühkindliche Bewältigungsstrategien bei kurzen
Trennungen von der Mutter

DUV Deutscher Universitäts Verlag
GABLER · VIEWEG · WESTDEUTSCHER VERLAG

Die Deutsche Bibliothek — CIP-Einheitsaufnahme

> **Hédervári, Éva:**
> Bindung und Trennung : frühkindliche Bewältigungsstrategien
> bei kurzen Trennungen von der Mutter / Éva Hédervári. —
> Wiesbaden : DUV, Dt. Univ.-Verl., 1995
>   (DUV: Psychologie)
> Zugl.: Berlin, Freie Univ., Diss., 1994
> ISBN 3-8244-4178-0

Der Deutsche Universitäts-Verlag ist ein Unternehmen
der Bertelsmann Fachinformation.

© Deutscher Universitäts-Verlag GmbH, Wiesbaden 1995

Das Werk einschließlich aller seiner Teile ist urheberrechtlich
geschützt. Jede Verwertung außerhalb der engen Grenzen des
Urheberrechtsgesetzes ist ohne Zustimmung des Verlags unzulässig und strafbar. Das gilt insbesondere für Vervielfältigungen,
Übersetzungen, Mikroverfilmungen und die Einspeicherung und
Verarbeitung in elektronischen Systemen.

Druck und Buchbinder: Rosch-Buch, Hallstadt
Gedruckt auf chlorarm gebleichtem und säurefreiem Papier
Printed in Germany

ISBN 3-8244-4178-0

Für
Alexander und Erzsébet

Inhaltsverzeichnis

Vorwort 13

1 Einleitung 15

2 Theorie 19

   2.1 Konstitution von Beziehungen: Bindung versus Objektbeziehung 19
      2.1.1 Theoretische Konzepte der Objektbeziehung 19
         2.1.1.1 Der Beitrag vom Sigmund Freud 19
         2.1.1.2 Die psychoanalytische Ich-Psychologie 21
         2.1.1.3 Die Objektbeziehungstheorie 23
      2.1.2 Theoretische Konzepte von Bindung 26
         2.1.2.1 Die Bindungstheorie John Bowlbys 26
         2.1.2.2 Phasen in der Entwicklung von Bindung 28
         2.1.2.3 Das Konzept von Mary Ainsworth 29
         2.1.2.4 Operationalisierung der Bindungsqualität nach
              dem Konzept von Ainsworth 30
   2.2 Bindung und Trennung 32
      2.2.1 Aspekte des Ursprungs und des Wesens von Bindung 32
         2.2.1.1 Die Mutter-Kind Interaktion und Bindung 32
         2.2.1.2 Die Repräsentation von Bindung: Das Konzept der "inneren
              Arbeitsmodelle" 34
         2.2.1.3 Bindung in der frühen Kindheit und im Vorschulalter im Zusammenhang mit der Weiterentwicklung des Bindungskonzeptes 37
         2.2.1.4 Charakteristische Aspekte in der Qualität der Bindungsbeziehung im Vorschulalter 45
      2.2.2 Loslösung und Trennung 46
         2.2.2.1 Trennung und Trennungsreaktionen 46
         2.2.2.2 Trennung im Lichte der Psychoanalyse 48
         2.2.2.3 Loslösung und Individuation 50
      2.2.3 Kompetenz im frühkindlichen Verhalten 53
      2.2.4 Affekte und Bindung 55

2.3 Theoretische Kontroversen 60
   2.3.1 Objektliebe versus emotionales Band 60
   2.3.2 Psychoanalyse, Bindungstheorie und Säuglingsforschung 62
2.4 Fragestellungen 70

3 Methode 72

3.1 Stichprobe 72
3.2 Qualität der Mutter-Kind Bindungsbeziehung 75
   3.2.1 Beschreibung der "Fremden Situation" 75
   3.2.2 Klassifizierung der Bindungsqualität nach Ainsworth 79
      3.2.2.1 Ratingskalen zur Erfassung interaktiven Verhaltens 79
      3.2.2.2 Zuordnung der Bindungsgruppen 81
   3.2.3 Reliabilität 84
3.3 Affektausdruck des Kindes und emotionale Responsivität der Mutter 85
   3.3.1 Ablauf der Erhebungen 85
   3.3.2 Beschreibung des Instrumentes 86
   3.3.3 Beschreibung der Verhaltenskategorien zum
         Affektausdrucksverhalten der Kinder 89
   3.3.4 Beschreibung der Verhaltenskategorien zur Qualität
         der emotionalen Responsivität der Mütter 90
   3.3.5 Reliabilität 92
3.4 Verhaltensorganisation der Kinder in kurzen Trennungsepisoden 93
   3.4.1 Erhebungssituation und Beschreibung des Instrumentes
         zur Kodierung des kindlichen und des mütterlichen Verhaltens
         in kurzen Separationsepisoden 93
   3.4.2 Regeln zur Bestimmung der drei Separationsepisoden 95
   3.4.3 Beschreibung der Variable "kindliches Verhalten" 96
      3.4.3.1 Reaktion des Kindes auf die Ankündigung
           der Separation/Episode 1 97
      3.4.3.2 Verhalten des Kindes während der Abwesenheit
           der Mutter/Episode 2 100
      3.4.3.3 Reaktion des Kindes auf die Wiederkehr
           der Mutter/Episode 3 100
   3.4.4 Beschreibung der Variablen "mütterliches Verhalten" 102

3.4.5   Skalen zur Erfassung des "Kompetenzverhaltens des Kindes
        als Reaktion auf die Ankündigung von kurzen
        Trennungsepisoden" 104
3.4.6   Reliabilität 105
3.5 Fragebogen zur Trennungsangst der Mutter (MSAS) 105
3.6 Statistische Auswertung 107

4 Ergebnisse 110

4.1 Qualität der Mutter-Kind Bindungsbeziehung im internationalen
    Vergleich 110
4.2 Affektive Austauschprozesse zwischen Müttern und Kindern 114
    4.2.1   Affektausdruck der Kinder und emotionale Responsivität der
            Mütter im Alter von 17, 23, 30 und 36 Lebensmonaten
            der Kinder 114
        4.2.1.1   Affektausdruck und Bindungsqualität der Kinder 115
            4.2.1.1.1 Beziehungen zwischen Bindungsqualität und emotionalem
                      Ausdrucksverhalten der Kinder mit 17 Monaten 116
            4.2.1.1.2 Beziehungen zwischen Bindungsqualität und emotionalem
                      Ausdrucksverhalten der Kinder mit 23 Monaten 118
            4.2.1.1.3 Beziehungen zwischen Bindungsqualität und emotionalem
                      Ausdrucksverhalten der Kinder mit 30 Monaten 119
            4.2.1.1.4 Beziehungen zwischen Bindungsqualität und emotionalem
                      Ausdrucksverhalten der Kinder mit 36 Monaten 121
        4.2.1.2   Emotionale Responsivität der Mütter und Qualität
                  der Mutter-Kind Bindungsbeziehung 122
    4.2.2   Emotionales Ausdrucksverhalten der Kinder und
            emotionale Responsivität der Mütter in der Entwicklung 125
        4.2.2.1   Emotionales Ausdrucksverhalten der Kinder in der
                  Entwicklung 126
            4.2.2.1.1 Emotionales Ausdrucksverhalten der Kinder
                      vor der Ankündigung des Separationsstimulus 126
            4.2.2.1.2 Emotionales Ausdrucksverhalten der Kinder
                      nach der Ankündigung der Separation 129

4.2.2.1.3 Emotionales Ausdrucksverhalten der Kinder
während der Separation in der Entwicklung...................... 134

4.2.2.2 Emotionale Responsivität der Mütter............................. 137

4.2.3 Zusammenfassung der Hauptergebnisse der Analysen affektiver
Austauschprozesse zwischen Müttern und ihren Kindern........ 141

4.3 Trennungsverhalten der Kinder und der Mütter während
kurzer Trennungsepisoden... 144

4.3.1 Trennungsverhalten der Kinder und der Mütter während
kurzer Trennungsepisoden im Entwicklungsverlauf................ 144

4.3.1.1 Reaktion der Kinder und der Mütter auf die
Ankündigung der Separation (Erste Episode)...................... 149

4.3.1.2 Verhalten der Kinder während der Separation
(Zweite Episode)... 154

4.3.1.3 Verhalten der Kinder und der Mütter nach der
Separation (Dritte Episode)... 157

4.3.1.4 Zusammenfassung der Hauptergebnisse hinsichtlich
des Trennungsverhaltens der Kinder und der Mütter.............. 162

4.3.2 Kompetenzverhalten der Kinder als Reaktion auf die
Ankündigung der Separation von ihren Müttern und
während der Separation... 164

4.3.2.1 Bewältigungsstrategie als Reaktion der Kinder auf
die Ankündigung der Separation (Episode 1)..................... 166

4.3.2.2 Bewältigungsstrategie als Reaktion der Kinder auf die
Separation (Episode 2).. 169

4.3.2.3 Zusammenfassung der Hauptergebnisse hinsichtlich
des Kompetenzverhaltens der Kinder im Umgang
mit kurzen Trennungen... 172

4.4 Trennungsangst der Mütter.. 173

4.4.1 Zusammenhang zwischen der Trennungsangst der Mütter,
ihrer Berufstätigkeit und der Qualität der Mutter-Kind
Bindungsbeziehung.. 174

4.4.2 Zusammenfassung der Hauptergebnisse des
Trennungsangstfragebogens.. 179

5 Diskussion der Ergebnisse ... 180

5.1 Emotionale Verhaltensorganisation von Kleinkindern und ihren Müttern .. 181
    5.1.1 Emotionales Ausdrucksverhalten der Kinder in Spielinteraktion mit ihren Müttern zwischen dem 17. und 36. Lebensmonat ... 181
    5.1.2 Emotionale Responsivität der Mütter ... 188
5.2 Verhaltensorganisation von Kindern im Umgang mit kurzen Trennungsepisoden zwischen dem 17. und 36. Lebensmonat ... 191
    5.2.1 Reaktion der Kinder auf die Ankündigung der Separation sowie auf den Vollzug der Separation im Zusammenhang mit der Bindungssicherheit ... 192
    5.2.2 Zusammenhang zwischen der Bindungssicherheit und der Verhaltensorganisation der Kinder in den Wiedervereinigungsepisoden ... 198
    5.2.3 Verhaltensorganisation von Kindern im Umgang mit kurzen Trennungsepisoden für die Gesamtgruppe im Entwicklungsverlauf ... 200
    5.2.4 Verhalten von Müttern in Trennungsepisoden ... 202
5.3 Bewältigungsstrategien als Kompetenz der Kinder im Umgang mit kurzen Trennungen von der Mutter ... 203
5.4 Trennungsangst der Mütter ... 207
5.5 Zusammenfassung und Ausblick ... 213

6 Literatur ... 223

Vorwort

Die vorliegende Arbeit wurde durchgeführt im Rahmen der DFG Längsschnittstudie: "Die Bedeutung der emotionalen Qualität der Mutter-Kind Interaktion für den Erwerb der Dialogfähigkeit des Kindes - eine empirische Studie" am Fachbereich Germanistik der Freien Universität Berlin. Die Datenerhebungen der Studie wurden an ursprünglich 39 Mutter-Kind Paaren durchgeführt und umfaßten den Zeitraum von März 1989 bis August 1991. Die Begründung, Planung und Durchführung der DFG Längsschnittstudie erfolgte unter der Leitung von Frau Prof. Dr. Gisela Klann-Delius.

Frau Prof. Dr. Gisela Klann-Delius danke ich für die wertvollen Anregungen und Hilfestellungen bei der Ausarbeitung der Fragestellung und bei der endgültigen Fertigstellung der Arbeit. Herrn Prof. Dr. Hans Oswald, möchte ich für seine fachliche Unterstützung, sein Verständnis und seine Geduld insbesondere bei der Endfassung der Arbeit meinen Dank aussprechen.

Allen meinen Freundinnen und Kolleginnen, die mich unterstützt haben, danke ich ganz herzlich, vor allem Annette Dreier, Cornelia Müller, Kerstin Teske, Volker Hofmann, Chris Hofmeister und Dr. Holger Weßels.

Besonders danken möchte ich den an der empirischen Studie beteiligten Familien, insbesondere den Müttern und den Kindern, die es uns ermöglicht haben, diese Untersuchung, die mit erheblichem zeitlichen Aufwand verbunden war, zu realisieren.

Die Berliner Senatsverwaltung für Arbeit und Frauen hat im Rahmen ihres Programms zur Förderung der Frauenforschung den Abschluß dieser Arbeit durch ein einjähriges Stipendium unterstützt, wofür ich hier meinen Dank ausspreche.

1 Einleitung

In der vorliegenden Arbeit geht es um die Analyse "dyadischer Interaktion" zwischen Mutter und Kind. Die "dyadische Interaktion" wird in den Sozialwissenschaften als Prototyp sozialer Interaktionen betrachtet (vgl. Oswald 1983, 1984). Das Forschungsinteresse von Wissenschaftlern im Bereich der Frühsozialisation liegt seit etwa dreißig Jahren nicht mehr schwerpunktmäßig auf der Bedeutung der Mutter als "biologischer Mutter", sondern auf ihrer Funktion als Hauptbezugsperson für das Kind in unserer Gesellschaft. Wenn ich in meinen Ausführungen von Müttern spreche, meine ich somit nicht allein die biologische Mutter, sondern Mutterfiguren, d. h. im übertragenen Sinne auch Väter oder andere für das Kind primäre Bezugspersonen.

Im Zusammenhang mit der Notwendigkeit der außerfamiliären Tagesbetreuung von Kindern unter drei Jahren - u. a. deutlich durch die Anfragen vieler Eltern nach Betreuungsplätzen für ihre Kinder (vgl. DJI 1993) - werden seit ca. zwei Jahrzehnten weltweit Untersuchungen zum Reaktionsverhalten von Kleinkindern auf kurze Trennungen von der Mutter oder von anderen vertrauten Bezugspersonen durchgeführt. Es geht dabei hauptsächlich um die Frage, ob täglich wiederkehrende Trennungen des Kindes von der Mutter oder Trennungen, die durch äußere Umstände wie z.B. einen Krankenhausaufenthalt der Mutter bedingt sind, zu einer Irritation der emotionalen Mutter-Kind Bindung führen. Die Ergebnisse der Deprivationsforschung (vgl. Rutter 1978, 1979) haben zuerst den Beweis erbracht, daß nicht die Trennung von der Mutter als die wesentliche Quelle für Retardierungsprozesse von Kleinkindern anzusehen ist, sondern daß andere Faktoren wie z.B. sensorische Unterstimulierung eine größere Bedeutung haben. Die Frage zur Auswirkung der frühkindlichen Tagesbetreuung auf die psychische Entwicklung des Kindes und somit die Frage zur Trennungserfahrung und zum Trennungsverhalten im Kleinkindalter verliert bis heute nicht an Aktualität und ist auch in der Bundesrepublik zum Gegenstand wissenschaftlicher Untersuchungen geworden (vgl. Andres 1989, Beller et. al. 1986, Dreier 1993, 1994, Laewen 1989, Laewen, Andres & Hédervári 1990, Rottmann & Ziegenhein 1988, Tietze & Rossbach 1991).

Empirische Forschungsarbeiten haben in den letzten Jahrzehnten dazu beigetragen, daß wichtige Erkenntnisse über die Frühsozialisation, vor allem hinsichtlich des Bindungs- und Trennungsverhaltens von Kindern unter drei Jahren gewonnen wurden. In dieser Forschungstradition ist auch die vorliegende Studie angelegt, die differenzierte Kenntnisse über Bindungs- und Trennungsverhalten im Kleinstkindalter ermitteln will. Die bisherigen empirischen Studien sind in der Regel so angelegt, daß Aussagen über bestimmte Altersstufen gemacht werden, ohne jedoch Entwicklungsverläufe zu dokumentieren. Die frühkindliche Sozialisation aber scheint sowohl durch Entwicklungsveränderungen als auch durch Stabilität gekennzeichnet zu sein. Um die Kontinuität und die Diskontinuität von Entwicklung im frühen Kindesalter berücksichtigen zu können, scheinen querschnittlich angelegte Studien die Komplexität dieses Problems nicht hinreichend zu erfassen. Andere Möglichkeiten bieten dagegen längsschnittlich ausgerichtete Studien, da sie ebenso die Frage nach dem Wandel wie auch die nach der Stabilität berücksichtigen können. Die hier vorgelegte Studie kann als ein Beitrag zu diesen Fragen angesehen werden, da sie auf der Grundlage von längsschnittlich erhobenem empirischem Material Kenntnisse über Veränderungen und Stabilität der frühkindlichen Verhaltensorganisation zu gewinnen sucht.

Hinsichtlich der Frage nach den emotionalen Bindungs- und Trennungserfahrungen im frühen Lebensalter waren psychoanalytisch orientierte Theoretiker unter den ersten, die ihre Aufmerksamkeit auf diese Themen gelenkt und die Bedeutung der Mutter-Kind Bindung erkannt haben (vgl. u.a. S. Freud, A. Freud, M. Klein, M. Balint & M. Mahler). John Bowlby, der sein Bindungskonzept partiell aus der psychoanalytischen Theorie der "Objektbeziehungen" ableitete, schuf die Grundlage einer neuen Theorie, der ethologischen Bindungstheorie. Bindungstheoretisch orientierte Forschungsarbeiten haben in den letzten 20 Jahren wesentlich dazu beigetragen, daß empirische Daten über den Ursprung und das Wesen der frühen Mutter-Kind Bindung gewonnen werden konnten. Wesentliche Erkenntnisse betrafen vor allem die Organisation des genetisch verankerten Bindungsverhaltenssystems und der Entwicklung von frühen Bindungsbeziehungen sowie deren Konsequenzen für die psychische Entwicklung eines Individuums im späteren Alter.

Die vorliegende Studie greift die Erkenntnisse der ethologischen Bindungstheorie auf. Anhand von längsschnittlich erhobenen Daten in strukturierten Laborsituationen während freier Spielinteraktionen zwischen Mutter und Kind soll zudem zur Klärung des emotionalen Ausdrucksverhaltens und Trennnungsverhaltens von Kleinkindern in Abhängigkeit von ihrer frühen Bindungsorganisation beigetragen werden. Es sollen individuelle Unterschiede im emotionalen Ausdrucksverhalten und im Kompetenzverhalten von Kindern unter drei Jahren während streßfreier Interaktionen mit der Mutter und während - durch kurze Trennungsepisoden von der Mutter verursachten - Streßsituationen untersucht werden. Es wird angenommen, daß die Qualität der Mutter-Kind Bindungsbeziehung, ermittelt im 12. Lebensmonat des Kindes in der "Fremden Situation", mit dem emotionalen Ausdrucksverhalten sowie mit der Kompetenz des Kindes vor, während und nach kurzen Trennungsepisoden (mit 17, 23, 30 und 36 Lebensmonaten) korrespondiert.

Es soll weiterhin überprüft werden, ob die Qualität der Mutter-Kind Bindungsbeziehung mit der emotionalen Responsivität der Mutter und mit der Einstellung bzw. der Angst der Mutter im Zusammenhang mit Trennungsfragen assoziiert ist. Abschließend soll der Frage nachgegangen werden, ob eine Abhängigkeit besteht zwischen der Bindungsqualität und dem Verhalten von Müttern hinsichtlich ihrer Strategien, eine kurze Trennung anzukündigen und sich nach der Trennungssituation dem Kind wieder zuzuwenden. Die hier vorgelegte Arbeit bezieht sich theoretisch auf die Humanethologie und die psychoanalytisch orientierte Entwicklungspsychologie. Die von Bowlby (1959, 1961, 1975, 1976, 1983) begründete, durch Ainsworth (1969, 1973) und Mitarbeiter (Ainsworth et al. 1978) sowie von Sroufe und Waters (1977) erweiterterte ethologische Bindungstheorie bildet den konzeptuellen Rahmen der Arbeit. Die Bindungstheorie, die sich mit der Entstehung und Entwicklung von spezifischen emotionalen Beziehungen beschäftigt, gilt gegenwärtig weltweit als eines der wichtigsten theoretischen Konzepte zur Erforschung der sozial-emotionalen Entwicklung im frühen Kindesalter.

Aufbau der Arbeit: In dem der Einleitung folgenden zweiten Kapitel werden die theoretischen Grundlagen der Themenschwerpunkte Bindung, Trennung, Kompetenz und emotionales Ausdrucksverhalten von Kindern nach psychoanalytischen sowie nach bindungstheoretischen Konzepten dargestellt.

Im ersten Abschnitt des theoretischen Teils ist die Konstitution von Mutter-Kind Beziehungen beschrieben nach: 2.1.1) psychoanalytisch orientierten Konzepten der "Objektbeziehungen" in ihrer historischen Entwicklung und 2.1.2) theoretische Konzepte von "Bindung". Im zweiten Abschnitt werden folgende Themen diskutiert: 2.2.1) Aspekte des Ursprungs und des Wesens von Bindung unter Rückgriff auf neuere bindungstheoretische Konzepte, die sich mit der Bindungsorganisation über das frühkindliche Alter hinaus befassen; 2.2.2) Loslösung und Trennung im psychoanalytischen und bindungstheoretischen Sinne; 2.2.3) Kompetenz im frühen Kindesalter und 2.2.4) schließlich die Themen Affekte und Bindung. Im dritten Abschnitt werden theoretische Kontroversen zwischen den psychoanalytischen und den bindungstheoretischen Konzepten dargelegt. Den Abschluß des zweiten Kapitels bildet die Darstellung der aus der Theoriediskussion abgeleiteten Fragestellungen der vorliegenden Studie.

Im dritten Kapitel folgt die Darstellung der empirischen Untersuchungsmethoden: Zuerst geht es um die Beschreibung der Stichprobe sowie die Instrumente und die Erhebung der Daten in bezug auf die vier Hauptthemen: 1) die Qualität der Bindungsbeziehung, 2) der Affektausdruck des Kindes und die emotionale Responsivität der Mutter, 3) die Verhaltensorganisation des Kindes in kurzen Trennungsepisoden und 4) die Trennungsangst der Mutter. Abschließend werden die angewandten statistischen Verfahren der Datenanalyse kurz zusammengefaßt dargestellt.

Im vierten Kapitel werden die Ergebnisse der statistischen Analyse der Daten in Anlehnung an die gewählten Themenschwerpunkte des dritten Kapitels präsentiert. Abschließend erfolgt eine Diskussion der Ergebnisse der hier vorgelegten Arbeit.

2 Theorie

2.1 Konstitution von Beziehungen: Bindung versus Objektbeziehung

2.1.1 Theoretische Konzepte der Objektbeziehung

2.1.1.1 Der Beitrag vom Sigmund Freud

Freud war einer der ersten Theoretiker, der seine Aufmerksamkeit auf die Bedeutung von frühen Lebenserfahrungen in bezug auf die Entfaltung psychischer Prozesse gelenkt hat. Er sah in der frühkindlichen Entwicklung den Ursprung aller psychopathologischen Phänomene. Freuds bedeutender Beitrag liegt darin, daß er das Kind, seine Mutter und den Vater in den Mittelpunkt psychoanalytischer Überlegungen gestellt hat und zudem die Frage der Entwicklung von Emotionen aufwarf (vgl. Lamb 1988, Stork 1986). Die klassische psychoanalytische Triebtheorie Freuds erklärt die psychischen Vorgänge mit ihrer Regulierung durch das "Lustprinzip". Freud nimmt an, daß der psychische Apparat durch eine unlustvolle "Spannung" angeregt wird und dann diese Spannung herabzusetzen, d.h. Unlust zu vermeiden oder Lust zu erlangen, versucht (Freud 1920). Die Funktion und die Rolle der anfänglichen Objektbeziehung[1] ist primär in der Befriedigung körperlicher Bedürfnisse nach Nahrung und Pflege zu sehen. Die Entwicklung von zwischenmenschlichen Bindungen und vor allem die Bindung zwischen Mutter und Kind läßt sich somit in erster Linie mit der Triebbefriedigung in Zusammenhang bringen (vgl. Freud {1917} 1980). Das erste Liebesobjekt des Kindes ist die Brust der Mutter, es wird erst später auf die ganze Person erweitert.

---

[1] S. Freud gebraucht den Begriff "Objekt" im Zusammenhang mit der von ihm entworfenen Trieblehre: "Das *Objekt* des Triebes ist dasjenige, an welchem oder durch welches der Trieb sein Ziel erreichen kann" (S. Freud {1915} 1982, S. 86).

Die Bedeutung der frühen Mutter-Kind Bindung in ihrer ganzen Tragweite erkannte Freud allerdings erst in seinen späteren Werken (1926, 1931, 1938). Er sah dann als die wichtigste Funktion der Mutter in der Beziehung zum Kind die Befriedigung von physischen Bedürfnissen:

"Wenn der Säugling nach der Wahrnehmung der Mutter verlangt, so doch nur darum, weil er bereits aus Erfahrung weiß, daß sie alle seine Bedürfnisse ohne Verzug befriedigt. Die Situation, die er als >Gefahr< wertet, gegen die er versichert sein will, ist also die der Unbefriedigung, des *Anwachsens der Bedürfnisspannung*, gegen die er ohnmächtig ist." (S. Freud {1926} 1986, S.50).

Zusammenfassend kann festgehalten werden, daß nach Freuds Auffassung die Enstehung der Bindung des Kindes zur Mutter sich dadurch erklären läßt, daß sie dem Kind Triebbefriedigung ermöglicht. Mit Freuds Worten heißt es:

"Das erste erotische Objekt des Kindes ist die ernährende Mutterbrust, die Liebe ensteht in Anlehnung an das befriedigte Nahrungsbedürfnis." ({1938} 1977, S. 45). Er schrieb der Mutter eine "einzigartige, unvergleichliche, fürs ganze Leben unabänderlich festgelegte Bedeutung" zu und sah sie "als erstes und stärkstes Liebesobjekt, als Vorbild aller späteren Liebesbeziehungen" (Freud a.a.O.).

Er betonte die Ausschließlichkeit der frühen Mutter-Kind Bindung und vertrat die Auffassung, daß die Bindung zum Vater erst in der ödipalen Phase entsteht; sie geht einher, zumindest bei dem weiblichen Geschlecht, mit der Abwendung von der Mutter. Das männliche Geschlecht behält die Mutter als erstes "Liebesobjekt" (S. Freud {1931} 1972).

Aus dem Freudschen Ansatz der Objektbeziehungen entwickelten sich die Konzepte der "Ich-Psychologie" und der "Objektbeziehungstheorie", die im folgenden vorgestellt werden.[2]

---

[2] Obwohl eine Trennung der Ich-Psychologie von der Objektbeziehungstheorie nach Auffassung von Blanck & Blanck (1989) nicht ohne weiteres möglich ist, erscheint mir diese im Hinblick auf die Darstellung der Entwicklung von Objektbeziehungen sinnvoll, um die wesentlichen Unterschiede der beiden Konzepte differenzierter ausarbeiten zu können.

2.1.1.2 Die psychoanalytische Ich-Psychologie

Vertreter der psychoanalytischen "Ich-Psychologie" wie z.B. A. Freud oder R. Spitz, die sich ergänzend zu S. Freud mit der frühesten Entwicklung des Kindes befaßten, betonten die Entwicklung von Objektbeziehungen im Kontext mit der Entwicklung von Ich-Funktionen. Die Entwicklung der Objektbeziehungen vollzieht sich nach diesem Konzept in drei Stadien: (1) dem undifferenzierten, narzißtischen oder objektlosen Stadium, (2) dem Übergangsstadium und (3) dem Stadium der echten Objektbeziehungen.

(1) *Das undifferenzierte, narzißtische oder objektlose Stadium* bedeutet, daß sich der Säugling ungefähr bis zum dritten Lebensmonat in einem undifferenzierten (vgl. Hartmann 1939) und objektlosen (vgl. Spitz 1965) Zustand befindet. Auch Margeret Mahler (1975) vertritt diese Ansicht und spricht in bezug auf den ersten Lebensmonat von einem weitgehend objektlosen "autistischen" Zustand, der von der symbiotischen Phase abgelöst wird. Diesem Ansatz entsprechend, existiert in dieser frühen Lebensspanne keine Differenzierung zwischen Subjekt und Objekt, zwischen Selbst und Anderen, zwischen Innen und Außen.

A. Freud hielt, stärker als andere Vertreter der Ich-Psychologie an Freuds Idee fest, daß in der Beziehung des Säuglings zur Mutter die Befriedigung körperlicher Bedürfnisse, vor allem aber das Bedürfnis nach Nahrung eine entscheidende Rolle spielt (vgl. A. Freuds {1946} 1987). Nach A. Freuds Auffassung besteht am Anfang des Lebens zwischen Mutter und Kind eine "biologische Einheit" (A. Freud {1965} 1987, S. 2184). Das Neugeborene ist ganz auf sich bezogen, und nur unter dem Einfluß von Körperbedürfnissen, wie z. B. von Hunger, stellt es Verbindungen zur Umwelt her und macht somit seine erste Erfahrungen von Lust und Wunscherfüllung (vgl. A. Freud {1946} 1987). In diesem ersten Stadium der Entwicklung der Objektbeziehungen "liebt" es der Säugling, gefüttert zu werden (narzißtische Liebe).

(2) *Das Übergangsstadium* ist eine Periode, in der sich bestimmte Ich-Funktionen entwickeln, wie z. B. Wahrnehmung und Gedächtnisspuren. Die Objektbeziehung ist immer noch anaklitisch, d. h. an die Nahrungsaufnahme direkt angelehnt und wird noch nicht vom Ich, sondern von Körperbedürfnissen reguliert. Die Libidobesetzung verschiebt sich von der lustvollen

Trinkerfahrung auf die Nahrung selbst, d. h. der Säugling nimmt die Nahrung bzw. die Nahrungsquelle (Milch, Brust oder Flasche) als Ursache der Bedürfnisbefriedigung an. In dieser Entwicklungsphase sind Ich und Außenwelt noch wenig differenziert, und es findet ein allmählicher Übergang vom Narzißmus zur Objektliebe statt (vgl. A. Freud {1946, 1965} 1987).

Spitz ({1965} 1985, S. 35) spricht von der Stufe des "Objekt-Vorläufers". Nach seinen Beobachtungen richtet sich das Interesse des Säuglings vom zweiten Lebensmonat an auf das menschliche Gesicht, und ca. im dritten Lebensmonat reagiert er unter bestimmten Bedingungen, wenn beispielsweise ein sich bewegendes Gesicht ihm von vorn dargeboten wird, mit einem Lächeln. Spitz betrachtet dieses Lächeln nicht als Indiz für das Vorhandensein von echten Objektbeziehungen. Er argumentiert vielmehr so, daß der drei Monate alte Säugling nicht einen menschlichen Partner und das menschliche Gesicht mit all seinen Einzelheiten wahrnimmt, sondern nur eine Gestalt, bestehend aus Stirn, Augen und Nase. Das Lächeln des drei bis sechs Monate alten Säuglings wird daher nicht durch das Gesicht eines Menschen hervorgerufen, sondern durch eine Zeichen-Gestalt als Signal. Da aber im psychoanalytischen Sinne die Zeichen-Gestalt kein echtes Objekt ist, bezeichnet Spitz diese als "Objekt-Vorläufer".

(3) *Das Stadium der echten Objektbeziehungen* ist nach A. Freud ({1965} 1987) erreicht, wenn die Libidobesetzung von der Befriedigung von physischen Bedürfnissen unabhängig wird und konstant auf eine bestimmte Person gerichtet bleibt. Mit der Entwicklung von Objektkonstanz und der inneren Repräsentation des Objektes wird die Beziehung zur Mutter oder zu einem Mutterersatz unabhängig von der Befriedigung körperlicher Bedürfnisse reguliert ("Objektliebe") (vgl. A. Freud {1946} 1987, S. 1050). Der Säugling nimmt nun die Mutter unabhängig von seiner eigenen Existenz wahr.

Nach Spitz ({1965} 1987) markiert den Beginn des Stadiums der "echten Objektbeziehungen" das Auftauchen der "Achtmonatsangst" (zwischen dem 6. - 8. Lebensmonat). Der Säugling registriert nun viel bewußter als zuvor, wenn die Mutter für eine kurze Zeit weggeht. Er nimmt beispielsweise wahr, daß ein Fremder sich von seiner Mutter unterscheidet, indem er das Gesicht des Fremden mit seinen Gedächtnisspuren über das Gesicht der Mutter vergleicht. Aufgrund der wahrgenommenen Unterschiede beider

Gesichter und der Enttäuschung, daß die Mutter abwesend ist, bekommt er Angst und lehnt den Fremden ab. Spitz schreibt:

"Wir nehmen an, daß diese Fähigkeit zur Verschiebung der Besetzung auf fest eingeprägte Gedächtnisspuren bei dem acht Monate alten Kind auf den Umstand hinweist, daß es jetzt eine echte Objektbeziehung gebildet hat und daß die Mutter zu seinem libidinösen Objekt, seinem Liebesobjekt, geworden ist." (Spitz {1965} 1978, S. 172).

Den bislang diskutierten psychoanalytischen Konzepten zur Entstehung und Entwicklung von Objektbeziehungen ist gemeinsam, daß sie Objektbeziehungen als sekundär und als aus den Grundtrieben des Kindes abgeleitet betrachten. Bowlby (1975) nannte diese Auffassung die "Theorie vom Sekundärtrieb". Nach dieser Theorie besteht der Urprung der Mutter-Kind Bindung darin, daß sich das Kind an die Mutter bindet, da sie als die Quelle der Befriedigung von physiologischen Bedürfnissen erlebt wird. Der biologische Kern der Persönlichkeit ist demnach das primär Triebhafte, und die sozialen Objektbeziehungen werden als sekundär abgeleitet betrachtet.

2.1.1.3 Die Objektbeziehungstheorie

Die Vertreter der Objektbeziehungstheorie betonten aufgrund erster Beobachtungsdaten eher die phylogenetische Determiniertheit der Objektbeziehungen und postulierten das Bestehen einer wenn auch primitiven Objektbeziehung von Geburt an. Im folgenden möchte ich die bedeutendsten Konzepte der Objektbeziehungstheorie darstellen, die mit den Namen von M. Klein, D.W. Winnicott und Vertretern der Budapester Schule, wie z.B. von M. Balint verbunden sind.

Melanie Klein ({1952} 1991) vertrat die Auffassung, daß von Geburt an ein primitives Phantasieleben existiere. Mit den unbewußten Phantasien, deren Funktionsträger ein frühes Ich sei, bestehen von den ersten Tagen des Lebens an rudimentäre Formen von Objektbeziehungen zu den Eltern. Im Gegensatz zu Anna Freud ging sie davon aus, daß in der Beziehung des Säuglings zur Mutter nicht nur die Befriedigung physiologischer Bedürfnisse eine Rolle spielt. Sie beschrieb Säuglinge, die im Alter von drei Wochen den Stillvorgang unterbrachen, um die Mutter anzuschauen oder mit ihrer Brust zu spielen. Trotz dieser Beobachtungen gab sie in ihren theoretischen Überlegungen der Oralität - Nahrung und Mutterbrust - den Vorrang. Ihrer Ansicht nach besteht die erste Objektbeziehung des Kindes zu der "geliebten und gehaßten Brust", und sie zieht die Schlußfolgerung, daß "das enge Band zwischen Säugling und Mutter auf der Brustbeziehung gründet" (vgl. M. Klein {1962} 1991). Trotz ihrer spekulativen theoretischen Schlußfolgerungen, dem Säugling Fähigkeiten der Phantasie und frühe Abwehrmechanismen wie Spaltung, Projektion und Introjektion zuzuschreiben, hat Melanie Klein die theoretische Diskussion über das Wesen und den Ursprung von frühen Beziehungen erheblich vorangetrieben. In neueren theoretischen Diskussionen (vgl. Lichtenberg 1991, Stern 1992) werden die Thesen von Melanie Klein in Frage gestellt: Sind beispielsweise Säuglinge zur Entwicklung von Phantasie und von Abwehrmechanismen, die auf komplizierten Denkvorgängen beruhen, überhaupt in der Lage? Die dazu notwendige Fähigkeit, die Welt, Ereignisse und Beziehungen zu symbolisieren, ist erst zu einem späteren Zeitpunkt, d. h. in der zweiten Hälfte des zweiten Lebensjahres möglich, wenn mit dem Voranschreiten der Entwicklung des "memory system"[3] das Kind über ein "semantisches Gedächtnis" verfügt (vgl. Lichtenberg 1991, Stern 1992).

Bei Winnicott wird nicht ganz deutlich, wie er den Ursprung der Mutter-Kind Beziehung definiert, seine Beiträge zu diesem Thema ({1958} 1985, {1965} 1984) verdeutlichen allerdings, daß er die Oralität nicht in den Mittelpunkt seiner Betrachtungen stellt. Viel wichtiger sind für ihn Phänomene wie beispielsweise "die hinreichend gute Mutter" oder die Funktion des "Haltens" als das Hauptelement mütterlicher Fürsorge. Das "psychische Halten" bezieht sich auf die Fähigkeit der Mutter, sich mit der äußeren Realität und dem psychischen Zustand des Säuglings zu identifizieren (Winnicott {1965} 1984). Winnicott hat entscheidend dazu beigetragen, daß neue Überlegungen über den Säugling entwickelt wurden, indem er die Be-

---

[3] Tulwing (1985) postuliert in der Entwicklung des Gedächtnisses drei "memory Systeme", die in einer "monohierarchischen" Beziehung zueinander stehen: ein "episodisches-Gedächtnis" als Subsystem des "semantischen-Gedächtnisses" und das "semantische-Gedächtnis" als Subsystem des "prozeduralen-Gedächtnisses". Die Entwicklung schreitet vom prozeduralen, über das semantische bis hin zum episodischen Gedächtnis.

deutung der wechselseitigen Beziehung zwischen Mutter und Kind sowie die Bedeutung der frühen Interaktion erkannte.

Mitglieder der Budapester Schule (Ferenczi, M. Balint und A. Balint, Benedek, Hermann) haben sich in den dreißiger Jahren vielfach mit der Bedeutung der Mutter-Kind Beziehung beschäftigt. Sie sind in der Frage der Entwicklung von Objektbeziehungen einen entscheidenden Schritt weitergegangen, indem sie im Gegensatz zu Melanie Klein und ihrer Gruppe die Betonung auf die nicht orale Komponente in der frühen Objektbeziehung legten. Michael und Alice Balint, deren Grundgedanke auf Ferenczi ({1924} 1982) zurückging, nahmen eine primitive Form von Objektbeziehungen als von Geburt an existent an, die eigenständig, d.h. nicht an erogene Zonen gebunden ist. Michael Balint nahm an, daß das früheste Seelenleben des Neugeborenen nicht narzißtisch, sondern objektgerichtet ist. Die biologische Basis der primären Objektbeziehung ist die "triebhafte Aufeinanderbezogenheit von Mutter und Kind" (M. Balint {1937} 1969, S. 94). Er griff die Idee von Imre Hermann (1936) über den Anklammerungstrieb auf und betonte vor allem die aktive Rolle des Säuglings beim Aufbau der Objektbeziehung, z. B. durch Saugen, sich Festhalten oder Anklammern. Seine Argumentationen zu frühen Objektbeziehungen begründete Balint biologisch: "Biologisch (ist) ein Lebewesen ohne Beziehung zur Außenwelt einfach undenkbar" (M. Balint {1937} 1969, S. 101).

Balint und andere Vertreter der ungarischen Schule entwarfen Arbeitshypothesen, die Freuds Triebtheorie im Hinblick auf die Entwicklung von Objektbeziehungen (Objektliebe) in Frage stellten, ohne sie jedoch aufzugeben. Fairbairn (1952) ging weiter, indem er die Freudsche Triebtheorie ablehnte und eine eigene Objektbeziehungstheorie entwarf. Er betrachtete die Persönlichkeitsentwicklung, die Psychopathologie und das Verhalten im Zusammenhang mit der Beziehung des Ichs zu äußeren und innerlich repräsentierten Objekten und betonte die frühe Differenzierung des Selbst vom Objekt und die Bedeutung früher Objektbeziehungen. Fairbairns These, daß die Neigung des Individuums nach Objektsuche primär genauso vorhanden ist wie die Eigenständigkeit des Bedürfnisses nach Objektbeziehungen, ist durch empirische Untersuchungen, vor allem im Bereich der Bindungsforschung, bestätigt worden (vgl. Eagle 1988).

Bowlby, der - historisch gesehen - die Weiterentwicklung der Objektbeziehungstheorie beabsichtigte (vgl. Bowlby 1988), gelang es, ein erweitertes Konzept zur Erklärung der Entstehung und Entwicklung von frühen Beziehungen zwischen Mutter und Kind zu konzipieren. Er entwickelte die Grundlagen der ethologischen Bindungstheorie. Bowlby löste sich aus dem Rahmen der Psychoanalyse, obwohl er einen endgültigen Bruch nie vollzogen hat. Seine Hauptkritikpunkte an der Psychoanalyse bezogen sich darauf, daß sie die Erkenntnisse der Entwicklungspsychologie und der kognitiven Psychologie kaum berücksichtige und sie sich auf retrospektive Fragestellungen und Daten verlasse.

2.1.2 Theoretische Konzepte von Bindung

2.1.2.1 Die Bindungstheorie John Bowlbys

Die Grundlage der Bindungstheorie wurde Anfang der fünfziger Jahre von dem britischen Psychiater und Psychoanalytiker John Bowlby entwickelt. Bowlby leitete sein theoretisches Konzept aus der Psychoanalyse, der Systemtheorie und vor allem der Ethologie ab (vgl. Ainsworth 1973, Bowlby 1983, Grossmann 1990) und faßte seine ethologische Bindungstheorie in einem dreibändigen Werk: Bindung ({1969}1975), Trennung ({1973}1976) und Verlust ({1980}1983) zusammen.

Bowlby beabsichtigte, eine Theorie zu formulieren, die zur Diagnose und Therapie emotional gestörter Patienten und Familien beitragen sollte. Tatsächlich aber wurde Bowlbys Bindungskonzept bis in die jüngere Zeit hinein vorwiegend nicht von Klinikern, sondern von Wissenschaftlern im Bereich der Entwicklungspsychologie für die Grundlagenforschung genutzt. Seit einigen Jahren ist jedoch eine Zunahme des Interesses von Klinikern, vor allem aber von Seiten der psychoanalytisch orientierten Theoretiker und Kliniker festzustellen.

Bowlby erklärte den Ursprung und das Wesen der Bindung aus ethologischer Sicht, und zwar in einem systemtheoretischen Kontext. Nach Bowlby (1975) existiert ein auf stammesgeschichtlichen Wurzeln beruhendes "Bindungsverhaltenssystem", das das Überleben und die psychische Gesundheit des Individuums garantiert. Dieses System hat eine genetische Grundlage und sichert das Herstellen und Aufrechterhalten von Nähe zu einem Erwachsenen. Das Bindungssytem ist unabhängig von anderen Verhaltenssystemen wie dem der Exploration, der Furcht und der sozialen Zuwendung organi siert (vgl. Bischof 1975, 1985; Bowlby 1975; Bretherton 1985). Diese Verhaltenssysteme funktionieren zwar unabhängig voneinander, stehen jedoch in einer engen Wechselbeziehung zueinander (vgl. Hinde & Stevenson-Hinde 1990).

Die instinktgeleiteten Repertoires an Verhaltensweisen, die auf das Herstellen und Aufrechterhalten von Nähe und Kontakt gerichtet sind, werden als "Bindungsverhalten" definiert. Bindungsverhalten bezeichnet eine Kategorie von Verhaltensweisen, die unabhängig von Nahrungs- und Sexualverhalten eine eigene Dynamik besitzen und der evolutionstheoretisch sinnvollen Suche nach Sicherheit und Schutz entsprechen (vgl. Bowlby 1975, 1983). Im Laufe der Entwicklung führt Bindungsverhalten zur Herausbildung von gefühlsmäßigen Bindungen zwischen dem Kind und den primären Bezugspersonen und im Erwachsenenalter zu Bindungen zwischen Erwachsenen. Bindungsverhalten und Bindungen beschränken sich nicht auf die Kindheit, sondern sie bleiben während des ganzen Lebenszyklus erhalten und aktiv.

Bowlby (1975) unterscheidet in der frühen Kindheit zwischen: 1) Signalverhalten (z.B. Schreien, Lächeln, Armeausstrecken), welches bewirkt, daß die Mutter zum Kind kommt, und 2) Annäherungsverhalten (sich der Mutter Annähern, ihr Nachfolgen, sich Anklammern), welches bewirkt, daß sich das Kind der Mutter nähert. Allerdings stehen Bindungsverhaltensweisen nicht nur innerhalb des Bindungsverhaltenssystems, sondern auch für andere Verhaltenssysteme zur Verfügung: So können beispielsweise Weinen oder Nachfolgen einer Person je nach Kontext für das Verhaltenssystem Furcht, Neugier oder für Bindung stehen. Im Dienste des Bindungssystems wird Bindungsverhalten erst dann aktiviert, wenn das Kind entweder durch innere Belastung (z. B. Hunger, Müdigkeit) oder durch äußeren Streß (z. B. Abwesenheit der Bindungsperson in einer nicht vertrauten Umgebung) auf die emotionale Unterstützung der Bindungsperson angewiesen ist, d.h. aktiv nach Sicherheit und Schutz sucht.

Zum Aufbau der Bindungsbeziehung trägt der Erwachsene mit seinem ebenfalls biologisch determinierten "Pflegeverhalten" bei, indem er die Signale des Kindes beantwortet. Somit bilden auf der einen Seite das "Pflegeverhalten " der Mutter und auf der anderen Seite das Bindungsverhalten des Kindes ein komplementäres Verhaltenssystem (Bowlby 1975, 1983). Das "Pflegeverhalten" von Seiten des Erwachsenen hat die biologische und soziale Funktion, das Kind zu schützen und ihm die zum Überleben notwendige Fürsorge zukommen zu lassen.

2.1.2.2 Phasen in der Entwicklung von Bindung

Nach Bowlby lassen sich - in Abhängigkeit vom Entwicklungsstand des Kindes - vier Phasen im Aufbau von Bindungsbeziehungen unterscheiden (Bowlby 1975, S.247-248)
Phase 1: *"Orientierung und Signale ohne Unterscheidung der Figur"*.
Die erste Phase in der Entstehung von Bindung dauert von der Geburt bis zum zweiten oder dritten Lebensmonat. Während dieser Zeit richtet der Säugling seine Aufmerksamkeit auf Menschen, ohne jedoch Personen voneinander zu unterscheiden. Zu seinem charakteristischen Verhalten gehören z.B. das "Mit-den-Augen-Verfolgen", Greifen und Lächeln. Gegen Ende des dritten Lebensmonates werden diese Verhaltensweisen intensiver.
Phase 2: *"Orientierung und Signale, die sich auf eine (oder mehrere) unterschiedene Person (Personen) richten"*.
Der Säugling verhält sich ähnlich wie während der ersten 2-3 Lebensmonate, er fängt jedoch an, zwischen vertrauten und fremden Personen zu unterscheiden. Er richtet sein Verhalten zunehmend deutlicher auf die Mutter oder auf eine andere Mutterfigur. Diese Phase dauert ca. bis zum 6. Lebensmonat oder auch länger, wenn z.B. die Bedingungen für den Aufbau einer Bindungsbeziehung ungünstig verlaufen.
Phase 3: *"Aufrechterhaltung der Nähe zu einer unterschiedenen Figur durch Fortbewegung und durch Signale"*.
Während der dritten Phase (6 Monate bis 3 Jahre) verhält sich das Kind zunehmend differenzierter gegenüber Personen, und es erweitert sein Verhaltensrepertoire, z.B. durch Nachfolgen der Bindungsperson oder durch

Begrüßung bei ihrer Wiederkehr. Auch verhält es sich Fremden gegenüber vorsichtig, und zudem tritt die Bindung an einige primäre Bindungspersonen besonders deutlich in Erscheinung. In dieser Phase kann das Kind bereits durch einfach organisierte "zielkorrigierte" Verhaltenssysteme die Nähe zu einer Bindungsfigur von sich aus aufrechterhalten (Bowlby 1975, S. 248).

Phase 4: *Bildung einer zielkorrigierten Partnerschaft.*
In der vierten Phase (etwa ab dem 4. Lebensjahr), in der das Kind durch wachsende kognitive Fähigkeiten und Erfahrungen Einblick in die Motive und Gefühle der Bindungsperson gewinnt, konstituiert sich zwischen den Bindungspartnern eine komplexere Beziehung, die Bowlby eine "zielkorrigierte Partnerschaft" nennt (1975, S. 248). "Zielkorrigierte Partnerschaft" bedeutet, daß das Kind sein Verhalten nicht mehr alleine um von ihm gesetzte Ziele herum organisiert, sondern daß es die Ziele und die Pläne der Bindungsperson mit berücksichtigt.

2.1.2.3 Das Konzept von Mary Ainsworth

Mary Ainsworth suchte nach empirischen Belegen für Bowlbys Thesen und trug wesentlich zur Weiterentwicklung der ethologischen Bindungstheorie bei. Sie griff Bowlbys Ansatz auf, legte aber den Schwerpunkt ihrer Betrachtungsweise nicht mehr allein auf die Verhaltenssysteme, die für die Entstehung von Bindung verantwortlich sind, sondern auch auf deren Resultate, d.h. die Qualität oder die Sicherheit der Bindung. Ausschlaggebend für die Entstehung von Bindung ist nach Ainsworth ein bestimmtes Maß an Interaktion zwischen Mutter (andere Bezugspersonen) und Kind (vgl. Ainsworth 1969, 1973).

Ainsworths wichtigster Beitrag zu entwicklungspsychologischen Erkenntnissen ist die Untersuchung der Bindung des Kleinkindes zu seiner Mutter. In Ainsworths Forschungen waren zwei Hauptaspekte wesentlich: Zum einen interessierte sie sich für die normative und allgemeingültige Bedeutung von Bindung während des ersten Lebensjahres von Kindern, die über die direkte Verhaltensbeobachtung des Kindes und der Mutter in der natürlichen familialen Umgebung untersucht wurde. Zum anderen ging es für sie um die Untersuchung von individuellen Unterschieden in der Qualität von Bindungsbeziehungen zwischen Kindern und ihren primären Bezugspersonen (vgl. Ainsworth 1989). Ausgehend von Bowlbys (1975) Modell über die Verhaltenssysteme bei Menschen arbeitete Ainsworth zwei bindungstheoretisch bedeutsame Phänomene heraus: Erstens die Funktion der Mutter als einer sicheren Basis, von der ausgehend das Kind seine physische Umgebung erkundet, und zweitens die dynamische Balance zwischen dem Bindungsverhaltenssystem (das die Herstellung von Nähe zu einer Bindungsperson fördert) auf der einen Seite und dem explorativen Verhaltenssystem (das die motorische Bewegung, die Manipulation, die visuelle Erkundung und das explorative Spiel miteinbeziehet) auf der anderen Seite. Eine optimale Balance zwischen Bindungsverhalten und explorativem Verhalten schafft günstige Bedingungen für die Entwicklung der kognitiven und emotionalen Fähigkeiten sowie des Kompetenzverhaltens im Kindesalter (vgl. Ainsworth & Bell 1974, Ainsworth et al. 1974).

Ainsworth (1989) betont, daß emotionale Bindungen allerdings nicht mit zwischenmenschlichen Beziehungen gleichzusetzen sind. Die Unterschiede betreffen drei Punkte:

"First, affectional bonds are, by definition, relatively longlasting; relationships may or may not endure. Second, relationships are dyadic. Affectional bonds are characteristic of the individual, not the dyad, and entail representation in the internal organisation of the individual person. Third, as Hinde (e.g., 1976) has pointed out, the nature of a relationship between two individuals grows out of the total history of their interaction."

2.1.2.4 Operationalisierung der Bindungsqualität nach dem Konzept von Ainsworth

Eine Methode zur Erfassung der Bindungsqualität zwischen Mutter und Kind erstellten Ainsworth und ihr Forschungsteam (vgl. Ainsworth et al. 1978). Mit der "Fremden Situation" (Ainsworth & Witting 1969) wurde ein standardisiertes Beobachtungsverfahren entwickelt, das zur Erfassung der individuellen Unterschiede in der Qualität der Bindung zwischen einem 12 oder 18 Monate alten Kind und seiner Mutter - oder einer anderen Bezugsperson - angewandt wird. Die "Fremde Situation" basiert auf acht aufeinanderfolgenden dreiminütigen Episoden, die zwei kurze Trennungen von der Mutter beinhalten. Durch den fremden Raum, die kurze Anwesenheit einer fremden Person und durch die zweimalige Trennung von der Mutter wird das Kind zunehmend Streß ausgesetzt, wodurch sein Bindungsverhaltenssystem aktiviert wird und Informationen über die Bindungsorganisation gewonnen werden können. Zur Beurteilung der Qualität der Mutter-Kind Bindungsbeziehung wird ein Klassifikationssystem herangezogen, wonach verschiedene Anpassungsstrategien des Kindes zu unterscheiden sind, die je nach Bindungsmuster in eine "sichere" (Gruppe B) und zwei "unsichere" (Gruppen A & C) eingeteilt werden (vgl. Ainsworth et al. 1971, Ainsworth et al. 1978).

Die sicher gebundenen Kinder (Gruppe B) drücken beispielsweise ihre Gefühle offen aus, sie begrüßen die Bindungsperson bei der Wiedervereinigung nach einer kurzen Trennungsepisode, und wenn sie verstört sind, suchen sie deutlich körperliche Nähe und Kontakt zu ihr.

Kinder mit unsicher vermeidender Bindungsbeziehung (Gruppe A) zeigen hingegen kein offenes Bindungsverhalten, sind relativ wenig an Kontakt und Interaktion mit der Bindungsperson interessiert und vermeiden bei der Wiedervereinigung körperliche Nähe und Kontakt mit ihr.

Die unsicher ambivalent gebundenen Kinder (Gruppe C) verhalten sich bei der Wiedervereinigung nach einer kurzen Trennungsepisode sehr widersprüchlich. Sie suchen häufig Körperkontakt zur Bindungsperson, zeigen aber gleichzeitig ärgerliche Zurückweisung in Form von Widerstand gegen diesen Kontakt. Sie lassen sich nur schwer oder gar nicht von der Bindungsperson beruhigen.

Main und Solomon (1986) haben in jüngster Zeit eine vierte Bindungsgruppe (D), die der unsicher desorganisiert/desorientierten Bindung eingeführt. Kinder dieses Bindungsmusters zeichnen sich durch desorganisierte/desorientierte Verhaltensmuster aus. Sie können Bindungsverhalten zeigen und erwecken trotzdem den Eindruck, keine Möglichkeit zu haben, sich in einer emotional belastenden Situation zurechtzufinden.

2.2 Bindung und Trennung

2.2.1 *Aspekte des Ursprungs und des Wesens von Bindung*

2.2.1.1 Die Mutter-Kind Interaktion und Bindung

Die Bedeutung der wechselseitigen Beziehung zwischen Mutter und Kind wurde von wissenschaftlicher Seite seit langem erkannt und wurde zum Untersuchungsthema zahlreicher empirischer Forschungsarbeiten (vgl. u.a. Brazelton et al. 1974, Stern 1974, Stern et al. 1983, 1984, Trevarthen 1979, 1984). In diesen Untersuchungen galt das wissenschaftliche Interesse beiden Interaktionspartnern: Auf der einen Seite steht die Mutter, die mit ihrer reifen, strukturierten Eigenpersönlichkeit als Repräsentant der Umwelt steht, auf der anderen Seite das Kind, dessen Individualität sich erst stufenweise entwickelt und festigt (vgl. Spitz 1965). Allerdings wird die aktive Rolle des Kindes in der frühen Mutter-Kind Interaktion und beim Aufbau von Bindungsbeziehungen in der neueren Forschungsliteratur immer mehr betont (vgl. Ainsworth 1973, Papousek 1984, Stern 1979, 1992). Einige neuere Forschungsansätze sollen hier kurz skizziert werden.

Die psychobiologische Betrachtungsweise[4] geht von der Annahme aus, daß sich die frühe Eltern-Kind Beziehung auf der Grundlage angeborener Verhaltensprogramme entwickelt (vgl. Immelmann & Keller 1988). Das Neugeborene verfügt über eine angeborene Bereitschaft zum Lernen, wobei diese "genetisch vorprogrammiert" ist (Papousek 1977). Die Eltern sind nach Papousek et al. (1986) mit nur beim Menschen beobachtbaren "didaktischen" elterlichen Verhaltensformen ausgestattet, die die "primäre Erziehung" des Säuglings gewährleisten.

Nach neueren Erkenntnissen aus der psychobiologischen Forschung lassen sich die Anfänge von Bindungsbeziehungen des Kindes bereits im Neugeborenen- und frühsten Säuglingsalter erkennen. Die individuellen Beziehungen zwischen einem Kind und seiner primären Bezugsperson ent-

---

[4] Die Psychobiologie gilt als ein neuer verhaltenswissenschaftlicher, interdisziplinärer Ansatz, "der eine vergleichende Verhaltensforschung an Mensch und Tieren (Ethologie) und die Psychologie zu einer einheitlichen "Psychobiologie" zusammenfaßt" (Immelmann et al. 1988, Vorwort).

wickeln sich diesen Untersuchungen zufolge auf der Grundlage von Interaktionsmustern sehr viel früher, als nach der ethologischen Bindungstheorie oder der psychoanalytischen Auffassung angenommen wird. In den ersten Lebenswochen bekommen wir z. B. Hinweise über die Entwicklung von sozialen Beziehungen durch die Menge und Qualität des kindlichen Blickverhaltens. Wenn dann mit drei bis vier Monaten das Sehsystem des Säuglings voll entwickelt ist, steht das Blickverhalten nicht mehr im Mittelpunkt der Interaktionen und wird von anderen Verhaltenssystemen (z.B. vom Bindungsverhaltenssystem) abgelöst (vgl. Immelmann & Keller 1988). Als wesentliche Voraussetzung für die Entwicklung des Bindungsverhaltens beim Kind ist die "Wechselwirkung zwischen einer spezifischen Motivation zum aktiven Erkunden der Umwelt auf seiten des Säuglings und einer spezifischen Motivation zur didaktischen Vermittlung der Umwelterfahrungen auf seiten der Eltern" (Papousek 1984, S. 163).

Die Qualität der Wechselbeziehung zwischen einem Kind und seiner Bezugsperson wird daran gemessen, wie genau das Verhalten der beiden zeitlich aufeinander abgestimmt ist und wie genau ihre Verhaltensweisen sich aufeinander beziehen. Die Bezugsperson muß die Signale des Kindes richtig erkennen, richtig zuordnen, und sie muß in der Lage sein, angemessen - d. h. den augenblicklichen Zustand und das Entwicklungsniveau des Kindes berücksichtigend - zu antworten. Im Sinne der Psychobiologie stellt diese Art Interaktion eine "Modellsituation" dar, die neben der Förderung der Beziehungsentwicklung auch für Lernen und für die "Erfahrung von Kausalität im Handeln" eine Bedeutung hat. Die Reaktion der Bezugsperson auf die Signale des Kindes führt dazu, daß es erfährt, selbst etwas bewirken zu können (Immelmann & Keller 1988).

Untersuchungen aus der Bundesrepublik und den USA[5] beispielsweise haben gezeigt, daß die unterschiedliche Qualität der Mutter-Kind Bindungsbeziehung deutlich mit Merkmalen der frühen Mutter-Kind Interaktion zusammenhängt. Mütter von sicher (B) gebundenen Kindern zeichnen sich durch ihre Feinfühligkeit gegenüber den Signalen der Kinder aus (vgl. Skalen von Ainsworth et al. 1974, auf deutsch Grossmann 1977). Mütter von Kindern mit einer unsicher vermeidenden (A) Bindungsqualität weisen die

---

5   (u. a. Ainsworth et al. 1978, Grossmann, K. et al., 1985)

Wünsche der Kinder nach Nähe und Trost häufig zurück. Die als unsicher ambivalent (C) eingestuften Kinder leben zumeist mit Müttern, die sich ihrem Kind gegenüber widersprüchlich verhalten. Es konnte eine enge Beziehung zwischen der Feinfühligkeit der Mutter und positiven Verhaltensweisen des Kindes während der ersten 12 Lebensmonate nachgewiesen werden: Kinder von feinfühligen Müttern weinten selten, äußerten wenig Ärger, Aggression oder Ängstlichkeit in der Interaktion mit der Mutter. Sicher (B) gebundene Kinder drückten in unterschiedlichen Situationen und Altersstufen ihre Affekte offen aus. Dagegen verleugnen die als unsicher vermeidend (A) klassifizierten Kinder häufig ihre Gefühle und ihre negativen Erfahrungen (Grossmann et al., 1989). In einer Untersuchung von Radke-Yarrow und Mitarbeitern (1985) konnte ein Zusammenhang zwischen emotionalem Ausdrucksverhalten der Mutter und der Bindungsqualität des Kindes zu ihr gezeigt werden. Kinder mit einer unsicher vermeidenden (A) oder einer unsicher ambivalenten (C) Bindungsbeziehung hatten häufiger depressive Mütter. Diese Mütter zeigten vermehrt negative und weniger positive Emotionen als Mütter von sicher (B) gebundenen Kindern. Bates und Mitarbeiter (1985) wiesen eine Korrelation zwischen emotionaler und verbaler Responsivität der Mutter zu ihrem sechs Monate alten Säugling und der Bindungsqualität des Kindes zur Mutter mit 12 Monaten nach. Mütter, deren Kinder mit 12 Monaten als sicher (B) gebunden klassifiziert wurden, hatten einen höheren Score in ihrem responsiven Verhalten und zeigten mehr Interesse im gemeinsamen Spiel mit dem Kind als Mütter der unsicheren (A/C) Bindungsgruppen (vgl. Ainsworth et al. 1974, Belsky et al 1984, Bretherton 1987, Grossmann et al. 1988, 1989, Isabella 1993, Isabella & Belsky 1991)

2.2.1.2 Die Repräsentation von Bindung: Das Konzept der "inneren Arbeitsmodelle"

Bowlbys Konzept des "internal working model" (im folgenden "inneres Arbeitsmodell") erhielt von wissenschaftlicher Seite seit Mitte der achtziger Jahre zunehmendes Interesse, vor allem aber seit der Veröffentlichung der Arbeiten von Main und Bretherton (vgl. Bretherton 1985, 1987, Bretherton et al. 1990, Main et al. 1985), die Bowlbys Ansatz besondere Aufmerksamkeit schenkten. Im folgenden sollen wesentliche Aspekte des "inneren Arbeitsmodells" skizziert werden.

Bowlby (1976) beschreibt "innere Arbeitsmodelle" als individuelle und unbewußte mentale Repräsentationen des "Selbst", der Anderen und der Welt. Mit Hilfe dieser Modelle wird das Individuum in die Lage versetzt, aktuelle Ereignisse wahrzunehmen, künftige Ereignisse vorherzusehen und Pläne zu konstruieren. Arbeitsmodelle haben die Hauptaufgabe, dem Individuum die Orientierung in der Welt zu ermöglichen. Daher müssen sie flexibel sein, um die Vielfalt der Informationen sinnvoll zu interpretieren, sich an neue Situationen anzupassen und die Welt realitätsgerecht abzubilden. Die Arbeitsmodelle stellen auch für das Kind eine wichtige Verarbeitungsstrategie dar: Zum einen werden Vorstellungen über die Verfügbarkeit, d. h. über die Zugänglichkeit und Reaktionsbereitschaft der Bezugsperson gespeichert; zum anderen liefern sie Informationen über das eigene Selbstbild (vgl. Bowlby 1976, Cicchetti et al. 1990).

Die Entwicklung von "inneren Arbeitsmodellen" ist mit den kognitiven Fähigkeiten, vor allem aber mit der Entwicklung der Objektpermanenz (Piaget {1950}1975) eng verbunden. Wie das Individuum künftige Ereignisse und Situationen bewertet, Handlungspläne konstruiert und durchführt, hängt entscheidend von seinen "inneren Arbeitsmodellen" ab. Qualitativ unterschiedliche Bindungserfahrungen bedeuten auch qualitativ unterschiedliche Arbeitsmodelle von Bindungsbeziehungen sowie eine andere Art und Weise im Umgang mit emotional belasteten Situationen. Eine Trennung von der Bindungsperson kann z.B. bewirken, daß sich das Kind der Verfügbarkeit seiner Bindungsperson nicht mehr sicher ist. Dieses Gefühl der Unsicherheit tritt zumeist bei Kindern mit einer unsicheren (A/C) Bindungsbeziehung auf. Kinder, die die Möglichkeit hatten, zu ihrer primären Bezugsperson eine sichere (B) Bindungsbeziehung aufzubauen, sind in bezug auf die emotionale Verfügbarkeit dieser Person sicher und zuversichtlich.

In bezug auf die innere Repräsentation von frühen Erfahrungen befaßt sich Stern (1992) mit der Frage, wie interpersonale Interaktionen von Säuglingen in der präverbalen Entwicklungsphase erlebt werden. Sein Interesse gilt nicht nur den Handlungen und dem Interaktionsgeschehen, sondern auch den Empfindungen und Affekten. Er geht davon aus, daß für Interaktionsepisoden Erwartungen und präverbale Repräsentationen entwickelt werden, die er als "generalisierte Interaktionsrepräsentationen" (Representations of Interactions that have been Generalized), kurz: "RIGs" bezeichnet (1992, S. 143).

Das Konzept der RIGs in Verbindung mit dem "inneren Arbeitsmodell" der Bindungstheorie stellt eine Erweiterung des Konzeptes des "inneren Arbeitsmodells" dar. Eine wesentliche Unterscheidung der beiden Konstrukte besteht darin, daß die einzelnen RIGs einen spezifischen Interaktionstyp repräsentieren, ein "inneres Arbeitsmodell" dagegen eine Vielzahl von Interaktionstypen zu einer umfassenden Repräsentation zusammenfaßt. In bezug auf die Entwicklung von emotionalen Bindungsbeziehungen bedeutet "inneres Arbeitsmodell" eine Objekt- und eine Selbstrepräsentation, die miteinander eng verbunden sind. D. h., daß die Art, wie das Kleinkind seine primäre Bindungsperson innerlich repräsentiert, nämlich überwiegend positiv oder aber überwiegend negativ, die Art der Selbstrepräsentation in dieselbe Richtung beeinflußt.

Nach Stern sind "innere Arbeitsmodelle" das umfassendere Konstrukt, RIGs dagegen bezeichnet er als einen Baustein des "inneren Arbeitsmodells". In dieser Betrachtungsweise verändert sich ein "Arbeitsmodell" immer dann, wenn die Struktur der RIGs, die ein "Arbeitsmodell" konstituieren, sich umbildet (vgl. Stern 1992, S. 165).

Sroufe und Fleeson (vgl. Sroufe 1979, Sroufe und Fleeson 1986) konstruierten einen eigenen Ansatz, mit dem Ziel, Auswirkungen von frühen Eltern-Kind Bindungsbeziehungen auf spätere soziale Interaktionen zu erklären. Sie beziehen sich dabei stark auf Bowlbys Theorie und unterscheiden sich von ihm lediglich in der Akzentsetzung: Sroufe und Fleeson haben z.B. hervorgehoben, auf welche Art und Weise Beziehungen internalisiert werden und zwar zusätzlich zu der Idee von generalisierten Erwartungen in bezug auf das Selbst und andere. Sroufe (1988) vertritt die Auffassung, daß sich innere Arbeitsmodelle in der frühen Kindheit verfestigen. Als frühzeitig konstruierte Modelle beeinflussen sie einerseits die Erfahrungen des Kindes, andererseits die Art und Weise, wie diese Erfahrungen verarbeitet werden. Nach Sroufe besteht ein Hang des Individuums zur Aufrechterhaltung einer Basiskontinuität, das heißt Kontinuität in Form von grundlegenden Merkmalen der eigenen Repräsentation des Selbst, der anderen und von Beziehungen. Darüber hinaus wird vermutet, daß frühe Erlebnisse ihren Einfluß behalten, sogar wenn grundsätzliche Änderungen eintreten. Dieser Einfluß mag sich als Tendenz in einer Streßsituation bemerkbar machen, indem Individuen z. B. auf ein früheres Muster der Streßbewältigung zurückgegreifen.

2.2.1.3 Bindung in der frühen Kindheit und im Vorschulalter im Zusammenhang mit der Weiterentwicklung des Bindungskonzeptes

Wie bereits in Kapitel 2.1.2 der hier vorgelegten Arbeit ausführlich dargestellt wurde, gilt "Bindung" in der ethologischen Bindungstheorie als ein zentrales theoretisches Konzept zur Erklärung frühkindlicher psychischer Entwicklungsverläufe. Nach diesem Konzept ist Bindung ein "gefühlsmäßiges Band", das zwischen einem Kind und einer vertrauten Bezugsperson - oder allgemein betrachtet zwischen zwei Individuen entsteht (vgl. Ainsworth 1973, Ainsworth et al. 1974, Bowlby 1983). Bindungsbeziehungen bleiben über Zeit, Ort und Situationen hinweg bestehen.

Das Hauptinteresse im Bereich der Bindungsforschung galt und gilt in erster Linie der Untersuchung von Mutter-Kind Bindungen (z.B. Ainsworth et al. 1978, Grossmann et al. 1981, Grossmann 1986).[6] Empirische Forschungsergebnisse zu Untersuchungen der Vater-Kind Bindung (vgl. Goossens & van IJzendoorn 1990, Grossmann, K.E. et al. 1981, Main & Weston 1981, Schaffer & Emerson 1964) haben zeigen können, daß das Kind parallel zur Mutter auch zum Vater oder anderen Erwachsenen und Kindern seiner nächsten Umgebung Bindungsbeziehungen aufbaut.

Bindungsbeziehungen, die in der frühen Kindheit gleichzeitig nebeneinander bestehen, werden unabhängig voneinander organisiert und etwa vom Ende des ersten Lebensjahres an hierarchisch geordnet.[7] Für die

---

[6] Eine Auflistung der vorhandenen Untersuchungen zur Qualität der Mutter-Kind Bindung im internationalen Vergleich findet sich im Kapitel 4.1 der vorliegenden Arbeit.

[7] Lamb (1977) hat empirisch nachweisen können, daß Kinder in einer Streßsituation mit 12 Monaten ihre Mütter gegenüber den Väter bevorzugen, nicht aber im 8. und 24. Lebensmonat.

Rangordnung der verschiedenen, untereinander bestehenden Bindungsbeziehungen ist die Menge der interaktiven Erfahrungen des Kindes mit diesen Personen entscheidend. Demgegenüber ist für die Qualität der Bindung die Art und Qualität der interaktiven Erfahrung des Kindes mit seiner Bindungsfigur ausschlaggebend. An oberster Stelle der Hierarchie steht hier die Person, die die meiste Zeit mit dem Kind verbringt und mit der das Kind die häufigsten, aber nicht unbedingt die qualitativ "besseren" interaktiven Erfahrungen macht. Diese Person muß nicht zwangsläufig die leibliche Mutter, es kann auch der Vater oder eine andere erwachsene Person sein. Wenn der Vater hauptsächlich die Betreuung des Säuglings übernimmt, so wird er - und nicht die Mutter - zunächst zur wichtigsten Bindungsperson für das Kind . In unserem Kulturkreis ist jedoch dies eher die Ausnahme als die Regel. Das Kind bevorzugt die für es wichtigste Bindungsperson nur in einer Streßsituation (vgl. Cohen & Campos 1974, Lamb 1977). Die Qualität der Bindung zwischen einem Kind und seinen Eltern hängt in erster Linie von der interaktiven Erfahrung des Kindes mit dem jeweiligen Elternteil ab, vor allem aber von der Feinfühligkeit der Erwachsenen auf Signale des Kindes zu reagieren (vgl. Ainsworth 1973, Ainsworth et al. 1978). Je feinfühliger Eltern die Signale des Kindes beantworten, desto größer ist die Wahrscheinlichkeit, daß eine sicher Bindungsbeziehung entsteht. Der Antei des Kindes bei der Enstehung von interindividuell unterschiedlichen Bindungsqualitäten scheint eine geringere Rolle zu spielen als die Feinfühligkeit der Erwachsenen. Vermutungen, daß kindliche Temperamentsmerkmale einen unmittelbaren Einfluß auf die Qualität von Bindungsbeziehungen nehmen, ließen sich bisher nicht bestätigen (vgl. Bates et al. 1985, Belsky & Rovine 1987, Sroufe 1985, Sroufe & Fleeson 1986, Vaughn et al. 1989). Einige Autoren halten dennoch an der Idee fest, daß Temperamentsmerkmale des Kindes unmittelbar mit der Bindungsorganisation korrespondieren (Kagan 1987, Lamb et al. 1984, Meyer 1985).

Die Suche nach emotionalem Schutz und Sicherheit in Bindungsbeziehungen ist allerdings nicht auf das Kleinkindalter beschränkt, sondern erstreckt sich über den gesamten Lebensverlauf und spielt eine wichtige Rolle für die gesunde Persönlichkeit eines Individuums (vgl. Bowlby 1988).

Die ethologische Bindungstheorie befaßte sich bis zur Mitte der 80er Jahre hauptsächlich mit der Entstehung und Entwicklung von Bindungsbeziehungen im frühen Kindesalter (Bowlby 1975, 1976, 1983; Ainsworth et al. 1978). Weltweit wurden empirische Befunde über die Organisation von Bindungsbeziehungen in den ersten beiden Lebensjahren des Kindes zusammengetragen, die zur Validierung des Bindungskonzeptes wesentlich beigetragen haben (vgl. Grossmann 1990, van Ijzendoorn 1990, Sagi 1990). In den letzten Jahren verschob sich der Forschungsschwerpunkt von der frühen Kindheit auf die Erforschung der Bindungsbeziehungen von Vorschulkindern (vgl. Cassidy & Main 1985, Cassidy 1988, Crittenden 1992a, Main & Cassidy 1988, Main, Kaplan & Cassidy 1985, Shouldice & Stevenson-Hinde 1992) und deren Eltern (vgl. Main et al. 1985, Main & Hesse 1990, Grossmann et al. 1988).

Doch auch bei älteren Kindern und Erwachsenen scheint die Frage nach der Organisation und Qualität von Bindung zunehmend von Interesse: Die Rekonzeptualisierung von individuellen Unterschieden in der Organisation von Bindung in Richtung auf individuelle Unterschiede in der mentalen Repräsentation des Selbst in der Bindungsbeziehung ermöglicht die Untersuchung von Bindungen nicht nur in der frühen Kindheit, sondern auch bei älteren Kindern und Erwachsenen. Somit verschiebt sich der Forschungsschwerpunkt auf die Untersuchung der mentalen Repräsentation und der Sprache (vgl. Main et al. 1985).

Zwei Hauptströmungen sind im Rahmen der Bindungstheorie festzustellen: Auf der einen Seite liegt der Forschungsschwerpunkt in der Untersuchung von Bindungsbeziehungen auf der Verhaltensebene, d.h. auf der Beobachtung von Interaktionen zwischen einem Kind und seinen primären Bezugspersonen. Die in dem direkt beobachtbaren Interaktionsgeschehen gewonnenen Informationen bilden dann die Grundlage zur Operationalisierung der Bindungsqualität. Hierfür werden zwei Beobachtungsverfahren herangezogen: der von Ainsworth und ihren Mitarbeitern (1978) entwickelte "Fremde- Situations-Test" für Einjährige und die von Main und Cassidy (1988) zugrundegelegte "Trennungs- und Wiedervereinigungssituation" für sechsjährige Kinder.[8] Auf der anderen Seite geht es um die Erforschung der mentalen Repräsentationen von Bindungsbeziehungen (vgl. Zeanah & Barton 1989) mit Hilfe unterschiedlicher Methoden. Hier wären zu nennen: "Adult Attachment Interview" (vgl. Georg, Kaplan & Main 1985), Familienphotos und die Aufgabenstellung, die Mitglieder der Familie zu zeichnen (vgl. Main et al. 1985), "Attachment Story Completion Procedure" (vgl. Bretherton et al. 1990), andere Interviews (vgl. Cassidy 1988) und der "Separation Anxiety Test" (vgl. Klagsbrun & Bowlby 1976).

Die Bindungstheorie hat sich in den letzten Jahren vor allem in drei konzeptuellen Bereichen weiterentwickelt. Diese beinhalten: 1) innere Repräsentationen, 2) Effekte von frühen Bindungsbeziehungen auf spätere Beziehungen und 3) Risiken der psychopathologischen Entwicklung (vgl. Emde 1990). Im folgenden sollen diese drei Bereiche ausführlicher dargestellt werden.

1) Die Forschungen über die Bindung im frühen Kindesalter konzentrieren sich auf die Ebene des beobachtbaren Verhaltens. Ainsworth (1990) macht darauf aufmerksam, daß während der frühen Kindheit sicherlich durch die Beobachtung des Verhaltens auf innere Prozesse zu schließen ist. Das bedeutet aber nicht, daß Bowlbys Konzept von Verhaltenssystemen nur konkret beobachtbare Verhaltensaspekte mit berücksichtigt. Dieses Konzept bezieht ebenfalls eine interne Organisation mit ein.

Neuere Forschungsarbeiten (vgl. Bretherton 1987, Main et al. 1985) über Bindung im Vorschulalter legen den Schwerpunkt auf innere Repräsentationen von früheren und gegenwärtigen Erfahrungen in Bindungsbeziehungen. Das drei- oder vierjährige Kind hat bereits ein reiches Repertoire an "Arbeitsmodellen" von Bindungsbeziehungen, vom Selbst und vom Anderen erworben: Mit dem Reifungsprozeß korrespondierend und mit zunehmender Erfahrung in Bindungsbeziehungen entwickeln Vorschulkinder komplexere und differenziertere Modelle, die Bretherton (1985) mit dem Begriff "multilayer hierarchical network of representation" bezeichnet.

---

[8] Mit Einbeziehung des "Fremde-Situations-Tests" entwickelte Crittenden (1992b) ein Beobachtungsverfahren zur Klassifizierung der Bindungsqualität bei ca. 2-5 Jährigen. Da dieses Instrument erst seit 1992 vorliegt, gibt es kaum empirische Daten, die auf der Grundlage dieses Verfahrens gewonnen wurden.

2) Der zweite Bereich, in welchem sich die Bindungstheorie weiterentwickelt hat, bezieht sich auf den Einfluß der Qualität der Bindungsbeziehung in der frühen Kindheit auf spätere Beziehungen und auf soziale Beziehungen außerhalb der Familie. Die interaktiven Erfahrungen des Kindes mit seinen primären Bezugspersonen führen zu Erwartungen des Kindes darüber, wie andere Personen in bestimmten Situationen reagieren werden. Sicher (B) gebundene Kinder entwickeln ein "inneres Arbeitsmodell" von ihren primären Bindungspersonen, die in ihrer Responsivität als feinfühlig und als emotional leicht zugänglich erlebt werden. Gleichzeitig erleben diese Kinder sich selber als liebenswürdig (vgl. Bowlby 1976, Bretherton 1987). Bindungssichere (B) Kinder begegnen im Vorschulalter Gleichaltrigen mit positiven Erwartungen und sie reagieren insgesamt positiv in Interaktionen mit ihnen. Unsicher (A/C) gebundene Kinder wiederum bauen ein "inneres Arbeitsmodell" der primären Bezugspersonen auf, das entweder auf Ablehnung oder auf Widersprüchlichkeit basiert. Diese Kinder werden im Vorschulalter mit großer Wahrscheinlichkeit in Interaktionen mit Gleichaltrigen eher negative Verhaltensweisen wie beispielsweise unbeherrschte Impulsivität, Aggressivität oder Feindseligkeit an den Tag legen (vgl. Cohn 1990).

Im Zusammenhang mit freundschaftlichen Bindungsbeziehungen im Vorschul- und im Schulalter findet Ainsworth (1989) bemerkenswert, daß die meisten Vierjährigen die Fähigkeit zur Perspektivenübernahme und Kommunikation entwickelt haben, die es erlauben, eine zielkorrigierte Partnerschaft mit Bindungsfiguren aufzubauen. Sechs- bis Achtjährige scheinen allerdings diese Fähigkeit innerhalb ihrer Freundschaftsbeziehungen nicht zu entwickeln. Ainsworth vermutet, daß diese Fähigkeit durch die Tatsache überdeckt sein könnte, daß bei Kindern unter 12 Jahren die "metakognitive Fähigkeit" (Ainsworth 1989, S. 714) noch nicht genügend fortgeschritten ist, um es ihnen zu ermöglichen, über Beziehungen im Interview zu reflektieren. Es gibt Anzeichen dafür, daß Freundschaftsbeziehungen im Vorschul- und Schulalter eine Bindungskomponente enthalten und ein zeitlich überdauerndes emotionales Band mitbeinhalten.

3) Die Weiterentwicklung der Bindungstheorie bezieht sich zum dritten auf den Zusammenhang der Bindungsorganisation mit späteren pathologischen Entwicklungsverläufen. Es besteht Grund zu der Annahme, daß eine unsichere (A/C) Bindungsqualität im frühen Kindesalter als ein Risikofaktor

im Hinblick auf Verhaltensprobleme im späteren Leben des Kindes angesehen werden kann. Das bedeutet aber nicht, daß jedes in seiner frühen Kindheit als unsicher (A/C) gebunden klassifiziertes Kind zwangsläufig eine psychische Störung entwickeln muß. Allerdings werden mehr Kenntnisse über individuelle Unterschiede in der Internalisierung von Bindungserfahrungen benötigt, über Repräsentationen von Bindungsbeziehungen und deren Auswirkungen auf andere Beziehungen sowie darüber, wie frühe Bindungserfahrungen verschiedene Aspekte der Persönlichkeit beeinflussen (vgl. Emde 1990).

Im Zusammenhang mit der psychopathologischen Entwicklung macht Sroufe (1988) darauf aufmerksam, daß die Klassifizierung der Qualität von Bindungsbeziehungen nicht mit einer psychiatrischen Diagnose bei Kindern gleichzusetzen ist. Seiner Ansicht nach kann eine unsichere (A/C) Bindungsqualität nicht als eine Form von Psychopathologie betrachtet werden. Dennoch sind Bindungstheorie und Bindungsforschung sehr bedeutend für die Entwicklungspsychopathologie (vgl. Sroufe 1988): Sroufe beschreibt die Entwicklungspsychopathologie als eine integrative Disziplin, die versucht, den Prozeß und die Quelle von individuell unterschiedlichen Anpassungen an die Umweltbedingungen übergreifend sowohl in ihrer normalen als auch in ihrer pathologischen Ausprägung zu erfassen. Bowlbys Konzept, das die Qualität der frühen Adaptation, der Bindung, der Separation und des Verlustes betont, hat somit auch in der Entwicklungspsychopathologie eine zentrale Bedeutung. Sroufe (1988) beschreibt den Zusammenhang zwischen Bindung und Psychopathologie folgendermaßen:

a) Bindungsunsicherheit im frühen Kindesalter kann insbesondere dann als ein Risikofaktor für spätere Verhaltensauffälligkeit betrachtet werden, wenn sie mit Stressfaktoren kombiniert auftritt. Bindungsunsicherheit als Faktor für sich allein genommen reicht jedoch nicht aus, um Verhaltensprobleme im späteren Lebensalter vorhersagbar zu machen.

b) Ein weiterer Aspekt der Risikobestimmung bezieht sich auf präventive Faktoren. Individuen unterscheiden sich darin, inwieweit sie die Fähigkeit besitzen, eine Basis sozialer Unterstützung aufzubauen, d.h. sich gegebenenfalls Hilfe zu holen und aus dieser Unterstützung heraus Sicherheit zu gewinnen. Es wird angenommen, daß eine sichere Bindungserfahrung und die daraus folgenden Arbeitsmodelle, die das eigene Selbst als wertvoll und den anderen als unterstützend erleben lassen, wichtige Faktoren sind, die das Individuum vor Streß schützen und seine Fähigkeit fördern, effektive "Copingstrategien", d.h. Strategien zur förderlichen Umweltanpassung zu entwickeln.

c) Sroufe nimmt des weiteren an, daß sich Individuen mit einer grundlegenden Empfindung innerer Sicherheit und inneren Vertrauens, über die bindungssichere Kinder verfügen, schneller von Streß erholen und sich auch in einer feindseligen Lebenssituation positive Erwartungshaltungen bewahren gegenüber Individuen mit einer inneren Unsicherheit, wie dies bei bindungsunsicheren Kindern der Fall ist.

Es ist mittlerweile bekannt, daß frühe Lebenserfahrungen nicht notwendigerweise gravierendere Konsequenzen für das spätere Leben haben als später gemachte Erfahrungen (vgl. Sroufe 1988). Da Veränderungen in den Lebensumständen auch Veränderungen in Beziehungsprozessen bewirken können (Lamb 1978, Vaughn et al. 1979), weisen Forscher darauf hin, daß es von essentieller Wichtigkeit ist, die sich ändernde Organisation und Integration des Bindungssystems im Zusammenspiel mit anderen Bereichen in der Entwicklung des Kindes zu untersuchen. Die Qualität der Anpassung, die sich z. B. bei Vorschulkindern manifestiert, ist sowohl davon beeinflußt, wie die Eltern mit den aggressiven Impulsen und Gefühlen, die die Kinder u. U. im Übergang zum Vorschulalter zeigen, umgehen als auch von der Qualität der frühen Betreuung (Sroufe 1983, zitiert nach Cicchetti et al.1990).

Die Art und Weise wie ein Individuum sein Verhalten organisiert, um emotionalen Schutz und Sicherheit zu erlangen, ändert sich im Laufe der Entwicklung. Die Zunahme der sprachlich kommunikativen Kompetenzen und der Fähigkeit des Kindes, die Welt zu repräsentieren, macht die Einschätzung von internen Arbeitsmodellen ab dem Vorschulalter möglich. Der Übergang vom Kleinkindalter zum Schulalter bringt große Veränderungen in der Verhaltensorganisation des Kindes mit sich; dies führt bei Untersuchungen von Bindungsbeziehungen über das Kleinkindalter hinaus auch zu Veränderungen der Methode, Bindungsbeziehungen zu erfassen. Bindungsverhalten, wie beispielsweise die Suche nach Nähe und Kontakt, stellt nun keinen ausreichenden Indikator mehr für die Bestimmung von Bindungssicherheit dar, sondern andere Verhaltensweisen wie beispielsweise verbale Interaktionen und die interne Repräsentation der Bindungsperson gewinnen an Bedeutung (vgl. Cicchetti et al. 1990, S. 21).

Ein Kleinkind erwartet, daß die Bindungsperson verfügbar bleibt und sich responsiv gegenüber seinen Signalen verhält (vgl. Ainsworth et al. 1978). Für das Vorschulkind hingegen ist dieses Verhalten nicht mehr ausreichend: Im Vorschulalter erwartet das Kind von der Bindungsfigur, daß sie bereit ist, z. B. über gemeinsame Pläne zu kommunizieren und die Gedanken und Gefühle des Kindes mit einzubeziehen.

Die Verhaltensstrategie des Vorschulkindes ist demzufolge mehr in der Beziehung zu einer Bindungsperson, d. h. auf der psychologischen Ebene zu erkennen und zu deuten. Weniger deutlich werden die Verhaltensstrategien auf der physischen Ebene (vgl. Crittenden 1992a). Die Organisation von Bindungsverhalten im Kleinkindalter ist klar und deutlich zu beobachten. Vorschulkinder dagegen wechseln ihre Strategien, sie sind flexibler und bedienen sich vielfältiger Verhaltensweisen, die – entsprechend der Klassifikationen im Kleinstkindalter (vgl. Kap. 2.1.2) – auf unterschiedliche Hauptbindungsgruppen (A/B/C) zutreffen könnten (vgl. Crittenden 1992a). Die Suche nach körperlicher Nähe ist im Kleinkindalter z. B. ein wichtiges Kriterium bei der Klassifizierung der Bindungsqualität, nicht aber im Vorschulalter. Sicher (B) gebundene Vorschulkinder können viel mehr körperliche Distanz ertragen, und sie scheinen insgesamt unabhängiger zu sein als Kinder mit einer unsicheren (A/C) Bindungsbeziehung (Sroufe et al. 1983).

Auf welche Weise kann das Verhalten erfaßt werden, das das Vorschulkind im Hinblick auf die Beziehung mit der Bindungsperson entwickelt? Beispiele von Crittenden (1992a) sollen diese Frage im folgenden problematisieren. Ein unsicher vermeidend (A) gebundenes Kind in der frühen Kindheit beispielsweise dreht sich von der Bindungsperson weg, entfernt sich von ihr und ignoriert sie in der emotional belastenden "Fremde Situation". Fünf Jahre später vermeidet es seine Bindungsperson, indem es sich von der repräsentierten Erinnerung an diese Person mental abwendet. Ähnlich verhalten sich auch Bindungspersonen von unsicher vermeidend (A) gebundenen Kindern. Nach einer Trennungssituation im Gespräch mit dem Kind lenken sie die Aufmerksamkeit auf Objekte und Aktivitäten, stellen rhetorische Fragen und bieten kaum die Gelegenheit (ähnlich wie das Kind auch) zum Austausch oder zur Ausweitung des Gesprächsthemas.[9] Welche Art sind die Merkmale von Bindungsqualität im Vorschulalter?

2.2.1.4 Charakteristische Aspekte in der Qualität der Bindungsbeziehung im Vorschulalter

Im Hinblick auf die Affektregulierung neigen unsicher vermeidend (A) gebundene Kinder im Vorschulalter dazu, ihre Gefühle zu spalten. Sie haben die Erfahrung gemacht: "Wenn ich über meine Gefühle kommuniziere, werde ich nicht verstanden". Bei Kindern der unsicher ambivalenten (C) Bindungsgruppe dieses Alters geht es nicht mehr in erster Linie darum zu zeigen, was sie fühlen, sondern darum, was sie bei anderen bewirken. Gefühlsäußerungen und Absichten sind demnach eher verdeckt. Kinder mit einer sicheren (B) Bindungsbeziehung hingegen kommunizieren offen und sind bereit, Kompromisse zu finden. Ihre Erfahrung ist eine positive, nämlich: "Wenn ich meine Gefühle mitteile, werde ich verstanden" (Crittenden, persönliche Mitteilung).

Sowohl die theoretischen Überlegungen als auch die vorläufigen empirischen Daten zeigen, daß die Verhaltensstrategien der sicher (B) gebundenen Kinder hoch flexibel und so organisiert sind, daß die Fähigkeiten der Kinder in dreierlei Hinsicht erhöht werden: 1) sie lernen für sich selber zu sorgen, 2) Unterstützung der Bindungsperson zu erlangen und 3) Schutz durch andere zu gewinnen. Die offene, direkte und reziproke Kommunikation sowie die Fähigkeit, die Perspektive der Bindungsfigur zu berücksichtigen, stellen wichtige Grundlagen für diese Flexibilität dar (Crittenden 1992a).

Da die Bindungsfiguren der unsicher (A/C) gebundenen Kindern weniger responsiv sind, müssen diese Kinder Kompromisse finden, wie sie ihr Bedürfnis nach Schutz und den Ausdruck von Gefühlen organisieren. Aufgrund ihrer Erfahrung des Nicht-Verstanden-Werdens berücksichtigen sie die

---

[9] Während des Elterninterviews über Bindungserfahrungen aus der eigenen Kindheit tendieren Eltern von unsicher vermeidenden (A) Kindern dazu, sich an Ereignisse aus der Kindheit nicht zu erinnern, oder sie weisen mögliche Einflüsse von frühen Ereignissen zurück oder wehren Erfahrungen aus der eigenen Kindheit ab (vgl. Main et al. 1985).

Pläne der Bindungsfiguren nicht. Unsicher gebundene Kinder scheinen zu ertragen, daß sie mit wenig oder sogar ohne die Hilfe von anderen mit einer schwierigen Situation fertig werden. Entscheidend jedoch ist, daß unsicher (A/C) gebundene Kinder gelernt haben, daß ein Zeigen ihres "wahren Selbst" (Winnicott 1965) zu Ablehnung und nicht zu Beachtung seitens der Bindungsperson führt. So machen diese Kinder die Erfahrung, daß ihr "wahres Selbst" nicht in der Lage ist, elementare Grundbedürfnisse wie z. B. das Bedürfnis nach Schutz erfüllt zu bekommen, und dennoch verspüren sie gleichzeitig den tiefen Wunsch nach Liebe, Zuwendung und Wertschätzung. Aus diesem Grund konstruieren die unsicher (A/C) gebundenen Kinder ein "Falsches Selbst". Kinder, die mit einem "Falschen Selbst" leben und ihre Gefühle, Wahrnehmungen und Reaktionen verleugnen müssen, um ihr "Falsches Selbst" aufrechtzuerhalten, fühlen oft Schmerz und Ärger im Angesicht der Verleugnung ihres "Wahren Selbst" und schämen sich oft ihrer Existenz (Crittenden 1992a, S. 62).

Die Kinder mit einer sicheren (B) Bindungsqualität haben einige Vorteile. Diese Kinder können durch Kommunikation und Verhandlungen mit anderen kooperieren, neue Bewältigungsstrategien entwickeln, sich auf veränderte Bedingungen einstellen und neue Beziehungen eingehen (vgl. Bretherton 1990, Sroufe & Fleeson 1986, Crittenden 1992a). Sicher (B) gebundene Kinder fühlen sich in der überwiegenden Zeit "sicher", d. h. auch gegenüber neuen und unbekannten Erfahrungen stabil.

Unsicher vermeidend (A) gebundene Kinder hingegen haben wenig Zugang zu ihren Gefühlen, die ihnen als Anhaltspunkt für die Einschätzung von Situationen dienen könnten. Darüber hinaus verfügen sie über eine geringere Bereitwilligkeit, über ihre Gefühle in einer streßgeladenen Situation offen zu kommunizieren (vgl. Grossmann et al. 1986).

2.2.2 Loslösung und Trennung

2.2.2.1 Trennung und Trennungsreaktionen

Mit dem Begriff Separation werden sowohl langzeitliche als auch nur kurz andauernde Trennungen bezeichnet (vgl. Weinraub & Lewis 1977): Langzeitliche Separationen können mehr als einige Tage dauern, kurze Trennungen können von einigen Minuten bis zu einigen Tagen variieren. In den folgenden Ausführungen meine ich mit "kurzen" Trennungen solche, die einige Minuten andauern.

In den sechziger Jahren, als im Zuge des Anwachsens erwerbstätiger Frauen und Mütter in den westeuropäischen Ländern und in den USA die außerfamiliale Kleinkindbetreuung an Popularität gewann, interessierten sich Wissenschaftler zunehmend für die Effekte von kurzen Trennungen, d. h. Reaktionen des Kleinkindes auf Trennungen von der Mutter. Die damaligen Forschungsergebnisse haben gezeigt, daß die Mehrzahl der Kinder im Alter von 1-3 Jahren verstört reagieren, wenn sie von der Mutter (dem Vater oder einer anderen Bindungsperson) für einige Minuten allein gelassen werden (vgl. Ainsworth 1973, Schaffer & Emerson 1964, Stayton et al. 1973). Bowlby (1961) bezeichnet diese Reaktion als Trennungsangst und die "unumgängliche natürliche Konzequenz der Verbundenheit" (Bowlby 1961, S. 447) zwischen dem Kind und seiner Bezugsperson.

Ainsworth und Mitarbeiter (1978) haben in ihren longitudinalen Untersuchungen zeigen können, daß Kinder, die in der "Fremde Situation" auf die Separation von der Mutter nicht verstört reagierten und als unsicher vermeidend (A) klassifiziert wurden, zu Hause viel dramatischer reagierten, wenn die Mütter das Kinderzimmer für eine kurze Zeit verließen, als Kinder, die in der "Fremden Situation" ihren Kummer offen zeigten und als sicher (B) gebunden klassifiziert wurden. Die sicher gebundenen Kinder haben Vertrauen in ihre Mütter, d.h. sie vertrauen auf ihren Verbleib (vgl. Ainsworth 1973). Wenn sie allein gelassen werden, suchen sie nach ihr oder sie können die Wiederkehr der Mutter antipizieren.[10] Wie im Kap. 2.1.2.1.1 der vorliegenden Arbeit ausgeführt wurde, erweitert sich das Verhaltensrepertoire des Kindes im Umgang mit kurzen Trennungen mit zunehmendem Alter: Im Alter von 8 bis 24 Monaten setzen die jüngeren Kinder Signalverhalten ein, um die Nähe zur Mutter zu sichern, und die älteren Kinder zeigen aktives Suchverhalten (vgl. Bowlby 1975, Serafica 1978).

---

10 Verhaltensweisen, wie z. B. der Mutter nachfolgen, das Suchen von Nähe und Körperkontakt oder Interaktion mit ihr als Reaktion auf eine kurze Trennung haben die gleiche biologische Funktion wie das Bindungsverhalten generell (vgl. Kapitel 2.1.2.1.1).

Es stellt sich die Frage, warum nicht alle Kinder mit Verunsicherung oder Verstörung reagieren, wenn sie für einige Minuten oder Stunden von ihren Müttern getrennt werden; und warum einige Kinder die Wiederkehr der Mutter ignorieren und im Sinne der ethologischen Bindungstheorie kein Bindungsverhalten zeigen bzw. die Mutter nicht als die Quelle der Sicherheit zur weiteren Exploration der Umwelt benutzen. Vermeidungsverhalten von Kleinkindern - als ein Resultat von längeren Trennungen - war durch Ergebnisse der Deprivationsforschung schon früher bekannt. Dieses Verhalten als Reaktion auf kurze Trennungen wurde jedoch zuerst 1970 von Ainsworth und Bell (1970) systematisch beobachtet (vgl. Main 1982). Main (1982) nimmt an, daß das Vermeiden einer Bindungsperson alternativ zum Ärgerverhalten auftritt und seine Hauptfunktion darin besteht, Nähe zur Bindungsperson aufrechtzuerhalten. Sie nennt dieses Phänomen "Vermeiden im Dienst von Nähe" (vgl. Main 1982).

2.2.2.2 Trennung im Lichte der Psychoanalyse

Die psychoanalytisch orientierten Theoretiker gehörten zu den ersten, die ihre Aufmerksamkeit auf die negativen Auswirkungen von Trennungserfahrungen im frühen Kindesalter lenkten. Die Bedeutung der Trennung des Kindes von der Mutter hat in Folge der Studien von Freud und Burlingham (1942), Robertson und Robertson (1975) sowie Spitz (1945) verstärkt Beachtung erhalten. All diese Arbeiten wiesen auf langzeitliche negative Auswirkungen in der Persönlichkeitsentwicklung des Kindes hin, die - wie damals interpretiert wurde - allein auf die Trennung von der Mutter zurückzuführen sind.

Im Alter von 6-8 Monaten zeigen Kinder ihren Trennungskummer sehr deutlich. Dies begründet z. B. Spitz (1965) mit der zunehmenden Differenzierungsfähigkeit des Kindes, die es ihm erlaubt, zwischen vertrauten und weniger vertrauten Personen zu unterscheiden. Mahler interpretiert den Trennungskummer mit der Entwicklung des Loslösungs- und Individuationsprozesses (vgl. Mahler et al., 1975). Die Frage nach der Entstehung von Trennungskummer scheint zum gegenwärtigen Zeitpunkt jedoch nicht eindeutig geklärt zu sein (vgl. Stern 1992).[11] Die herkömmliche Auffassung, wonach die Trennungsreaktion mit der Reifung des Gedächtnisprozesses und der daraus folgenden Fähigkeit der inneren Repräsentation der Mutter zu tun habe, reicht als alleinige Erklärung neueren Untersuchungen zufolge nicht mehr aus. Es wird vielmehr davon ausgegangen, daß zwei Prozesse vorhanden sein müssen, die das Auftauchen von Trennungskummer voraussetzen: Zum einen die Fähigkeit des Säuglings, die innere Repräsentation einer Person zu evozieren, zum anderen die Fähigkeit, Repräsentationen möglicher Geschehnisse zu antizipieren (vgl. Schaffer et al. 1972, zitiert nach Stern 1992).

Die Reaktion von Kleinkindern auf kurze Trennungen hängt von ganz unterschiedlichen Faktoren ab. Die humanethologische (vgl. Ainsworth 1973, Bowlby 1975) und die psychoanalytische (Mahler 1975, Mahler et al. 1975, Robertson und Robertson, 1975) Betrachtungsweise stimmen darin überein, daß unter anderem die Qualität der Mutter-Kind Beziehung, die Reife des Kindes (Ich-Reife) und der Entwicklungsstand der Objektkonstanz die individuellen Unterschiede in der Reaktion von Kleinkindern auf kurze Trennungen von der Mutter determinieren.

Zum Thema Separation existieren bislang kaum longitudinale, auf strukturierten, systematischen Beobachtungen basierende empirische Daten. Mahlers Untersuchung des Loslösungs- und Individuationsprozesses könnte als ein erster Versuch in diese Richtung angesehen werden. Anzumerken sei hier jedoch, daß die von Mahler und ihren Mitarbeitern gewonnenen empirischen Daten nicht auf der Grundlage systematisch erhobener Beobachtungen und Kodierungen basieren. Zu ihrem Forschungsprinzip schreiben Mahler und Mitarbeiter: "Wir haben niemals geglaubt oder beabsichtigt, daß wir unsere sämtlichen Beobachtungen in standardisierter oder gar quantifizierbarer Form kodifizieren könnten oder sollten." (Mahler et al. 1975, S. 306).

---

[11] Eindeutig ist, daß die Erinnerung an erlebte Ereignisse und Personen ein evokatives Gedächtnis voraussetzt. Nicht eindeutig ist, wann sich die Fähigkeit des Säuglings, abwesende Personen und vergangene Ereignisse zu evozieren, herausbildet. Es wird vermutet, daß sich das evokative Gedächtnis um den 8. Lebensmonat herum entwickelt, wenn auch die Trennungsreaktionen des Säuglings deutlich werden, oder im zweiten Lebensjahr, wenn die Symbolisierungsfähigkeit des Kindes vorhanden ist. Einige Wissenschaftler (u. a. Stern 1992) dagegen vertreten die Ansicht, daß sich diese Fähigkeit bereits vom dritten Lebensmonat an oder sogar noch früher herausbildet.

2.2.2.3 Loslösung und Individuation

Margaret Mahler hob die Loslösung und Individuation als wichtige Dimensionen der psychischen Entwicklung hervor und lenkte ihr Interesse von der Pathologie auf normale Entwicklungsverläufe (vgl. Mahler et al. 1975). Als erste psychoanalytisch orientierte Theoretikerin beobachtete sie normal entwickelte Kinder mit ihren Müttern in einer natürlichen Umgebung während Interaktionssequenzen im Spiel und in Separationsepisoden. Ihr Interesse galt der psychischen Entwicklung des Kindes, das vom Zustand der Nichtdifferenzierung zwischen "Ich" und "Nicht-Ich" im Laufe der ersten drei Lebensjahre zu der Phase von Loslösung und Individuation gelangt.

Mahlers Konzept des Loslösungs- und Individuationsprozesses wird aufgrund von empirischen Belegen der Säuglings- und Kleinkindforschung in mehrfacher Hinsicht in Frage gestellt (vgl. Baumgart 1991, Dornes 1993, Eagle 1988, Stern 1992). Eine grundlegende Kritik richtet sich gegen Mahlers Postulat der Trennung der psychischen von der biologischen Geburt des Menschen sowie gegen die Annahme über die Existenz einer autistischen und einer symbiotischen Phase zum Beginn des Lebens. Es gibt Hinweise darauf, daß Säuglinge niemals ein Entwicklungsstadium der totalen Nicht-Differenzierung zwischen sich selbst und anderen erleben, und daß die psychische Geburt nicht zu einem späteren Zeitpunkt als die biologische erfolgt, sondern beides gleichzeitig stattfindet. Dennoch beziehe ich mich auf Mahlers Theorie, da ihr Konzept in einer gewissen Nähe zum Bindungskonzept (vgl. Bowlby 1988) und somit auch in enger Verbindung zur vorliegenden Arbeit steht.

Mahler und Mitarbeiter (1975) unterscheiden zwischen der biologischen und der psychischen Geburt. Die psychische Geburt, deren Zeitpunkt zwischen den 4. und den 36. Lebensmonat angesiedelt wird, gilt bei Mahler als ein sich langsam entfaltender intrapsychischer Prozeß und wird als Loslösungs- und Individuationsphase bezeichnet. Dieser Prozeß führt zu der Fähigkeit des Kindes, "in Gegenwart der Mutter und mit Hilfe ihrer emotionalen Verfügbarkeit als getrenntes Wesen zu funktionieren." (Mahler et al. 1975, S. 13).

Die Periode von der Geburt bis ca. zum 4. Lebensmonat bezeichnet Mahler als den Vorläufer des Loslösungs- und Individuationsprozesses. In den ersten Lebenswochen befindet sich das Kind in der Phase des "normalen Autismus"[12], in der es unfähig ist, die Mutter als Vermittlerin wahrzunehmen. Darauf folgt die "symbiotische Phase", in der das Kind noch keine Unterscheidung von Innen und Außen, Selbst und Anderem kennt und sich so verhält, als ob es selbst und die Mutter eine Zweieinheit darstellen würden. Nach neueren Erkenntnissen über die Aktivitäten des Neugeborenen scheint es unmöglich, die Annahme einer autistischen oder einer symbiotischen Phase in der frühen Kindheit aufrechtzuerhalten. Aktuell wird vielmehr davon ausgegangen, daß das Neugeborene von Beginn seines Lebens an sich selbst als ein getrenntes Individuum wahrnimmt (vgl. Stern 1992, Storck 1986).

Nachfolgend auf die Phase der Symbiose (4. - 5. Lebensmonat) beginnt die erste Subphase des Loslösungs- und Individuationsprozesses, die Differenzierung. Das soziale Lächeln wird zur spezifischen Lächelreaktion gegenüber der Mutter, was als entscheidendes Zeichen für das Entstehen eines spezifischen Bandes zwischen dem Säugling und der Mutter gilt. Mit ca. 6 Monaten beginnt das Kind Loslösung und Individuation zu erproben (z.B. es zieht die Mutter an den Haaren, den Ohren oder der Nase). Vom 7. oder 8. Monat an vergleicht das Kind die Mutter mit anderen Personen und verhält sich Fremden gegenüber ängstlich oder vorsichtig.

In der frühen Übungsphase, die sich mit der Subphase der Differenzierung überschneidet, fängt das Kind an, sich physisch von der Mutter zu entfernen, bleibt dennoch in ihrer Nähe, bzw. kehrt periodisch zu ihr zurück, um das Bedürfnis nach "emotionalem Auftanken" (Mahler et. al. 1975, S. 92) durch physischen Kontakt zu befriedigen. Mit der freien, aufrechten Fortbewegung beginnt die eigentliche Übungsphase, die vom 10. oder 12. bis zum 16. oder 18. Lebensmonat andauert. Mahler bezeichnet diesen Schritt als den wichtigsten in der menschlichen Individuation. Das Kind

---

[12] Mahler hat ihre Theorie in einer Zeit entwickelt, in der die Methoden, die heute im Bereich der Säuglings- und Kleinkindforschung angewandt werden, noch nicht zur Verfügung standen. Ihre Arbeit beruht auf einer schmalen empirischen Basis, vor allem in bezug auf das erste halbe Lebensjahr. Die Begriffe "Autismus" und "Symbiose" als Vorläufer des Loslösungs- und Individuationsprozesses sind theoretische Konstrukte und beruhen nicht auf systematischer Beobachtung von Säuglingen. Von neueren und empirisch gesicherten Erkenntnissen zur Säuglingsentwicklung überzeugt, gab Mahler den Ansatz des "normalen Autismus" im frühen Säuglingsalter später auf.

konzentriert sich darauf, seine belebte und unbelebte Umwelt zu erforschen und seine autonomen Fähigkeiten zu üben und einzusetzen.

Die Wiederannäherungsphase (3. Subphase des Loslösung- und Individuationsprozesses), die in der Zeit zwischen ca. dem 16. und dem 22. Lebensmonat beobachtet werden kann, ist gekennzeichnet durch den ambivalenten Wunsch des Kindes, die Mutter einerseits zurückzuweisen und sich andererseits an ihr festzuklammern (Mahler 1975). Das Kind zeigt in dieser Phase eine überdurchschnittliche Trennungsangst und ein "Beschatten" (Mahler et al. 1975, S. 102) der Mutter. Das Maß, in dem das Kind die Mutter beschattet oder um sie wirbt, hängt von der emotionalen Verfügbarkeit der Mutter ab. Je weniger die Mutter emotional verfügbar ist, desto beharrlicher versucht das Kind, um sie zu werben. Auf dem Höhepunkt der Wiederannäherungskrise (18. bis 21. Monat) reagieren die meisten Kinder sehr empfindlich, wenn sich die Mutter von ihnen entfernt bzw. sie im Raum zurückläßt. Am Ende der Wiederannäherungskrise scheinen die Kinder ihre eigenen charakteristischen Verhaltensweisen in Trennungsepisoden gefunden zu haben.

Mahler und ihre Mitarbeiter konnten in ihrer Untersuchung allerdings nicht ermitteln, welche Faktoren im Einzelfall dazu führen, daß manche Kinder in Trennungssituationen mehr Angst empfanden, während andere sich eher aktiv damit auseinandersetzten:

"Um den 23. Monat schien es, daß die Fähigkeit der Kinder, sich mit dem Getrenntsein und der tatsächlichen physischen Loslösung auseinanderzusetzen, in jedem Fall davon abhing, wie sich die Mutter-Kind Beziehung gestaltet hatte und wie ihr gegenwärtiger Status war; sie war sicherlich weit weniger phasenspezifisch" (Mahler et. al. 1975, S. 135).

Dieses Zitat impliziert, daß die Klärung der unterschiedlichen Verhaltensorganisation der Kinder in der Wiederannäherungskrise mit der Qualität der Mutter-Kind Bindungsbeziehung im Einklang stehen könnte. In seiner kritischen Betrachtung zu psychoanalytischen Theorien weist Eagle (1988) auf eine Verbindung zwischen der Bindungstheorie und der Theorie von Mahler hin:

"Mahlers Vorstellungen von Symbiose und Loslösung und Individuation implizieren, daß die Hauptrolle dem System der Bindung zufällt, während die sexuellen und aggressiven Triebe bei der Persönlichkeitsentwicklung und schwerer Psychopathologie eine Nebenrolle spielen. Und dennoch verknüpft sie Symbiose, Loslösung und Individuation nicht mit einem autonomen Bindungssystem, sondern mit der Freudschen Trieblehre. "(Eagle 1988, S. 32-33). Diesem Zitat ist zu entnehmen, daß Mahler der Freudschen Trieblehre verhaftet blieb und auf eine Modifizierung ihres Konzeptes verzichtete.

Die vierte Subphase - Konsolidierung der Individualität und die Anfänge der emotionalen Objektkonstanz - beginnt am Ende des zweiten Lebensjahres und erstreckt sich über das dritte Lebensjahr. Die wesentlichen Aufgaben der letzten Phase des Loslösung- und Individuationsprozesses sind zum einen das Erringen von Individualität und zum anderen die Erlangung eines gewissen Maßes an emotionaler Objektkonstanz. Die verfügbare intrapsychische Repräsentanz der Mutter kann im Falle ihrer physischen Abwesenheit dem Kind Trost spenden. Das Kind erwirbt im Verlauf dieser Phase "ein stabiles Gefühl der Einheitlichkeit" und "eine primitive Konsolidierung der Geschlechtsidentität scheint in dieser Phase stattzufinden" (Mahler et al. 1975, S. 142).

Zusammenfassend kann festgestellt werden, daß nach der Theorie von Mahler die emotionale Verbundenheit zwischen dem Säugling und seiner primären Bezugsperson am Anfang des Entwicklungsprozesses steht. Für Stern (1992) und für die Bindungstheoretiker ist diese Verbundenheit das Resultat erfolgreicher psychischer Aktivität von Seiten des Säuglings und des Pflegeverhaltens von Seiten der Bezugsperson. So steht Bindung nicht am Anfang, sondern am Ende eines langen und aktiven Entwicklungsprozesses, deren Existenz erst in der zweiten Hälfte des ersten Lebensjahres sichtbar in Erscheinung tritt.

2.2.3 *Kompetenz im frühkindlichen Verhalten*

Ainsworth und Bell (1974) stellen eine Verbindung her zwischen der Verhaltensorganisation des Kindes während der Trennungs- und Wiedervereinigungsepisoden in der "Fremden Situation" und der sozialen Kompetenz in der frühen Kindheit. Soziale Kompetenz ist die Fähigkeit, die Kooperation mit anderen zu sichern und aufrechtzuerhalten. Im Sinne von White (1959) geht es bei der Entwicklung von Kompetenz um das Erlernen zielorientierten

Handelns: "Kompetenz ist die Fähigkeit, im rechten Augenblick so zu handeln, daß die Ergebnisse des eigenen Handelns zur Erfüllung eigener Bedürfnisse, Wünsche und Interessen beitragen "(White 1959, zitiert nach Grossmann et al. 1989, S. 50). Ein kompetentes, sicher gebundenes Kind benutzt die Mutter in einer Streßsituation, wie z.b. während einer Trennung, als eine "sichere Basis", von der ausgehend es seine Umwelt erkundet und somit die Balance zwischen explorativem Verhalten und Bindungsverhalten wieder herstellt (vgl. Ainsworth 1979, Mahler et. al. 1975).

Ein Zusammenhang zwischen Bindungsqualität und Kompetenzverhalten von zwei und dreijährigen Kindern konnte in zahlreichen Untersuchungen nachgewiesen werden (Ainsworth & Bell 1974, Easterbrooks & Lamb 1979, Mates et al. 1978, Sroufe et al. 1984, Sroufe 1988, Waters et al. 1979). Kinder, die mit 18 Monaten in der "Fremden Situation" als sicher (B) gebunden klassifiziert wurden, zeigten mit 24 Monaten mehr Durchhaltevermögen, Effektivität und Enthusiasmus beim Lösen eines Problems. Im Alter von 3 1/2 Jahren waren sie zudem im Umgang mit Gleichaltrigen kompetenter, selbständiger und neugieriger als Kinder mit einer unsicheren (A/C) Bindungsbeziehung. Die sicher (B) gebundenen Kinder übertrafen ihre als unsicher (A/C) klassifizierten Spielkameraden an Ich-Stärke und Durchsetzungsvermögen.

Ein Vertreter der neueren psychoanalytischen Theorien, Michael Basch, liefert eine präzise Definition von Kompetenz, die sich mit den oben geschilderten Untersuchungen der bindungstheoretisch orientierten Theoretiker durchaus vereinbaren läßt:

"Auf der Verhaltensebene erscheint sie (Kompetenz) in Form des Ausübens von Kontrolle über äußere Ereignisse. In bezug auf die Gehirnfunktionen und das neurophysiologische Substrat von Verhalten ist Kompetenz das Ergebnis der Fähigkeit des Gehirns, die ungleichen Stimuli, die ständig die Sinne bombardieren, zu ordnen. Auf der Ebene der Introspektion und Reflexion wird Kompetenz als Selbstachtung erfahren. In sozialer Hinsicht besteht Kompetenz in gesunder Anpassung" (Basch 1992, S. 33).

Basch sieht im Streben nach Kompetenz die Hauptmotivation des Verhaltens bereits im Säuglingsalter. Das kompetente Verhalten führt zu Selbstachtung und zu Wohlbefinden, daß eine Absicht realisiert werden kann. Im Gegensatz dazu kann ein gestörter Entwicklungsverlauf das Streben nach Kompetenz und Selbstachtung eines Individuums negativ beeinträchtigen. Bindungstheoretisch betrachtet könnte dies bedeuten, daß ein sicher (B) gebundenes Kind, das über genügend Selbstachtung und Selbstvertrauen verfügt, auch eher in der Lage ist, kompetent zu handeln. Es kann über seine Wünsche, Bedürfnisse und seine Affekte offen kommunizieren und somit eigene Absichten in Einklang mit dem inneren emotionalen Zustand realisieren. Unsicher vermeidend (A) und unsicher ambivalent (C) gebundene Kinder wiederum, die in ihren Bindungsbeziehungen kaum eine innere Sicherheit erfahren haben, werden weniger in der Lage sein, effektive Copingstrategien und genügend Kompetenz zu entwickeln, um nach eigenen inneren emotionalen Zuständen handeln zu können. Konkret heißt dies, wie auch in den bindungstheoretischen Ausführungen dieser Arbeit diskutiert wurde, daß Kinder mit einer unsicher vermeidenden Bindungserfahrung eine ganz eigene (vermeidende) Verhaltensstrategie verfolgen. Sie vermeiden es, über ihre inneren emotionalen Zustände zu kommunizieren und nach einer Unterstützung durch die Bindungsfigur zu verlangen. Man könnte sagen, daß das Kompetenzverhalten dieser Kinder in einer vermeidenden und somit wenig effektiven Verhaltensstrategie sichtbar wird. Das unsicher ambivalent gebundene Kind, das überwiegend die negative Erfahrung macht, keine Vorhersage über das Verhalten seiner Bindungsperson treffen zu können, wird schwerlich kompetente Handlungsstrategien entwickeln, um eigene Absichten zu verwirklichen.

2.2.4 Affekte und Bindung

Affekte oder Emotionen, die ich in Anlehnung an die einschlägige Forschungsliteratur synonym benutze, spielen im Bereich der Entwicklungspsychologie neben den Theorien zu Wahrnehmung, Denken oder Lernen nur eine untergeordnete Rolle, ungeachtet des zunehmenden Forschungsinteresses seit Mitte der sechziger Jahre. Krause (1992), der im Bereich der psychologischen und psychoanalytischen Entwicklungstheorien mit der Erforschung von diskreten Emotionen befaßt ist, liefert die folgende Definition von Affekt: "Unter Affekt verstehen wir den Prozeß, der die drei Lebensbereiche Physiologie, Denken und kommunikatives Handeln geordnet ansteuert" (Krause 1992, S. 599). Diese Komplexität des Gebiets – "nämlich Gefühl als Erlebnis, Gefühl als (Ausdrucks-) Verhalten und Gefühl als Kovariat von neurophysiologischen Strukturen und Prozessen " (Ewert 1983, S. 397) – sowie das Fehlen einer ausreichend abgesicherten empirischen Grundlage und konzeptionellen theoretischen Basis scheinen die empirische Forschungsarbeit zu erschweren (vgl. u. a. Scherer 1979, 1990, Scherer & Wallbott 1990, Krause 1990, Schmidt-Atzert 1981).

Das Interesse für die Untersuchung von Affekten in der Frühsozialisation läßt sich in jüngerer Zeit in verschiedenen Wissenschaftsbereichen erkennen. Vor allem aber im Bereich der Entwicklungspsychologie, der Psycholinguistik und der psychoanalytischen Entwicklungstheorie. Bei den Vertretern der verschiedenen Theorierichtungen ist es unumstritten, daß in der dyadischen Beziehung zwischen Mutter und Kind das affektive Klima eine wichtige Rolle spielt und die sozialemotionale Entwicklung des Kindes wesentlich beeinflußt.

Die Bedeutung von Affekten für den Erwerb der Dialogfähigkeit des Kindes wird beispielsweise auch in neueren Forschungsansätzen der Psycholinguistik betont und empirisch untersucht (vgl. Bloom et al., 1987a,b; Klann, 1979; Klann-Delius, 1986, 1989). Schon Spitz wies darauf hin: "Wir können tatsächlich mit Sicherheit annehmen, daß Gefühle die bewegende Kraft sind, die den Dialog in Gang bringen und vorwärts treiben" (Spitz {1963} 1988, S. 67).

Vertreter der psychoanalytisch orientierten Konzepte betrachten die emotionale Entwicklung hauptsächlich im Aufbau von Objektbeziehungen und erklären die Ichentwicklung mit den Trieben der Libido und der Aggression. Zudem postulieren Theoretiker der psychoanalytischen Tradition ein zu Beginn des Lebens undifferenziertes Affektleben, bestehend aus Lust und Unlust. Diese triebtheoretische Affektlehre ist nicht mehr aufrechtzuerhalten. Seit empirische Befunde der Säuglingsfoschung vorliegen und seit die Emotionsforschung eine Differenziertheit des Affektlebens von Geburt an zumindest wahrscheinlich machen konnte, kann die Ichentwicklung in erster Linie mit der Entwicklung der diskreten Emotionen in Zusammenhang gebracht werden. Bereits bei Neugeborenen ist die Muskelkonfiguration von kategorialem Affektausdruck zu beobachten. Diese grundlegenden Affekte betreffen: Interesse, Kummer, Ekel und Freude. Innerhalb einiger Monate werden andere fundamentale emotionale Ausdrucksformen herausgebildet, wie beispielsweise Angst, Ärger oder noch später Scham und Schuld (vgl. u. a. Ekman & Friesen 1984, Ekman 1988, Izard 1978, Malatesta & Haviland 1982a,b, Schmidt-Atzert 1981, Stern et al. 1983).[13]

Vertreter der ethologischen Bindungstheorie setzen die emotionale Entwicklung mit der Entwicklung von Bindungssicherheit und von "inneren Arbeitsmodellen" gleich. Die "inneren Arbeitsmodelle" oder Repräsentanzen, die auf der Grundlage von interaktiven Erfahrungen und Erfahrungen in der emotionalen Kommunikation mit primären Bezugspersonen entstehen, bilden den Kern der emotionalen Organisation des Individuums. Bowlby (1976), Ainsworth und ihre Mitarbeiter (vgl. Ainsworth et al. 1971, 1974) betonen, daß Bindungssicherheit für die gesamte Persönlichkeitsentwicklung von grundlegender Bedeutung ist. Bindungssicherheit entsteht durch ein liebevolles und feinfühliges Verhalten seitens der Bindungsperson. Neben ihrer Funktion als "sichere Basis" (vgl. Ainsworth et al. 1978) spielt die Bindungsperson in der Regulierung des emotionalen Sicherheitsgefühls des Kleinkindes eine unverzichtbare Rolle (vgl. Stern 1992). Emotionen sind der Grundstein von Anpassung und die Motivation der sozialen Beziehungen. Sie haben somit eine Schlüsselrolle in der Entwicklung der Mutter-Kind Bindung (vgl. Izard et al. 1991). In Abhängigkeit von der Qualität der Mutter-Kind Bindungsbeziehung haben Ainsworth und ihr Forschungsteam (1978) einen Zusammenhang zwischen der Qualität der Bindungsbeziehung und dem emotionalen Ausdrucksverhalten (Verstörung/Weinen) der Kinder im 12. Lebensmonat in der "Fremden Situation" festgestellt: Unsicher vermeidend (A) gebundene Kinder weinen in den Trennungsepisoden der "Fremden Situation" am wenigsten, unsicher ambivalent gebundene (C) am meisten und sicher (B) gebundene Kinder liegen zwischen den beiden unsicheren Bindungsgruppen. Sroufe (1981) betrachtet die Qualität der Mutter-Kind Bindung als den "Eckstein" für die Untersuchung individueller Unterschiede in der emotionalen Entwicklung des Kindes. Das Vorhandensein einer sicheren Bindungsbeziehung legt die Grundlage für die spätere sozialemotionale Entwicklung, für den Ablösungsprozeß von der Mutter

---

[13] Nach Izard (1978) lassen sich folgende Grundemotionen postulieren: Interesse, Freude, Überraschung, Unbehagen, Ärger, Ekel, Verachtung, Furcht, Scham und Schuld.

sowie für die Entwicklung bzw. Herausbildung eines gesunden Selbst-Gefühls (vgl. Sroufe 1979, 1985).

Malatesta, die sich mit der Organisation von diskreten Emotionen in der frühen Kindheit im Zusammenhang mit der Bindungsorganisation befaßt, betrachtet emotionales Funktionieren einerseits als einen momentanen emotionalen Zustand und andererseits als eine dauerhafte Disposition innerhalb des Individuums. Emotionen sind für sie genauso wie für andere Emotionstheoretiker auch als ein Teil eines "evolutionarily adapted behavioral system that promotes both species and individual survival" (Malatesta 1990, S. 15) zu betrachten. Wie ein Individuum seine Emotionen organisiert, hängt sowohl ab von frühen, konstitutionellen Bedingungen als auch von den Einflüssen der sozialen Umwelt. Wie groß der Anteil der konstitutionellen Bedingungen in der emotionalen Disposition eines Individuums ist, können wir nicht sagen (vgl. Malatesta 1990). Wir wissen aber, daß Säuglinge besonders sensibel und aktiv auf emotionale Signale von anderen reagieren und sich in einer emotional bedrohlichen oder unerwarteten Situation nach dem emotionalen Ausdruck einer vertrauten Person richten.

Die Bindungstheorie sagt wenig über die diskreten Emotionen in der Organisation der Gefühle aus, betont aber den Beziehungsaspekt in der emotionalen Entwicklung eines Individuums (vgl. Malatesta 1990). Malatesta interessiert sich für die Frage, wie Kinder mit unterschiedlicher Bindungsqualität ihre Emotionen organisieren. In Abhängigkeit von ihrer Bindungssicherheit unterscheiden sich Kinder in ihren Reaktionen auf Streßfaktoren, indem sie mit Ärger, mit Angst oder mit Trauer auf eine Störung von außen reagieren, die beispielsweise durch eine kurze Trennung von der Mutter hervorgerufen wird.

In ihrer Bindungsbeziehung zur Mutter als unsicher vermeidend (A) klassifizierte Kinder haben die Tendenz, ihre Gefühle in Form von Vermeidung (in der "Fremde Situation") oder Aggression (im häuslichen Milieu) zu organisieren (vgl. Malatesta 1990). Dieser Art Organisation entspricht die Reaktion auf einen emotional bedrohlichen und angstgeladenen Moment, den Kleinkinder meistens dann erleben, wenn sie plötzlich mit einer unerwarteten, ungewohnten und nicht kontrollierbaren Situation konfrontiert werden. Warum gerade A-Kinder diese Art der Gefühlsorganisation zeigen, scheint mit spezifischen Interaktionserfahrungen und dem interaktiven Verhalten der Mutter zu korrespondieren. Zahlreiche Untersuchungen (vgl. Belsky et al. 1984, Isabella & Belsky 1991, Isabella 1993) haben gezeigt, daß die mit 12 Monaten als unsicher vermeidend (A) klassifizierten Kinder früh in ihrem Leben ein Überangebot an Stimulierung und Erregung erfahren haben. Ihre Mütter neigen zu einer verbal intrusiven Stimulation (vgl. a.a.O).

Die unsicher ambivalent (C) gebundenen Kinder haben eine primär auf Ärger basierende Organisation ihrer Gefühle. Das verärgerte Verhalten der Kinder der Subgruppe C1 könnte aus wiederholt und früh erfahrenen Frustrationen resultieren. Kinder der Subgruppe C2 organisieren ihre Gefühle passiv durch Trauer.

Im Gegensatz zu den unsicheren (A/C) Bindungsgruppen zeigen sicher (B) gebundene Kinder überwiegend positive Affekte, sie sind "well adapted" (Malatesta 1990, S. 34), und in ihrem interaktiven Verhalten sind sie kooperativ und harmonisch.

Die "functional adaptation" stellt einen Schlüsselaspekt für Malatesta (1990, S. 34) in der Analyse der Organisation von Emotionen dar. Beispielsweise motiviert Angst zum Weglaufen vor einer Gefahr und reduziert gleichzeitig die Wahrscheinlichkeit von Leid oder Verletzung. In der frühen Kindheit hat Vermeidungsverhalten die Funktion, das Kind vor Überstimulierung oder vor einer eventuellen körperlichen Mißhandlung zu schützen. Wie Untersuchungen von Crittenden (1985, 1988a,b Crittenden & Ainsworth 1989) gezeigt haben, bauen mißhandelte Kinder überwiegend eine unsicher vermeidende (A) Bindungsbeziehung zu ihrer Bindungsperson auf. Mütter dieser Kinder verhalten sich eher feindselig im Gegensatz zu Müttern mit sicher (B) gebundenen Kindern (vgl. Cassidy 1990, Crittenden 1988a,b). Trauer, die meistens bei den unsicher ambivalent (C2) gebundenen Kindern zu beobachten ist, fördert in funktioneller Hinsicht Pflegebereitschaft, Empathie und Hilfsangebote der Erwachsenen. Positive Affekte fördern den Aufbau von harmonischen und auf Kooperation basierenden sozialen Beziehungen. Diese Art Bindungsbeziehungen bauen Kinder mit einer sicheren (B) Bindungsorganisation auf.

Obwohl Malatesta (1990) die unterschiedlichen Bindungsmuster nicht völlig unabhängig von der Art der Affektorganisation behandelt, betrachtet sie beide Konstrukte nicht als identisch. Insofern erscheint es nicht abwegig, die Qualität der Bindungssicherheit und die Qualität des emotionalen Ausdrucksverhaltens in ihrer Abhängigkeit voneinander zu untersuchen. Der gegenwärtige Stand der Forschung weist im Gegensatz zu theoretischen Diskussionen, auf einen Mangel an empirischen Arbeiten im Hinblick auf die Untersuchung der Organisation der Gefühle außerhalb der "Fremden Situation" und in Abhängigkeit von der frühen Muter-Kind Bindung hin. Wenn überhaupt, dann werden Daten im Bereich der Bindungsforschung oft am Rande herangezogen, um Aussagen über die Organisation von Affekten im Zusammenhang mit der Bindungsorganisation zu treffen. Ausnahmen bilden hier die Untersuchungen, die sich z. B. mit dem Ausdruck diskreter Emotionen und Bindung befassen (z. B. Izard et al. 1991, Thompson & Lamb 1984, Malatesta et al. 1989) oder mit Trennungsangst und der Bindungsorganisation (vgl. Stevenson-Hinde & Shouldice 1990, Thompson & Lamb 1984). Mit der hier vorgelegten Arbeit soll ein Beitrag geleistet werden zur Untersuchung des emotionalen Ausdrucksverhaltens (hedonischer Ton) des Kindes unter drei Jahren außerhalb der "Fremden Situation" in freien Spielinteraktionen mit der Mutter und in Abhängigkeit von der Bindungssicherheit, die im 12. Lebensmonat des Kindes in der "Fremden Situation" ermittelt wurde.

2.3   Theoretische Kontroversen

2.3.1   *Objektliebe versus emotionales Band*

Das psychoanalytische Interesse an der Mutter-Kind Beziehung oder der "Objektliebe" wurzelt unter anderem in der Technik der Psychoanalyse, die in der analytischen Behandlung bis in die präverbale Phase des Analysanden vorzudringen versucht, um an die Wurzeln seiner Psychopathologie heranzukommen (vgl. A. Balint {1939} 1969).

Im psychoanalytischen Sinne wird der Begriff "Liebe" sehr vielschichtig gebraucht. Es wird unterschieden zwischen der oralen, analen, genitalen, zärtlichen, grobsinnlichen, narzißtischen Liebe sowie passiver und aktiver Objektliebe. Alice Balint betrachtete die wahre Objektliebe, worum es hier insbesondere geht, einerseits als von Geburt an gegebene "Bedürfnisbefriedigung seitens der Objektwelt", andererseits als "Realitätssinn" (vgl. A. Balint

{1939} 1969, S. 117). Letzterer entwickelt sich stufenweise, wobei die Entwicklung des Realitätssinnes mit der Entwicklung der wahren Objektliebe parallel verläuft. Aufgrund der primitiven Entwicklungsstufe des Realitätssinnes am Anfang des Lebens wird das Objekt zwar wahrgenommen, nicht aber seine Eigeninteressen. Diese Annahme impliziert, wie auch Bowlby hinsichtlich der Entwicklungsphasen von frühen Bindungsbeziehungen ausführlicher und präziser beschrieb, die Entwicklung der Bindung von der ersten Phase der "Orientierung und Signale ohne Unterscheidung der Figur" bis hin zu der letzten Phase der "Bildung einer zielkorrigierten Partneschaft". Zielkorrigierte Partnerschaft bedeutet, daß das Kind in der Lage ist, die Ziele und Absichten der anderen mit eigenen Vorhaben und Plänen zu vereinbaren.

Wie sieht es aber mit der "Liebe" der Mutter zu ihrem Kind aus? Winnicott ({1958} 1985) postulierte mit dem Begriff "primäre Mütterlichkeit" einen spezifischen Zustand der Mutter, die sich während der Schwangerschaft in einem Zustand erhöhter Sensibilität befindet, der mehrere Wochen nach der Geburt des Kindes weiter anhält. Alice Balint spricht in diesem Zusammenhang von dem "Verwirklichen der mütterlichen Triebwünsche. Tragen, gebären, säugen, hätscheln sind Triebäußerungen der Frau, die sie mit Hilfe des Kindes befriedigt" (A. Balint {1939} 1969, S. 112). Somit wird das Kind für die Mutter zum "Befriedigungsobjekt", genauso wie die Mutter für das Kind zum Objekt der Befriedigung seiner Bedürfnisse wird. Beide erleben sich gegenseitig als einen Teil ihres Selbst, dessen Beziehung auf der "Aufeinanderbezogenheit der gegenseitigen Triebziele" gründet. Mutter und Kind sind eine sich gegenseitig liebende Einheit, solange die Mutter das Kind nicht ablehnt, d. h. die "triebhafte Bindung" von der "triebhaften Ablehnung" abgelöst wird (A. Balint {1939} 1969, S. 114).

"Liebe" oder - im bindungstheoretischen Verständnis - das "emotionale Band" zwischen Mutter (Vater) und Kind ensteht erst aufgrund von tagtäglich wiederkehrenden interaktiven und kommunikativen Austauschprozessen. Dies bedeutet, daß Bindungen nicht, wie von manchen Psychoanalytikern angenommen, von Geburt an vorhanden und an Triebbedürfnisse gebunden sind. Ich möchte hier den Vorschlag machen, das Wort "Liebe" nicht abzulehnen, jedoch den Begriff "Liebe" zwischen dem Kind und seinen für ihn wichtigen Bezugspersonen neu zu reflektieren. Liebe ist eine Empfindung, die nicht zu beobachten, sondern nur zu erleben ist. Verhaltensweisen der Erwachsenen, wie beispielsweise ihre Feinfühligkeit, auf die Signale des Kindes zu reagieren, ihre Bereitschaft das Kind anzunehmen, tragen wesentlich zur Steuerung des interaktiven Geschehens zwischen der Bezugsperson und dem Kind bei. Diese und andere Verhaltensweisen des Erwachsenen haben nachhaltigen Einfluß darauf, ob sich das Kind von seiner Bezugsperson gemocht, geachtet und schließlich "geliebt" fühlt, um das Gefühl der emotionalen Sicherheit in der Bindung zu dieser Person erfahren und intrapsychisch repräsentieren zu können.

Bereits Winnicott machte darauf aufmerksam, daß die Idealisierung der Mutterliebe oft den Anfang von tiefen seelischen Konflikten darstellt. Anders formuliert können wir sagen, daß einer Verschleierung der emotionalen Konflikte in der frühen Mutter-Kind Bindung keine Grenzen gesetzt sind, wenn wir per se die "Liebe" zwischen Kind und Mutter oder anderen primären Bezugspersonen von Geburt an als generell existent voraussetzen. Zu einer Entmystifizierung der im Laufe unseres Jahrhunderts entwickelten Auffassung einer "Unersetzlichkeit" von Müttern im frühen Kindesalter könnte eine stärkere Verbreitung der Erkenntnisse über das Wesen und den Ursprung von frühen zwischenmenschlichen Beziehungen beitragen, und zwar nicht nur in bestimmten Fachkreisen, sondern auch im allgemeinen Verständnis.

2.3.2 *Psychoanalyse, Bindungstheorie und Säuglingsforschung*

Die in den vergangenen 30 Jahren angesammelten empirischen Befunde der Säuglings- und Bindungsforschung stellen die theoretischen Konzepte der psychoanalytischen Entwicklungslehre radikal in Frage. Sie lassen das Neugeborene, den Säugling und das Kleinkind in einem bislang unbekanntes Bild erscheinen.[14] Stern (1992, S. 29) weist sehr zutreffend mit den Begriffen "beobachteter" und "klinisch rekonstruierter" Säugling auf wesentliche

---

[14] Ich verzichte an dieser Stelle auf eine detaillierte Darstellung der mittlerweile zahlreich publizierten Ergebnisse der Säuglingsforschung, die ihre Erkenntnisse mit Hilfe von differenzierten Untersuchungsmethoden der empirischen Forschungsarbeit gewinnt, und ich möchte nur auf einige Quellen verweisen: Baumgart (1991), Dornes (1993), Köhler (1990), Lichtenberg (1991), Stern (1992).

Unterschiede in der Betrachtungsweise des Säuglings von Seiten der Säuglingsforscher und der Vertreter der traditionellen psychoanalytischen Entwicklungstheorien hin. Je nach theoretischem Konzept betreffen zentrale Fragestellungen unter anderem die aktive Rolle des Säuglings in der Gestaltung von sozialen Interaktionen sowie die Annahme einer frühen Selbst-Objekt-Differenzierung. Vertreter der Säuglingsforschung (z. B. Stern 1974, 1979, 1992, Trevarthen 1979, 1984) gehen davon aus, daß Säuglinge eine Phase der Undifferenziertheit zwischen dem Selbst und dem Anderen niemals völlig erleben und betonen, ähnlich wie auch Bindungstheoretiker (vgl. Ainsworth et al. 1974, Bowlby 1975), die von Geburt an vorhandene soziale Bezogenheit des Individuums. Auch wird auf die Fähigkeit des Säuglings hingewiesen, von Geburt an aktiv an einem wechselseitigen affektiven Austausch mit anderen teilzunehmen (vgl. u.a. Stern 1992).

Bereits in den dreißiger Jahren warf M. Balint ({1936} 1969) die hypothetische Frage auf, woher wir wissen können, daß der Säugling die Außenwelt nicht wahrnehme und keine Beziehung zu den Objekten seiner Umgebung habe. Die Überprüfung dieser Frage war in seiner Zeit aufgrund von unzureichenden bzw. fehlenden Untersuchungsmethoden im Neugeborenen- und Säuglingsalter undenkbar. Die moderne Säuglingsforschung ist nun in der Lage, Neugeborenen und Säuglingen im passenden Augenblick die passende "Frage" zu stellen und "Antwort" zu erhalten. Wir sind nicht länger einzig und allein auf das "rekonstruierte Baby", das in der Vorstellung und Phantasie von Erwachsenen existiert, angewiesen, um das präverbale Kind in seinem Wesen "kennenzulernen". Vielmehr können wir ihre "Antworten" auf die von uns gestellten Fragen nutzen, um ein realitätsgerechteres Bild im frühen Lebensalter des Menschen zu erhalten. Das so gewonnene Bild über das Kind hat einen nachhaltigen Einfluß nicht nur in der theoretischen Diskussion, sondern auch für pädagogisches Handeln im Sinne einer Verantwortung für Kinder (vgl. u. a. Spanhel & Hotamanidis 1988).

Immer mehr psychoanalytisch orientierte Theoretiker betonen die Notwendigkeit, eine kritische und grundlegende Überarbeitung der traditionellen psychoanalytischen Theoriekonzepte hinsichtlich der Entstehung und Entwicklung von Objektbeziehungen zu leisten. Eagle (1988) bietet in diesem Zusammenhang eine umfassende Darstellung der neueren Entwicklungen in der Psychoanalyse an. Zusammenfassend stellt er fest: "Es gibt mittlerweile viele Hinweise, daß Freuds anaklitisches Modell der Mutter-Kind Bindung ebenso wie die allgemeine Vorstellung von der Grundlage der Objektbeziehungen, die die traditionelle Theorie anbietet, falsch ist" (Eagle 1988, S. 12).

Im folgenen sollen einige Überlegungen angestellt werden, um diese Annahme, die auch von weiteren Theoretikern wie z. B. Lichtenberg (1991) und Stern (1992) vertreten wird, zu diskutieren. Es werden dabei theoretische Aspekte von Bowlbys Bindungskonzept und dessen Erweiterung durch empirische Forschungsarbeiten sowie Erkenntnisse aus der Säuglingsforschung mit der traditionellen psychoanalytischen Entwicklungslehre im Hinblick auf die Entwicklung von Objektbeziehungen in Verbindung gebracht. Abschließend soll eine Verknüpfung der Bindungstheorie mit den hier angeführten psychoanalytischen Konzepten hergestellt werden.

Psychoanalytisch orientierte Theoretiker waren und sind sich einig über die Bedeutung der frühen Beziehung des Kindes in seiner Persönlichkeitsentwicklung, nicht jedoch über das Wesen und den Ursprung dieser Beziehung (vgl. Bowlby 1975). Ich bin der Auffassung, daß empirisch abgesicherte Erkenntnisse über Entwicklungsprozesse des präverbalen Kindes eine notwendige aber sicherlich nicht hinreichende Bedingung sind, um bestehende psychoanalytische Theoriekonzepte über das Wesen und den Ursprung der sozialen Beziehungen (Objektbeziehungen) zu verifizieren. Eine der grundlegenden Überprüfung betrifft Freuds Auffassung von der Ausschließlichkeit der frühen Mutter-Kind Bindung (S. Freud {1931} 1972) und sein theoretisches Konstrukt der ödipalen Phase, in der die Bindung zum Vater zu Lasten der Bindung zur Mutter erst möglich wird. Neuere Erkenntnisse der ethologischen Bindungstheorie (vgl. Ainsworth 1973, Bowlby 1975) zeigen, daß zum einen Bindungsbeziehungen in der frühen Kindheit parallel zur Mutter, zum Vater oder zu anderen Personen entstehen können und nicht, wie Freud annahm, zuerst zur Mutter und anschließend zum Vater. Zum anderen dauern Bindungsbeziehungen über Zeit, Ort und Situationen hinweg an, d. h. sie können nicht im Zuge der Freudschen psychosexuellen Entwicklung ohne weiteres aufgegeben werden. Der Aufbau einer neuen Bindung (zum Vater) kann eine bereits bestehende Bindung (zur Mutter) in ihrer Intensität und Stärke nicht verändern, da, wie bereits erwähnt, Bindungsbeziehungen unabhängig voneinander entwickelt und organisiert werden.

Es soll an dieser Stelle erneut auf Bowlbys theoretische Grundannahmen hingewiesen werden (vgl. Kap. 2.1.2.1.1), um seine Position mit der der Psychoanalyse zu verknüpfen. Bowlby (1959), der seine ethologische Bindungstheorie teils aus psychoanalytischen Traditionen ableitet, verzichtet auf den Begriff "Trieb" und postuliert in dem Begriff "Triebreaktionen" beobachtbare Verhaltensweisen wie Saugen, Anklammern, Nachfolgen, Weinen und Lächeln. Diese Reaktionen nennt er "bindungs-suchendes Verhalten" (Bowlby 1959, S. 438), das "primären Charakter" hat, d. h. von körperlichen Bedürfnissen, wie z. B vom Hunger, unabhängig ist. Bindungsverhalten führt er auf die Aktivierung bestimmter Verhaltenssysteme wie beispielsweise das Bindungssystem zurück und nicht auf "Bedürfnisse" oder "Triebe". Er nimmt an, daß

"die Verhaltenssysteme selbst sich im Kleinkind als Resultat einer Wechselbeziehung mit der Umwelt seiner evolutionären Angepaßtheit entwickeln, besonders der Wechselwirkung mit der wichtigsten Figur dieser Umwelt, nämlich der Mutter." (Bowlby 1975, S. 173).

Nahrung und Essen spielen hier nur eine untergeordnete Rolle. Die Enstehung von Objektbeziehungen an der Befriedigung von physiologischen Bedürfnissen des Kindes festzumachen, wurde selbst von Vertretern der psychoanalytischen Entwicklungstheorie als problematisch angesehen; dennoch wurde daran festgehalten (vgl. Bowlby 1975). Aufgrund von Beobachtungen an Neugeborenen und Säuglingen haben Melanie Klein ({1952} 1991) und René Spitz ({1965}1985) eine Vielzahl von Interaktionen zwischen Mutter und Kind beschrieben, die auf eine Beziehung schließen lassen, die jedoch nicht ausschließlich oral determiniert ist. Auch diese direkten Beobachtungen wurden nicht zur Erweiterung des Konzeptes der Objektbeziehungstheorie herangezogen. Ansätze, die die Existenz einer rudimentären Objektbeziehung (vgl. A. & M. Balint 1937, 1939, Hermann 1936) oder die Neigung des Neugeborenen zur Objektsuche (vgl. Fairbairn 1952) annehmen oder auch Sullivans (1953) Theorie der Objektbeziehungen sind Beispiele dafür, daß selbst Psychoanalytiker die traditionellen Konzepte anzweifelten. Empirische Befunde, vor allem psychobiologisch und bindungstheoretisch orientierte Forschungsergebnisse, haben mittlerweile die

Annahmen über die Existenz von frühen Objektbeziehungen größtenteils bestätigt.

Ich schlage vor, zwischen den Begriffen Objektbeziehung und Bindungsbeziehung zu unterscheiden, um zu einer präziseren Betrachtung der Bindungsbeziehungen zu gelangen. Auch wenn sich die Grundannahmen der Bindungstheorie und traditionellen psychoanalytischen Theorien über die Entstehung von menschlichen Beziehungen unterscheiden, erscheint es mir sinnvoll, hier einen Vergleich herzustellen. Bowlby und andere Bindungstheoretiker sprechen im Gegensatz zu den Vertretern der psychoanalytischen Entwicklungslehre nicht von Objektbeziehungen im frühen Kindesalter, sondern von "Band" oder "Bindung" zwischen Mutter und Kind, die ca. ab dem 6. Lebensmonat sichtbar gegenüber primären Bezugspersonen (Mutter, Vater oder andere Erwachsene) in Erscheinung tritt. Nach der ethologischen Bindungstheorie nehmen Säuglinge von Geburt an Kontakt zu der Außenwelt auf, d. h. sie haben Objektbeziehungen, jedoch sind diese Beziehungen während der ersten beiden Lebensmonate undifferenziert. Der Säugling richtet sein Verhalten sowohl auf vertraute als auch auf nicht vertraute Personen und fängt dann allmählich an, eine Vorliebe für vertraute Personen zu entwickeln und diese Personen zu bevorzugen. Empirische Forschungsergebnisse zeigen, daß Säuglinge zwar über eine Differenzierungsfähigkeit viel früher verfügen, als lange Zeit vermutet wurde, und daß sie zwischen der Mutter und Fremden unterscheiden (Milchgeruch, Stimme, Gesicht). Trotzdem wird die Mutter oder werden andere vertraute Personen erst ca. vom 6. Lebensmonat an sichtbar bevorzugt. Das Kind richtet sein bindungssuchendes Verhalten, d.h. den Wunsch nach Nähe und Kontakt, von sich aus aktiv nur noch auf eng vertraute Personen und nicht mehr, wie während der ersten sechs Lebensmonate, undifferenziert sowohl auf vertraute als auch auf nicht vertraute Personen.

In der psychoanalytischen Literatur finden wir keine eindeutige Unterscheidung zwischen Bindung und Beziehung. Beide Begriffe werden ohne Differenzierung synonym gebraucht. Daraus schließe ich, daß sie inhaltlich für das gleiche Phänomen stehen, nämlich für primäre zwischenmenschliche Beziehungen. Eine eindeutige Unterscheidung zwischen Bindung und Beziehung seitens der Bindungstheorie besagt, daß Bindung ein dauerhaftes, d. h. über Zeit und Ort hinweg persistent bleibendes emotionales Band zwischen zwei Individuen darstellt, das durch die inneren Repräsentanzen der Individuen (Bindungspartner) charakterisiert wird und das auf der Grundlage der Gesamtgeschichte von Interaktionserfahrungen der Bindungspartner wächst. Diese Charakteristika gelten jedoch nicht für Beziehungen, die zeitlich kürzer oder länger andauern können und keine Persistenz haben (vgl. Ainsworth 1989). Eine weitere bedeutende Unterscheidung zwischen Bindung und Beziehung liegt meiner Ansicht nach in der Funktion von Bindung, d. h. in dem Phänomen der "sicheren Basis" (vgl. Ainsworth 1973, Ainsworth & Bell 1974, Ainsworth et al. 1974): Erwachsene, zu denen Kinder eine Bindungsbeziehung aufgebaut haben, dienen in einer emotional belasteten Streßsituation als Schutz oder als eine "sichere Basis", von der ausgehend sie ihr inneres Gleichgewicht wiederfinden und zur Erkundung der Umwelt erneut aufbrechen.

Im Sinne der traditionellen psychoanalytischen Entwicklungslehre entstehen Objektbeziehungen parallel mit der Ich-Entwicklung und der Entwicklung der Realitätsprüfung. Sie stehen am Anfang des Lebens primär im Dienste der Triebbefriedigung. Je nach theoretischer Ausrichtung ist die rudimentäre Form der Objektbeziehung entweder von Geburt an vorhanden (vgl. M. Klein 1952, A. & M. Balint 1937, 1939, Fairbain 1952) oder Objektbeziehungen entwickeln sich von einer objektlosen (vgl. A. Freud 1946, 1965, Spitz 1965) zu einer echten Objektbeziehung. Das bindungstheoretische Konzept schlägt hier meiner Ansicht nach eine Brücke zwischen den beiden psychoanalytischen Auffassungen, die jeweils nur Teilaspekte des Ursprungs von zwischenmenschlichen Beziehungen berücksichtigen: daß nämlich eine Objektbeziehung von Geburt an und daher ohne notwendige Erfahrung interaktiver Austauschprozesse mit der sozialen Umwelt existiert; daß Objektbeziehung erst ab Mitte des ersten Lebensjahres möglich sein kann. Der erste Ansatz greift meiner Ansicht nach sehr weit, was den Ursprung von Objektbeziehungen angeht, und datiert deren Existenz auf einen zu frühen Zeitpunkt. Der zweite Ansatz wiederum greift zu kurz, indem er den Ursprung von Objektbeziehung auf einen zu späten Zeitpunkt setzt. Genau hier schlägt die Bindungstheorie, vor allem aber das Konzept von Ainsworth über die Enstehung von Bindungsbeziehungen, eine Brücke. Ainsworth (1973) unterscheidet klarer als Bowlby (1975) zwischen den Mustern von Bindungsverhalten mit ca. 6 Monaten (Phase 3 der Bindungsentwicklung nach

Bowlby) und den Vorläufern von Bindungsverhalten, die schon vor der eigentlichen Existenz von Bindung (Phase 1 und 2 nach Bowlby) auftreten. Oder anders ausgedrückt: Wir können davon ausgehen, daß bereits in der ersten Hälfte des ersten Lebensjahres zwischenmenschliche Beziehungen entstehen, die aber mit Bindungsbeziehungen nicht gleichzusetzen sind. Erst ab etwa dem 6. Lebensmonat, wenn Bindungsverhalten deutlich in Erscheinung tritt und zielgerichtet auf einige wenige Bezugspersonen hin organisiert wird, ist auch der Aufbau von Bindungen möglich. Dies stellt eine Phase dar, in der nach der Theorie von Stern über die Entwicklung des Selbstempfindens, eine "intersubjektive Bezogenheit" (Stern 1992, S. 184) zu erkennen ist.[15]

Die Bindungstheorie, insbesondere aber Bowlbys Konzept des "inneren Arbeitsmodells" läßt sich trotz grundsätzlicher Diskrepanzen mit der psychoanalytischen Objektbeziehungstheorie in mancher Hinsicht vereinbaren. Vertreter der ungarischen und britischen Objektbeziehungstheorie (vgl. Balint 1937, Klein 1952) sowie Fairbairn (1952) und Sullivan (1953) waren als erste Kliniker der Auffassung, daß die soziale Bezogenheit des Menschen von Geburt an existiere. Diese konzeptuelle Überlegung konnte von Theoretikern der Bindungsforschung anhand objektiver Daten bestätigt und weiterentwickelt werden. Allen diesen Theorien ist gemeinsam, daß sie sich unter anderem mit der subjektiven Erfahrung des Säuglings und des Kleinkindes befassen. Zudem spiegeln sie die Auffassung wieder, daß sich Säuglinge von Geburt an aktiv an der Mitgestaltung der Interaktion mit Erwachsenen beteiligen. Unterschiede beziehen sich vor allem aber darauf, daß die Objektbeziehungstheoretiker ihr Interesse in erster Linie auf internalisierte Objektbeziehungen richten im Gegensatz zu den Säuglings- und Bindungsforschern, die sich mit dem realen Baby und seinen Interaktionen befassen, die wiederum Grundlage der internalisierten Objektbeziehungen sind (vgl. Dornes 1993). Bowlbys Konzept des "inneren Arbeitsmodells" ist nichts anderes als die innere Repräsentation von Selbst, von anderen und von der Beziehung zu anderen. Insofern scheint die Kritik von Kernberg ({1976}

---

[15] Intersubjektivität bedeutet: "Ein absichtlich angestrebtes Mitteilen von Erfahrungen über Ereignisse und Dinge" (Trevarthan und Hubley 1978, zitiert nach Stern 1992, S. 184).

1989) überholt, wonach Bowlby kein Bezug auf die "innere Welt" des Kindes nehmen würde.

In neueren psychoanalytisch orientierten theoretischen Diskussionen (vgl. Dornes 1993, Eagle 1988, Köhler 1990, 1992, Zelnick et al. 1991) gewinnt die Bindungstheorie zunehmend an Aufmerksamkeit. Die Bindungstheorie wird als die Schnittstelle zwischen Psychoanalyse und akademischer Entwicklungspsychologie betrachtet und als ein Konzept, das "in der Lage ist, die Lücken zwischen psychoanalytischer Theorie, neueren Ergebnissen der kognitiven Psychologie und der Säuglingsforschung zu schließen" (vgl. Zelnick et al. 1991, S. 838). Eine inhaltliche Begründung wird unter anderem darin gesehen, daß "die Bindungstheorie mit experimentellen Methoden ein Grundanliegen der psychoanalytischen Entwicklungspsychologie aufnimmt: die Untersuchung der Qualität der frühen Mutter-Kind Beziehung und der Nachweis ihrer Bedeutung für die spätere Entwicklung" (vgl. Dornes 1993, S. 204). Für Vertreter der psychoanalytisch orientierten Theorie kann vor allem der neuere Forschungsansatz der ethologischen Bindungstheorie von großem Interesse sein, der sich mit den frühen Bindungserfahrungen der Mutter aus ihrer eigenen Kindheit und deren Bedeutung für die Bindungsorganisation der Mutter zu ihrem Kind beschäftigt (vgl. Main et al. 1985, Grossmann et al. 1988, 1989). Fonagy und sein Forschungsteam (1991) konnten in London am Anna Freud Institut mit Hilfe das "Adult Attachment Interviews", das mit schwangeren Frauen am Ende ihrer Schwangerschaft über ihre Bindungserfahrungen in der Kindheit erhoben wurde, mit 75 %-tiger Sicherheit vorhersagen, welche Art Bindungsbeziehung die Frauen zu ihren noch ungeborenen Kindern entwickeln würden. Die Qualität der Bindungsbeziehung zu dem eigenen Kind steht demzufolge eng mit der Qualität der Bindungserfahrung aus der Kindheit einer Mutter in Zusammenhang. Ausschlaggebend sind hier weniger die Qualität der frühen Erfahrungen als vielmehr, ob diese Erfahrungen bewußt erinnert werden oder nicht, und auf welche Art und Weise diese früh im Leben gemachten Erlebnisse innerpsychisch repräsentiert und im Erwachsenenalter in Erinnerung gerufen werden.

Mit der hier vorliegenden Arbeit soll ein Beitrag geleistet werden, um im Bereich der Grundlagenforschung bereits existierende, aber hauptsächlich auf Querschnittsvergleichen basierende empirische Befunde zur sozialen

Kompetenz und Affektregulierung in der frühen Kindheit zu ergänzen und zu erweitern. Die Erweiterung betrifft die Untersuchung von Entwicklungsverläufen zwischen dem Anfang des zweiten und dem Ende des dritten Lebensjahres, eine Altersstufe, über die bislang kaum zeitlich dicht erhobene längschnittliche Daten existieren.

2.4 Fragestellungen

Mit der vorliegenden Arbeit werden zwei Hauptfragestellungen anhand längsschnittlich gewonnener empirischer Daten untersucht. Im einzelnen geht es dabei um das emotionale Ausdrucksverhalten des Kindes, die emotionale Responsivität der Mutter, die Verhaltensorganisation und die Kompetenz des Kindes während kurzer Trennungsepisoden sowie um das Verhalten der Mutter im Umgang mit Trennungssituationen und um ihre Einstellung zu Trennungssituationen.

Frage 1: Abgeleitet von den bisherigen Erkenntnissen der bindungstheoretisch und psychoanalytisch orientierten Emotionstheorien kann man davon ausgehen, daß sich die Art der emotionalen Organisation von Kindern bereits vor dem 1. Lebensjahr erkennen läßt (vgl. Malatesta 1990). Individuelle Unterschiede in der Affektregulierung und in der Art der Bewältigung von emotional belastenden Situationen sind mit einem Jahr in der "Fremden Situation" zu beobachten. Die Organisation des emotionalen Ausdrucksverhaltens steht mit der Organisation des Bindungsverhaltenssystems in einem engen Zusammenhang.

Nachfolgend geht es zum einen darum, zu überprüfen, ob die Qualität der emotionalen Bindungsbeziehung zwischen Mutter und Kind, gemessen mit 12 Lebensmonaten in der "Fremden Situation", eine mögliche Variable darstellt, um die individuellen Unterschiede im Affektausdrucksverhalten und im Kompetenzverhalten von Kindern zu vier unterschiedlichen Erhebungszeitpunkten in streßfreien sowie in streßbelasteten Situationen zu erklären. Zum anderen soll der Frage nachgegangen werden, ob die Qualität der Bindungsbeziehung mit der emotionalen Responsivität der Mutter, auf Affektausdrucksveränderungen des Kindes in konkreten Interaktionen zu reagieren, korrespondiert. Der hier angestrebte Querschnitts- und Längsschnittvergleich bezieht sich auf den 17., 23., 30. und 36. Lebensmonat. Es soll untersucht werden, ob sich Kinder und deren Mütter in ihrem emotionalen Ausdrucksverhalten in Abhängigkeit von der Bindungssicherheit während der einzelnen Meßzeitpunkte und im Verlauf der kindlichen Entwicklung unterscheiden.

Frage 2: Die zweite Leitfrage richtet sich auf die Art der Verhaltensorganisation von Kindern unter drei Jahren in ihrer Entwicklung (mit 17, 23, 30 und 36 Lebensmonaten), wie sie in Separationen zu den entsprechenden Erhebungszeitpunkten sichtbar werden: Lassen sich, in Abhängigkeit vom Alter und von der Qualität der frühen Bindungsbeziehung zwischen Mutter und Kind, typische Verhaltensmuster bei ein bis dreijährigen Kindern in Separationssituationen erkennen? Empirische Daten bindungstheoretischer Studien geben Anhaltspunkte dafür, daß vor allem in einer Streßsituation individuell unterschiedliche Verhaltensstrategien von Kindern im Kleinkind- und im Vorschulalter zu beobachten sind. Die für meine Fragestellung relevanten individuellen Unterschiede betreffen die Organisation des Affektlebens und des Kompetenzverhaltens von Kindern in einer emotional belastenden Situation. Daraus ergibt sich die Frage, ob die Bindungssicherheit mit unterschiedlichen Verhaltensstrategien von Kindern in der Entwicklung zusammenhängt.

Darüber hinaus soll der Frage nachgegangen werden, ob das Verhalten der Mutter in einer kurzen Trennungssituation mit der Qualität der Bindungsbeziehung zum Kind assoziiert ist. Abschließend geht es um die Frage, ob die Trennungsangst der Mutter bzw. ihre Einstellung zu Trennungsepisoden mit ihrer Berufstätigkeit und mit der Qualität der Bindungsbeziehung zum Kind korrespondiert.

3 Methode

3.1 Stichprobe

Die Gesamtstichprobe, die sich ursprünglich aus 39 Mutter-Kind Paaren zusammensetzte, wurde Anfang 1989 im Rahmen der DFG-Längsschnittstudie unter der Projektleitung von Frau Prof. Dr. Klann-Delius erhoben. Die ältesten Kinder wurden im März 1988, die jüngsten im August 1988 geboren. Die Größe der ursprünglichen Stichprobe setzte sich während der fünf Erhebungszeiten folgendermaßen zusammen: Im Alter von 12 Monaten N=39, im Alter von 17 Monaten N=33, im Alter von 23 Monaten N=31, im Alter von 30 Monaten N=31 und im Alter von 36 Monaten N=34 Kinder. Die Varianz der Stichprobengröße erklärt sich folgendermaßen:

- Von den ursprünglich 39 Mutter-Kind Paaren des DFG-Projektes, die an der "Fremden Situation" im 12. Lebensmonat des Kindes teilgenommen haben, konnten drei Paare für die hier vorgelegte Arbeit nicht berücksichtigt werden. Eine Mutter verstarb, eine konnte aus beruflichen Gründen an keiner der Erhebungen mit Separationsstimuli teilnehmen, und eine Familie verlegte ihren Wohnsitz ins Ausland.
- Die restlichen 36 Mutter-Kind Paare konnten aus verschiedensten privaten Gründen (Geburt eines zweiten Kindes, Urlaub, Krankheit, Umzug innerhalb der Bundesrepublik) nicht an jedem der insgesamt vier Erhebungszeitpunkte teilnehmen. 25 (70 %) Mutter-Kind Paare erschienen an allen, 8 (22%) Paare an 3, 2 (5%) Paare an 2 und 1 (3%) Paar nur an einem der vier Erhebungstermine. Die insgesamt 11 (31 %) Mutter-Kind Paare, die an einem, an zwei oder in einem Fall an drei der vier Terminen gefehlt haben, waren ohne Ausnahme aus der Gruppe der sicher (B) gebundenen Kinder. Die Mutter-Kind Paare der unsicheren (A/C) Bindungsgruppe waren immer anwesend.

Bei der Auswahl der Probanden wurden folgende Kriterien berücksichtigt: Alter der Kinder, keine Frühgeburt, keine Beeinträchtigungen im Entwicklungsverlauf, keine außerfamiliäre Tagesbetreuung bzw. Betreuung durch Mutter oder Vater zu Hause während der ersten 12 Lebensmonate des Kindes. Die Kinder sollten Deutsch als Muttersprache erlernt haben.

Die Stichprobe bestand bei der ersten Erhebung zu 46% aus Mädchen und zu 54% aus Jungen, die zum Zeitpunkt der ersten Erhebungen mit festem Wohnsitz im Berlin (West) wohnten. Zum Beginn der Untersuchung (mit 12 Monaten) waren 32 Kinder (82%) Erstgeborene, 5 Kinder (13 %) hatten ein und 2 Kinder (5%) zwei ältere Geschwister. Am Ende der Erhebungszeit (mit 36 Monaten) waren 21 (54%) Einzelkinder, 16 (41%) hatten ein und 2 (5%) hatten zwei Geschwister.

Das Durchschnittsalter der Mütter betrug zu Beginn der Datenerhebung 30 Jahre mit der Altersvarianz von 21 bis 42 Jahren, das der Väter 33 Jahre. Das Alter der Väter variierte von 22 bis 49 Jahren. Die Kinder stammten aus Familien, in denen Mutter und Vater in einem Haushalt lebten, außer einer Mutter, die alleinerziehend war. Die Probanden wurden nach dem Kriterium Beruf und Ausbildung von Vater und Mutter nach dem folgenden, bewußt vereinfachenden Verfahren im Hinblick auf ihren sozioökonomischen Status klassifiziert:

Es wurden berücksichtigt 1. Ausbildung und 2. ausgeübter Beruf und zwar zunächst für Vater und Mutter getrennt. Ausbildung (= A) und Beruf (= B) wurde zweifstufig subklassifiziert, nämlich:

Ausbildung 1: Hauptschule, Realschule, Lehre
Ausbildung 2: Abitur, Fachhochschule, Universität
Beruf 1 : charakterisiert durch unselbständige und repetitive Tätigkeit
Beruf 2: charakterisiert durch selbständige Tätigkeit sowie Organisation und Kontrolle komplexer Arbeitsabläufe.

Mütter, die als Beruf "Hausfrau" angaben, wurden als B 1 klassifiziert, sofern sie nicht eine höhere Ausbildung und einen als B 2 klassifizierten Beruf ausgeübt haben.

Die im folgenden angegebene Kombination von A1, A 2 und B 1, B 2 ergibt die *Schichtenzuordnung von Mutter oder Vater* zur Unterschicht

(US), zur unteren Mittelschicht (UMS) oder zur oberen Mittelschicht (OMS):

US (1) = A 1 + B 1
UMS (2) = A 1 + B 2 oder A 2 + B 1
OMS (3) = A 2 + B 2

Die *Schichtzuordnung für das Kind* ergibt sich aus der im folgenden angegebenen Bewertung der Schichtzugehörigkeit der Mutter (= M) und des Vaters (= V):

M 1 + V 1 = Kind US (1)
M1 + V 2, M 2 + V 1 , M2 + V 2 = Kind UMS (2)
M1 + V 3, V 1 + M 3, M 2 + V 3, V 2 + M 3 = Kind MS (3)
M 3 + V 3 = Kind OMS (4)

Die Ergebnisse der Schichtzuordnung für die Kinder der Stichprobe für N = 39 sind in der Abbildung 1 dargestellt:

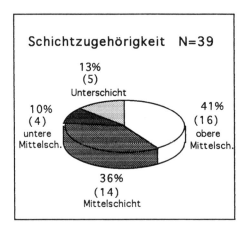

Abbildung 1: Absolute und relative Verteilung der Schichtzugehörigkeit

Wie in der Abbildung 1 zu sehen, setzt sich die Stichprobe überwiegend aus Familien der oberen Mittelschicht (41%), zum Teil der Mittelschicht (36%), der unteren Mittelschicht (10%) und der Unterschicht (13%) zusammen. Nach ihrem Schulabschluß klassifiziert hatten 27 Mütter (70%) Abitur, 9 (23%) den Realschulabschluß und 3 (7%) den Hauptschulabschluß. 27 (71%) Väter beendeten ihre Schulbildung mit dem Abitur, 7 (18%) mit dem

Realschulabschluß und 4 (10%) mit dem Hauptschulabschluß. Bei einem Vater fehlten die Angaben.

Die Rekrutierung der Probanden erfolgte durch Zeitungsinserate, durch Informationsblätter in Kinderarztpraxen, in Kinderkliniken, in Fürsorgestellen und durch "Mundpropaganda". Nach einem kurzen Telefongespräch wurden die Probanden, die ihr Interesse für eine Mitarbeit bekundeten, zu Hause besucht und über Einzelheiten des Projektablaufs informiert. Mit der Anwendung eines Fragenkatalogs zur Klärung von Fragen, die für die Zusammensetzung der Stichprobe relevant waren, wurde über die Aufnahme in die Stichprobe entschieden. In diesem Zusammenhang wurden Daten über die psychosozialen Lebensbedingungen der Familie und über den Gesundheitszustand des Kindes erhoben.

3.2 Qualität der Mutter-Kind Bindungsbeziehung

3.2.1 Beschreibung der "Fremden Situation"

Zur Beurteilung der Bindungsqualität zwischen Mutter und Kind wurde im 12. Lebensmonat des Kindes (+,- eine Woche Abweichung) die "Fremde Situation" (Ainsworth & Witting 1969, Ainsworth et al. 1978) in der Evangelischen Fachhochschule für Sozialpädagogik und Sozialarbeit in Berlin durchgeführt. Alle Erhebungen wurden videografiert und zu einem späteren Zeitpunkt anhand der Videoaufnahmen ausgewertet.

Die Erhebungen wurden in einem freundlich eingerichteten Raum mit Einwegspiegel zu einem angrenzenden Beobachtungsraum durchgeführt, von dem aus der Ablauf der Situation und die Videoaufnahmen gesteuert werden konnten (vgl. Abbildung). Im Raum wurden zwei Stühle in einigem Abstand voneinander aufgestellt, von denen einer für die Mutter und der andere für die fremde Person bestimmt war. Zwischen den beiden Stühlen und in einigem Abstand dazu lagen auf dem Teppichboden folgende Spielmaterialien für das Kind bereit: Stoffpuppe, Bilderbuch, Kochtopf mit Deckel, Holzlöffel und Teelöffel, Tasse, Kreisel, Holzraupe zum Hinterherziehen, Bausteine verschiedener Größe, Holzkasten mit gelochtem Deckel für geometrische Formen, Ball, Steh-auf-Männchen, Hammerbank.

Im Raum waren zwei VHS-Videokameras aufgestellt, von denen die eine (Kamera 1) hinter dem Aufbau eines Kasperletheaters plaziert wurde und vom Beobachtungsraum ferngesteuert betätigt werden konnte. Die zweite Kamera befand sich versteckt hinter einem dichten Vorhang und wurde durch eine Projektmitarbeiterin bedient, so daß kein Einfluß auf den Ablauf der "Fremden Situation" genommen wurde.[16]

Schematische Darstellung des Raumes der "Fremden Situation"

```
+-------------------------------------------------+
|                                                 |
|                    Kamera                       |
|                      2                          |
|-------------------------------------------------|
|                                                 |
|     Stuhl der              Stuhl                |
|     fremden Person         der Mutter           |
|                                                 |
|                                                 |
|                                                 |
|                   Spielmaterial                 |
|                                                 |
|                                            Kamera |
| Tür                                           1  |
|-------------------------------------------------|
|                   Einwegspiegel                 |
|                   Beobachtungsraum              |
|                                                 |
+-------------------------------------------------+
```

Die "Fremde Situation" (vgl. Ainsworth & Witting 1969) ist ein standardisiertes Beobachtungsverfahren, das zur Erfassung der individuellen Unter-

---

[16] Mütter und auch Kinder bemerkten nicht, daß eine Kamera und eine Kamerafrau hinter dem Vorgang postiert waren, denn sie waren überrascht, wenn die Kamerafrau nach Ablauf der Sitzung zum Vorschein kam.

schiede in der Qualität der Bindungsbeziehung zwischen einem 12 oder 18 Monate alten Kind und seiner Mutter oder anderen Bezugspersonen weltweit angewandt wird. Zur Beurteilung der Qualität der Mutter-Kind Bindungsbeziehung wurde ein Klassifikationssystem (vgl. Ainsworth et al. 1971, Ainsworth et al. 1978) entwickelt, wonach verschiedene Anpassungsstrategien des Kindes zu unterscheiden sind, die je nach Bindungsmuster in eine sichere (B) und zwei unsichere (A & C) Hauptbindungsgruppen eingeteilt werden.

Die "Fremde Situation" erwies sich für die Altersstufe der 12 bis ca. 20 Monate alten Kinder als valide, und sie wird auch von Kritikern dieses Verfahrens als die zuverlässigste Methode zur Erfassung von frühen Bindungsbeziehungen zwischen einem Kleinkind und seiner Bezugsperson (vgl. Kagan 1987, Voughn et al. 1985) anerkannt.

Die "Fremde Situation" ist ein standardisiertes Verfahren, das aus acht aufeinanderfolgenden, dreiminütigen Episoden besteht. Vor der Untersuchung erhält die Mutter schriftlich und mündlich Informationen über den Ablauf der Episoden und Instruktionen über das von ihr erwartete Verhalten. Die erste Episode dauert ca. 30 Sekunden und besteht darin, daß die Versuchsleiterin die Mutter und das Kind in einen freundlich eingerichteten, für beide fremden Raum führt. In der zweiten Episode sind Mutter und Kind alleine in diesem Raum. Die Mutter erhält die Instruktion, sich auf den Stuhl zu setzen, keine Interaktionsangebote zu starten, aber auf Kontaktsuche des Kindes zu reagieren. Die dritte Episode beginnt, wenn eine fremde Person den Raum betritt und versucht, zu dem Kind Kontakt aufzunehmen. Die Mutter verläßt zum ersten Mal unauffällig den Raum (Kind und fremde Person bleiben zusammen) und kehrt nach drei Minuten (oder wenn das Kind verstört reagiert früher) zurück. Die fremde Person verläßt den Raum. Die Mutter bleibt mit dem Kind für weitere drei Minuten alleine, wenn notwendig, tröstet sie das Kind und versucht, es für die Spielmaterialien zu interessieren. Diesmal verabschiedet sie sich vom Kind und verläßt zum zweiten Mal den Raum. Das Kind bleibt für maximal drei Minuten ganz alleine oder, wenn es auf die kurze Trennung von der Mutter mit Verstörung reagiert, kürzer. Diesmal kommt zuerst die fremde Person zu dem Kind zurück und bleibt für maximal drei Minuten oder für kürzere Zeit bei ihm. Wenn das Kind verstört ist, versucht sie, es zu beruhigen und für die Spielsachen zu interessieren. Zum Schluß kehrt die Mutter zurück und bleibt mit dem Kind für weitere drei Minuten im Raum.

Kurzbeschreibung der "Fremden Situation"

Nr. der Episode	anwesende Personen	Dauer	Kurzbeschreibung der Episoden
1.	Mutter Kind Versuchsleiter	ca. 30 Sec.	Versuchsleiterin führt Mutter und Kind in den Beobachtungsraum und geht anschließend.
2.	Mutter Kind	3 Min.	Mutter sitzt auf dem Stuhl, initiiert keine Interaktion, reagiert jedoch auf Kontaktsuche des Kindes. Kind spielt.
3.	Mutter Kind Fremde Person	3 Min.	FP[17] tritt ein, spricht mit der Mutter, nimmt Kontakt zum Kind auf, nach 3 Min. Mutter geht unauffällig.
4.	Kind Fremde Person	3 Min. oder kürzer	*1. Trennungsepisode.* FP orientiert sich am Verhalten des Kindes.
5.	Mutter Kind	3 Min. oder länger	*1. Wiedervereinigungsepisode.* FP geht, Mutter grüßt und/oder beruhigt Kind und weckt Interesse zu spielen, Mutter verabschiedet sich und geht.
6.	Kind alleine	3 Min. oder kürzer	*2. Trennungsepisode*
7.	Kind Fremde Person	3 Min. oder kürzer	FP tritt ein, versucht Kind zu beruhigen, paßt ihr Verhalten dem des Kindes an.
8.	Mutter Kind	3 Min.	*2. Wiedervereinigungsepisode.* FP geht, Mutter grüßt und/oder beruhigt Kind, interagiert frei mit dem Kind.

In der "Fremden Situation" wird das Kind einem zunehmenden Streß ausgesetzt (fremder Raum, Konfrontation mit einer fremden Person und die zwei-

---

17 FP = fremde Person

malige Trennung von der Mutter), um sein Bindungsverhaltenssystem zu aktivieren. Nach bindungstheoretischen Überlegungen ist es notwendig, eine Streßsituation zu schaffen, da Bindungsverhalten von Kindern erst in einer solchen Situation sichtbar wird. In diesem Zusammenhang erwähnt Bowlby (1975), daß dieselben Verhaltensweisen wie beispielsweise das Weinen, das Lächeln oder die Suche nach Nähe je nach Kontext für Bindung oder aber auch für andere Verhaltenssysteme stehen können. Mit anderen Worten, nicht jedes Weinen oder jede Suche nach Körperkontakt kann als Bindungsverhalten interpretiert werden. Dieses hängt von der inneren oder äußeren Bedrohung ab, der das Kind gerade ausgesetzt ist.

3.2.2 Klassifizierung der Bindungsqualität nach Ainsworth

3.2.2.1 Ratingskalen zur Erfassung interaktiven Verhaltens

Die Verhaltensbeobachtung und Klassifizierung der Bindungsqualität erfolgte nach dem Verfahren von Ainsworth und ihren Mitarbeitern (vgl. Ainsworth, Bell & Stayton, 1971; Ainsworth et al., 1978). Es wird beobachtet, wie sich das Kind gegenüber der Mutter, gegenüber der fremden Person verhält und inwieweit es in der Lage ist, seine Gefühle von "Distress" offen zu zeigen und die Mutter bei den Wiedervereinigungsepisoden als "Quelle von Sicherheit" zur Erkundung der physischen Umwelt zu benutzen. Die Analyse des kindlichen Verhaltens bei den Wiedervereinigungsepisoden (Episoden 5 und 8) gibt die wesentlichen Anhaltspunkte zur Beurteilung der Qualität der Mutter-Kind Bindungsbeziehung. Die Verhaltensbereiche des Kindes in den beiden Wiedervereinigungsepisoden betreffen: Suche nach Nähe- und Körperkontakt, die Bemühung, den Körperkontakt zu erhalten, Widerstand gegenüber Körperkontakt sowie Interaktionsangebote und Vermeidung der Wiederkehr und der Kontaktangebote der Mutter. Die vier Variablen werden auf einem Skalenniveau von Punkt eins bis Punkt sieben bewertet. Niedriger Skalenwert bedeutet: das Verhalten tritt nicht auf, ein hoher Skalenwert bedeutet: das Verhalten ist stark ausgeprägt.

Skala I./Die Suche nach Nähe und Körperkontakt
Diese Skala umfaßt die aktive Initiative, die Intensität und die Persistenz des Kindes, Körperkontakt oder Nähe zu einer Person zu erlangen. Bei der Rückkehr der Mutter werden die Spontaneität, die Promptheit und die Vollständigkeit einer Annäherung, um Körperkontakt zu erreichen, bewertet.
Skala II./Das Erhalten von Körperkontakt
Die Skala Kontakterhalt beinhaltet den Grad der Aktivität und die Dauerhaftigkeit der Bemühungen des Kindes, den Körperkontakt zu der Bindungsperson zu erhalten. Es wird weiterhin beobachtet, ob das Kind sich aktiv widersetzt, wenn die Bindungsperson versucht, es abzusetzen. Tut das Kind dies nicht, so erhält es einen niedrigeren Skalenwert.
Skala III./Widerstandsverhalten
Diese Variable dokumentiert die Intensität, Dauer und Häufigkeit von Widerstandsverhalten, von Zurückweisung und/oder Ärger gegenüber der Person, die mit dem Kind in Kontakt steht. Die relevanten Verhaltensweisen sind: wegschieben, wegwerfen, fallen lassen, wegschlagen, mit dem Fuß stoßen, sich beim Absetzen krümmen, wegschleudern, zornig mit dem Fuß aufstampfen und Widerstand beim Hochgenommen werden. Die Stimmung ist gereizt und das Kind ist zornig.
Skala IV./Vermeidungsverhalten
Diese Skala umfaßt die Intensität, Beständigkeit, Dauer und Promptheit der Vermeidung des Kindes von Nähe und von Interaktion mit der Mutter oder der fremden Person. Die relevanten Verhaltensweisen sind: Vergrößerung der Distanz zu dem Erwachsenen, sich von ihm abwenden, der Person den Rücken zudrehen, den Kopf wegdrehen, das Vermeiden von Augenkontakt oder einfach das Ignorieren der Person. Diese Variable bezieht sich hauptsächlich auf eine Interaktion auf Distanz, wohingegen Widerstandsverhalten während einer Interaktion bei Kontakt oder enger Nähe auftreten kann.

Das Verhalten des Kindes gegenüber der fremden Person gibt weitere Anhaltspunkte, die bei der Klassifizierung der Bindungsqualität zwischen Mutter und Kind von Bedeutung sind. Verhält sich das Kind der fremden Person gegenüber freundlicher, weniger ablehnend und zeigt es hier mehr Initiative zum interaktiven Austausch als gegenüber der Mutter, so unterstützt dies die Annahme von einer eher unsicher vermeidenden (A) Bindungsbeziehung. Unsicher ambivalent (C) gebundene Kinder sind gegenüber der fremden Person ablehnend und zornig. Kinder der sicheren (B) Bindungsgruppe können sich entweder freundlich oder aber ablehnend gegenüber der fremden Person verhalten, sie machen aber deutlich, daß sie die Mutter bevorzugen und sich mit ihr zusammen wohler fühlen.

3.2.2.2 Zuordnung der Bindungsgruppen

a) Hauptbindunsgruppe "A" (unsicher vermeidend gebunden)
Kinder mit einer unsicher vermeidenden Bindungsbeziehung zeigen in den Wiedervereinigungsepisoden kein offenes Bindungsverhalten, sind relativ wenig an Kontakt und Interaktion mit der Bindungsperson interessiert und vermeiden bei der Wiedervereinigung körperliche Nähe und Kontakt mit ihr. Sie versuchen, mit der Streßsituation alleine fertig zu werden und machen von der Bindungsperson als einer "sicheren Basis" keinen Gebrauch. Diese Kinder sind in den Trennungsepisoden entweder nicht verstört, oder die Verstörung scheint mit dem Alleinsein und nicht mit der Trennung von der Mutter zu tun zu haben. Sie beruhigen sich schnell, wenn die fremde Person den Experimentalraum betritt.
Diese Hauptbindungsgruppe enthält zwei Subgruppen: "A1" und "A2". Kinder der Subgruppe "A1" zeichnen sich durch aktives Vermeiden der Mutter bei ihrer Wiederkehr nach den kurzen Trennungsepisoden in der "Fremde Situation" aus, sie begrüßen die Mutter nicht oder nur beiläufig, indem sie die Mutter nur anschauen oder sie kurz anlächeln. Kinder der Subgruppe "A2" tendieren dazu, die Mutter bei ihrer Wiederkehr zu begrüßen und sich ihr zu nähern, dies ist aber vermischt mit einer ausgeprägten Tendenz, sich von der Mutter wegzudrehen, von ihr weg- oder an ihr vorbeizugehen, den Blickkontakt mit ihr zu vermeiden oder sie zu ignorieren.
b) Hauptbindungsgruppe "B" (sicher gebunden)
Die sicher gebundenen Kinder suchen entweder aktiv die Nähe und den Körperkontakt zur Mutter oder die Interaktion mit ihr, insbesondere in den Wiedervereinigungsepisoden. Wenn sie Körperkontakt erreicht haben, versuchen sie, ihn aufrecht zu erhalten. Sind sie in den Trennungsepisoden verstört, dann deutlich wegen der Abwesenheit der Mutter und nicht, weil sie alleine sind. Sie lassen sich von der fremden Person nicht trösten oder allen-

falls nur kurzfristig. Sie signalisieren deutlich, daß sie die Rückkehr der Mutter wünschen.

Die sicher gebundenen Kinder drücken ihre Gefühle offen aus, und sie nutzen die Mutter in der emotional belastenden Situation als Quelle von Sicherheit und Vertrauen.

Die Hauptbindungsgruppe "B" setzt sich aus vier Subgruppen zusammen: "B1", "B2", "B3" und "B4". Kinder der Subgruppe "B1" grüßen die Mutter, wenn sie nach einer kurzen Trennung den Raum betritt, sie suchen nicht ausgeprägt die Nähe oder den Körperkontakt zu ihr, sie sind aber stark initiativ, mit der Mutter eine Interaktion auf Distanz aufzubauen. Diese Kinder sind während der Trennungsepisoden wenig oder nicht verstört und zeigen keine gemischten Gefühle wie die "A2" Kinder. Die Subgruppe "B2" ist charakterisiert durch ein Verhalten, das den Wunsch nach Nähe und Erlangen des Kontakts zur Mutter in den Wiedervereinigungsepisoden ausdrückt, dies ist jedoch weniger ausgeprägt als bei Kindern der Subgruppe "B3". Das Verhalten der "B2" Kinder ähnelt dem der "B1" Kinder mit dem Unterschied, daß "B2" Kinder eher dazu tendieren, die Nähe zur Mutter zu suchen. Kinder der Subgruppe "B3" gelten in ihrer Beziehung zur Mutter als am sichersten gebunden. Sie suchen aktiv den Körperkontakt zur Mutter und versuchen, ihn aktiv zu erhalten. Während der Trennungsepisoden mag das Kind verstört sein oder nicht, bei geringer Verstörung ist es jedoch aktiver in der Kontaktsuche und im Wiederstand gegen das Abgesetztwerden als Kinder der Subgruppen "B1" und "B2". Kinder der Subgruppe "B4" unterscheiden sich von Kindern der drei anderen "B"-Subgruppen in vielerlei Hinsicht. Sie scheinen während der gesamten "Fremden Situation" die Mutter stark in Anspruch zu nehmen. Sie erwecken den Eindruck von Ängstlichkeit und weinen viel. Besonders in der Wiedervereinigungsepisode suchen sie Körperkontakt zur Mutter und versuchen, ihn durch Klammern und Widerstand gegen das Absetzen zu erhalten, jedoch tun sie dies weniger aktiv und kompetent als die meisten "B3"-Kinder. Diese Kinder erwecken den Eindruck von Ambivalenz, da sie einerseits stark den Kontakt zur Mutter suchen, andererseits aber etwas Kontaktwiderstand und/oder Vermeidung gegenüber der Mutter zeigen. Ihr ambivalentes Verhalten ist jedoch nicht so stark ausgeprägt wie bei den Kindern mit einer "C"-Bindungsqualität.

c) Hauptbindungsgruppe "C" (unsicher ambivalent gebunden)
Die unsicher ambivalent gebundenen Kinder tendieren dazu, zorniger und deutlich passiver zu sein als die Kinder der anderen Bindungsgruppen. Ihr Verhalten erscheint in den Wiedervereinigungsepisoden sehr widersprüchlich. Sie drücken ihre Verzweiflung über die Situation offen aus, sie suchen mäßig bis stark den Kontakt zur Mutter und versuchen, ihn mäßig bis stark aufrechtzuerhalten. Gleichzeitig entfalten sie deutlichen Widerstand gegenüber dem Kontakt und der Interaktion mit der Mutter. Es entsteht insgesamt der Eindruck von Ambivalenz gegenüber der Mutter. Diese Hautbindungsgruppe enthält zwei Subgruppen: "C1" und "C2".

Kinder der Subgruppe "C1" suchen in den Wiedervereinigungsepisoden stark die Nähe und den Kontakt zur Mutter und versuchen, ihn intensiv aufrecht zu erhalten bei der gleichzeitigen Tendenz zu deutlichem Kontaktwiderstand. Die Mischung von Kontaktsuche und Widerstand gegen den Kontakt hat eindeutig eine zornige Qualität. Diese Kinder sind während der Trennungsepisoden wahrscheinlich stark verstört. Die deutlichste Charakteristik der Kinder der Subgruppe "C2" ist ihre Passivität, d. h. ihr Explorationsverhalten ist während der gesamten Situation sehr begrenzt und ihre Initiative zur Interaktion mit der Mutter wird vermißt. In den Wiedervereinigungsepisoden haben diese Kinder offensichtlich den Wunsch nach Nähe und Kontakt zur Mutter, auch wenn sie eher zu Signalverhalten als zu aktiver Annäherung tendieren. Gleichzeitig neigen sie zu starkem Kontaktwiderstand. Sie sind weniger zornig als die Kinder der Subgruppe "C1".

d) Bindungsgruppe "D" (desorganisiert/desorientiert) nach Main und Solomon
Main und Solomon (1986), haben eine vierte, "unsicher desorganisiert/desorientierte" Bindungsgruppe (D) eingeführt. Kinder dieses Bindungsmusters zeichnen sich durch desorganisierte/ desorientierte Anpassungsstrategien aus. Sie können Bindungsverhalten zeigen und erwecken trotzdem den Eindruck, keine Möglichkeit zu haben, sich in einer emotional belastenden Situation zurechtzufinden.

Die Einführung der "D" Kategorie ist zweifelsohne eine wertvolle Ergänzung zu einem besseren Verständnis der Organisation von frühen Bindungsbeziehungen zwischen einem Kleinkind und seiner vertrauten Bezugsperson (vgl. Cohn 1990, Grossmann et al. 1989, Rottmann/Ziegenhain 1989), dennoch werde ich in meiner Arbeit das "klassische" (A, B, C) Klassifi-zierungsverfahren verfolgen. Ich möchte damit vor allem die internationale Vergleichbarkeit meiner Untersuchung gewährleisten. Hinzu kommt die kritische Betrachtung, daß die Einführung der "D" Kategorie im Vergleich zu den "Klassischen" (A, B, C) Klassifizierungsverfahren sich als instabiler und weniger vorhersagekräftig erwiesen hat (vgl. Cohn 1990).[18]

3.2.3 Reliabilität

Die Klassifizierung der Bindungsqualität jedes Mutter-Kind Paares wurde von zwei Beobachterinnen, Birgit Wachholz und Angelika Pohl, durchgeführt. Die Fälle, in denen beide Raterinnen in der Einordnung der Kinder in Haupt- oder Subbindungsgruppen nicht übereinstimmten, wurde durch gemeinsame Diskussion entschieden.

Für die Berechnung der "Interrater Reliabilität" zwischen den beiden Beobachterinnen wurden die Daten von 13 Mutter Kind-Paaren für die drei Hauptbindungsgruppen (A, C, B) mit dem "ungewichteten Kappa" (vgl. Cohen 1960) errechnet; der Kappawert war 1.0. Eine Reliabilitätsprüfung für die acht Subgruppen konnte wegen der zu geringen Fallzahlen nicht erfolgen. Da jedoch die statistische Auswertung nach den drei oben genannten Hauptbindungsgruppen vorgenommen wurde, konnte auf die Reliabilitätsprüfung der Subgruppen verzichtet werden.

---

[18] Wenn wir uns vor Augen führen, daß sich die Gruppe der "D" Kinder teils aus den herkömmlichen Bindungsgruppen (A, B, C) zusammensetzt, wird diese Kritik verständlich. Trotzdem erscheint es sinnvoll, in einem zweiten Schritt und im Rahmen des DFG-Projektes die Datenanalyse auch unter Einbeziehung der "D-Klassifizierung" vorzunehmen.

3.3 Affektausdruck des Kindes und emotionale Responsivität der Mutter

3.3.1 Ablauf der Erhebungen

Das emotionale Ausdrucksverhalten des Kindes und die emotionale Responsivität der Mutter wurde nach dem im Projekt entwickelten Auswertungsverfahren (Hédervári, Klann-Delius, Teske 1990) untersucht. Ausgewertet wurden Situationen des freien Spiels zwischen Mutter und Kind zu den Erhebungszeitpunkten von 17, 23, 30 und 36 Lebensmonaten. Die Erhebungen wurden in einem freundlich eingerichteten Spielzimmer an der Freien Universität Berlin durchgeführt. Zum Mobiliar gehörten ein bequemer Drehstuhl für die Mutter, ein runder Kindertisch und zwei kleine Kinderstühle. Auf einem Holzregal befanden sich altersentsprechende Spielzeuge, die im Untersuchungszeitraum immer wieder ergänzt wurden, so daß die Kinder genügend Anregung zur Exploration und ab dem Ende des zweiten Lebensjahres zum Rollenspiel (Kochgeschirr, Puppenbett, Feuerwehrauto, Stifte, Holzeisenbahn und Einkaufsladen) erhielten. Folgende Spielmaterialien, die während der zweijährigen Erhebungszeit konstant blieben, wurden bereitgestellt: Kugelbahn, Kinderbücher, Ringpyramide, Puppen, Handpuppen, Puzzel, Flugzeug, Autos, Kochtopf mit Holzlöffel, Nachziehraupe, Ball, Hüpfball, Formkasten und Kinderplattenspieler. Im Zimmer waren außerhalb der Spielfläche zwei sichtbare VHS-Videokameras aufgestellt, die von einem abgegrenzten und von den Probanden nicht sichtbaren Mischpult aus fernbedient werden konnten. Alle Erhebungen wurden videografiert und die Aufnahmen auf einem Videoband gespeichert.

Die Besonderheit der oben genannten vier Erhebungszeitpunkte bestand in der Instruktion an die Mutter, sich nach 20 Minuten Spielinteraktion vom Kind zu verabschieden und den Raum für maximal 2 Minuten zu verlassen. Während dieser Zeit blieb das Kind alleine im Raum zurück. Die Art und Weise, wie sich die Mutter von ihrem Kind verabschiedet, blieb ihr überlassen. Diesbezüglich erhielt die Mutter den Hinweis, daß sie sich möglichst so verhalten solle, wie sie es sonst in Trennungssituationen auch tut. Um die Mutter zusätzlich vom emotionalen Druck im Hinblick auf die Separation zu entlasten und ihr Vertrauen zu den Projektmitarbeitern nicht zu gefährden, wurde auch über die Möglichkeit gesprochen den Raum nicht zu verlassen, wenn das Kind die Trennung nicht toleriert. In einem solchen Fall sollte die Mutter von sich aus die Entscheidung treffen, ob sie den Raum verläßt oder nicht bzw. ob sie bei einer gelungenen Separation vor Ablauf der zwei Minuten zurückkehrt, wenn das Kind lautstark protestiert und sich nicht beruhigt.

Die Erhebungszeit betrug insgesamt 30 Minuten, von denen jeweils 5 Minuten vor und 5 Minuten nach dem Stimulus (Klopfzeichen für die Mutter als Signal, sich vom Kind zu verabschieden und den Raum zu verlassen) ausgewertet wurden. Zusätzlich wurde das emotionale Ausdrucksverhalten des Kindes während der maximal zweiminütigen Trennungsepisode, wenn das Kind sich alleine im Raum befand, analysiert.

3.3.2 Beschreibung des Instrumentes

Das "Manual zur Affektausdrucksveränderung des Kindes und zur emotionalen Responsivität der Mutter" wurde auf der Basis des Papiers von Frau Prof. Klann-Delius (1988) und nach dem Kodierschema von Lois Bloom "Procedures for Coding Affect" (1985) entwickelt. Es orientiert sich am Wechsel des emotionalen Ausdrucksverhaltens des Kindes und an der emotionalen Responsivität der Mutter. Unser Hauptinteresse galt weniger den "diskreten Emotionen" (vgl. Ekman 1988, Friesen & Ekman 1984) als vielmehr dem globalen und umfassenderen emotionalen Ausdrucksverhalten des Kindes, d.h. dem "hedonischen Ton" (vgl. Bloom et al. 1987 a/b). Affektausdruck bedeutet demnach jede beobachtbare Manifestation affektiven Verhaltens. Im Sinne von Bloom und ihren Mitarbeitern (1987) kann der hedonische Ton als neutral, positiv und negativ mit drei Intensitätsgraden kodiert werden. Der Intensitätsgrad des Affektausdrucks des Kindes erhielt folgende drei Ausprägungen: 1=Verhalten ist wenig ausgeprägt, 2=Verhalten ist durchschnittlich ausgeprägt und 3=Verhalten ist stark ausgeprägt. Wir haben es für notwendig erachtet, bei der Bestimmung des hedonischen Tones zwei Zusatzkategorien einzuführen: 1) widersprüchlicher Affektausdruck und 2) Ausdruck, der aus aufnahmetechnischen oder nicht zu bestimmen ist. Die unterschiedliche Qualität des hedonischen Tones des Kindes wurde folgendermaßen bestimmt:

Neutral (0): Als neutral ist ein Affektzustand zu beurteilen, in dem weder positive noch negative Affekte ausgedrückt werden. Das Kind befindet sich in einem Zustand, in dem es angeregt und interessiert spielt oder exploriert.

Negativ (-): Ein negativer emotionaler Ausdruck liegt dann vor, wenn das Kind vornehmlich negative Affekte ausdrückt wie z.B.: Angst-Furchtsamkeit-Besorgtheit, Abscheu-Ekel, Traurigkeit- Kummer-Hoffnungslosigkeit-Verzweiflung, Wut-Ärger-Ablehnung-Trotz-Unzufriedenheit-Frustration, Verwirrung, Schuld, Ratlosigkeit und eindeutiges Desinteresse gelten auch als Indikatoren für einen negativen Affektzustand.

Positiv (+): Als positiv ist ein Affektzustand zu beurteilen, wenn das Kind vornehmlich positive Affekte ausdrückt wie z. B: Freude-Glück-Zufriedenheit, Zuneigung, Spaß und Stolz.

Widersprüchlich (mx): Wenn das Kind gleichzeitig positiven und negativen Affektausdruck zeigt, wird dieser Zustand als widersprüchlich beurteilt.

Vertreter der ethologischen Bindungstheorie schreiben in der Gestaltung der Mutter-Kind Interaktion der mütterlichen Responsivität eine bedeutende Rolle zu (vgl. Ainsworth et al. 1971, Ainsworth et al. 1974, Bretherton 1985, Grossmann et al. 1985, Grossmann et al. 1986). Die Qualität der Mutter-Kind Interaktion, die für die unterschiedliche Organisation des Bindungsverhaltenssystems verantwortlich gemacht wird, hängt im wesentlichen von der Feinfühligkeit der Mutter gegenüber den Signalen des Kindes ab (vgl. Ainsworth et al. 1974, Grossmann 1977). Obwohl dem Kind von Geburt an eine aktive Rolle in der Mitgestaltung des Interaktionsgeschehens zuerkannt wird, wird sein Anteil bei dem Aufbau der qualitativ unterschiedlichen Bindungsbeziehung als ein nur zweitrangiger Faktor betrachtet (vgl. Ainsworth et al. 1974). Mütter von sicher (B) gebundenen Kindern zeichnen sich durch ein höheres Maß an Feinfühligkeit gegenüber den Signalen der Kinder aus im Gegensatz zu Müttern mit unsicher (A/C) gebundenen Kindern.

Feinfühligkeit versus Unempfindlichkeit bedeutet nach der Definition von Ainsworth und ihren Mitarbeitern (vgl. Ainsworth et al. 1971, Grossmann 1977) die Art der Reaktion der Mutter auf die Signale und Kommunikationsangebote des Kindes. Eine feinfühlige Mutter ist in der Lage, Dinge und Ereignisse vom Standpunkt des Kindes aus zu sehen. Sie nimmt die Signale des Kindes wahr, interpretiert sie richtig und reagiert prompt und angemessen (der Situation und den Bedürfnissen des Kindes entsprechend) darauf. Sie gibt meistens den Wünschen und Bedürfnissen des Kindes nach; wenn sie dies nicht tut, bietet sie eine akzeptable Alternative an. Ihre Reaktionen sind zeitlich auf die Signale des Kindes abgestimmt. Eine sensitive Mutter verhält sich weder ablehnend noch zurückweisend oder das Verhalten des Kindes negativ beeinträchtigend.

Im Gegensatz dazu lenkt eine weniger feinfühlige Mutter das Interaktionsgeschehen meistens in Abhängigkeit von ihren eigenen Stimmungen, Wünschen und Bedürfnissen. Sie mißversteht entweder die Äußerungen das Kindes und interpretiert sie nach dem eigenen Standpunkt, oder aber sie reagiert nicht auf die Signale des Kindes.

Mit unserem Kodiersystem wurde die Qualität der mütterlichen Responsivität als Reaktion auf das emotionale Affektausdrucksverhalten des Kindes vom 17. bis zum 36. Lebensmonat erfaßt. Damit sollte die Feinfühligkeit der Mutter nicht im Hinblick auf das Interaktionsgeschehen allgemein beurteilt werden. Die Beurteilung ihrer Feinfühligkeit fokussiert nur die emotionalen Signale und den emotionalen Ausdruck des Kindes im mimischen, vokalen und körperlich/gestischen Verhalten. Wir verzichteten aus technischen und inhaltlichen Gründen auf eine mehrstufige Skalierung der Kategorien und notierten, welcher der vier Responsetypen (unterstützend, nicht unterstützend, neutral und widersprüchlich) auf die Mutter in der jeweiligen Beobachtungseinheit (display) zutrifft.

Die Qualität der emotionalen Responsivität der Mutter wurde nach den folgenden Kategorien operationalisiert:

I= Responsetyp unterstützend (den Affektausdruck des Kindes teilend oder in positive Richtung beeinflussend),

II= Responsetyp nicht unterstützend (den Affektausdruck des Kindes in negative Richtung beeinflussend),

III= Responsetyp neutral (den Affektausdruck des Kindes ignorierend),

IV= Responsetyp widersprüchlich (den Affektausdruck des Kindes sowohl in positive als auch in negative Richtung beeinflussend).

Die Kodierung erfolgte in zwei Schritten:

1. Der Wechsel des emotionalen Ausdrucksverhaltens des Kindes wurde separat und kontinuierlich 5 Minuten vor und 5 Minuten nach dem Stimulus

(Klopfzeichen für die Mutter, den Raum zu verlassen) sowie zusätzlich während der Separation (die Zeit, während der sich das Kind alleine im Raum befand) beobachtet. Jeder Affektausdruck wurde nach der Qualität des hedonischen Tones (positiv, negativ, neutral und widersprüchlich), nach der Verhaltensebene, in der die Affekte geäußert wurden (Mimik, Vokalisierung und Körperhaltung) und nach ihrer Intensität kodiert und anschließend analysiert.

2. Die emotionale Responsivität der Mutter wurde als Reaktion auf den Wechsel des emotionalen Ausdrucksverhaltens des Kindes analog zum Kind 10 Minuten lang kodiert.

3.3.3 Beschreibung der Verhaltenskategorien zum Affektausdrucksverhalten der Kinder

Die Kodierung des emotionalen Ausdrucksverhaltens des Kindes (hedonischer Ton) wurde auf der Ebene von Affekt-"displays" vorgenommen. Den Begriff "display" benutzen wir im Sinne von Ekman und Friesen (1974), um den Unterschied zwischen emotionalem Fühlen (feelings) und Ausdruck (expressions) zu verdeutlichen.

Jede Veränderung, die einen Wechsel in der Qualität des Affektausdrucks (neutral, positv, negativ, widersprüchlich) darstellt, wurde als ein neues "display" gekennzeichnet.

Ein Affekt kann durch mehrere Verhaltensweisen aus verschiedenen Bereichen ausgedrückt werden. Diese Bereiche umfassen: Gesichtsausdruck, sprachliche/vokale Äußerungen und Körperbewegungen (Haltung, Gestik, Fortbewegung und Tätigkeit). Eine oder mehrere dieser Verhaltensweisen können innerhalb desselben Affekt-"display" auftreten.

Für jedes Affekt-"display" wurde die Intensität des Affektausdrucks bestimmt: 0 = neutraler Ausdruck, 1 = leichter/schwacher Ausdruck, 2 = gemäßigter Ausdruck, 3 = voller Ausdruck.

Gesichtsausdruck
Der mimische Ausdruck des Kindes wurde nur dann kodiert, wenn die diskreten Emotionen nach Ekman (1988) eindeutig identifiziert werden konnten. Folgende diskrete Emotionen wurden bei der Kodierung berück-

sichtigt: Glück/Freude (in Form von Lächeln), Trauer, Angst/Furcht, Ärger/-Wut, Überraschung/Interesse, Ekel/Abscheu, Anspannung und Scham. Indikatoren bei der Zuordnung waren:

Sprachliche/vokale Äußerungen
Affekte können sowohl durch einzelne vokale Äußerungen als auch durch sprachbegleitende paralinguistische Laute ausgedrückt werden. Bei älteren Kindern und Erwachsenen, die über Sprache verfügen, zeigen auch bestimmte Wörter einen Affekt an. Folgende sprachlich/vokale Kategorien konnten beobachtet werden: Angst, Ärger, Freude, Jammern, Ekel, Überraschung, Schmerz, Lachen, Suche nach Hilfe, Schreien und Weinen. Die paralinguistischen Äußerungen bezogen sich auf: Stöhnen, schweres Atmen/Keuchen und Seufzen/tiefes Atmen.

Körperhaltung, Gestik und Fortbewegung
Körperliche Verhaltensweisen können Affekte anzeigen und als Indikatoren für den Affektausdruck genommen werden (vgl. Krause 1992). Folgende Kategorien sind in unser Kodierschema eingegangen: aggressive Verhaltensweisen, Anklammern, Beißen, Kneifen, Schlagen, Küssen, Orientierungslosigkeit, die Suche nach Körperkontakt und das Stoppen von Aktivität/Innehalten. Zusätzlich wurden berücksichtigt: Hilfesuche, sich zur Mutter/Objekt wenden, sich von der Mutter/Objekt abwenden, Springen/Hüpfen/Tanzen, unkoordinierte Bewegungen und Umarmung von Objekten.

3.3.4 Beschreibung der Verhaltenskategorien zur Qualität der emotionalen Responsivität der Mütter

Unter Responsivität der Mutter werden diejenige Verhaltensweisen der Mutter erfaßt, mit denen sie auf Affektausdrucksveränderungen des Kindes reagiert.

Responsetyp unterstützend (+)
- Bestätigen des negativen Ausdrucks und Lenken in positive Richtung oder neutrale Richtung (z.B. durch Trösten, Aufmuntern, Ablenken).
- Bestätigen und/oder Teilen des positiven Ausdrucks.
- Bestätigen oder Teilen des neutralen Ausdrucks und/oder Lenken in positive Richtung (hierunter fallen Engagementstechniken).

Responsetyp nicht unterstützend (-)
- Bestätigen des negativen Ausdrucks, ohne in positive oder neutrale Richtung zu lenken (tadelt, zeigt kein Verständnis für das Kind).
- Stören des positiven Ausdrucks und/oder der Versuch, das Kind in negative Richtung zu beeinflussen (z.B :"Das kannst du mal wieder nicht!"; "Das interessiert dich nicht!"; die Mutter drückt negative Gefühle aus).
- Stören des neutralen Ausdrucks und/oder der Versuch, in negative Richtung zu lenken (z.b. Mutter greift ein, tadelt, behindert).

Responsetyp neutral (0)
- Ignorieren des negativen Ausdrucks, keine Beeinflussung.
- Ignorieren des positiven Ausdrucks; kein "sharing".
- Ignorieren des neutralen Ausdrucks (Mutter ist nicht aufmerksam, beobachtet das Kind nicht, Mutter spielt evtl. parallel).

Responsetyp widersprüchlich (mx)
- Verhielt sich die Mutter innerhalb eines Affekt-"displays" sowohl unterstützend als auch nicht unterstützend, so wurde ihr emotionales Verhalten als Responsetyp widersprüchlich bewertet.

Die Qualität der emotionalen Responsivität der Mutter kann durch die Beobachtung mehrerer Verhaltensweisen aus verschiedenen Bereichen bestimmt werden. Diese Bereiche umfassen: Gesichtausdruck, Vokalisation und Körperhaltung/Gestik/Fortbewegung. Eine oder mehrere dieser Verhaltensweisen können innerhalb desselben Reponsetyp auftreten.

Gesichtsausdruck

Der mimische Ausdruck der Mutter wurde ähnlich wie beim Kind nur dann kodiert, wenn die diskreten Emotionen eindeutig identifiziert werden konnten. Folgende diskrete Emotionen wurden bei der Kodierung berücksichtigt: Angst, Ärger, Ekel, Freude/Lächeln, Trauer, Überraschung/Interesse und Verachtung. Das Gähnen als Indikation für Müdigkeit oder Langeweile wurde zusätzlich aufgenommen.

Sprachliche Äußerungen

Folgende sprachliche/vokale Kategorien konnten bestimmt werden: Angst, Ärger, Ekel, Freude, Ironie, spielerische Vokalisation, Schmerz, Trauer, Überraschung/Interesse, Verachtung, Benennen/ Beschreiben, Erweitern, Vorschlagen, Fordern, Grenzen setzen, Benutzen von Koseworten, Lachen, Loben, Tadeln, Trösten und Verbieten.

Körperhaltung, Gestik und Fortbewegung
Folgende Kategorien sind in unser Kodierschema eigegangen: Eingreifen, Behindern, körperliche Bestrafung, Küssen, Anregen, Suche von Körperkontakt, das Beenden von Körperkontakt, Streicheln, Unterstützung und Hilfe.

3.3.5 Reliabilität

Zur Beurteilung der "Interrater Reliabilität" zwischen den zwei Beobachterinnen (Kerstin Teske und Éva Hédervári) wurden die Beobachtungsdaten von drei Mutter-Kind Paaren im Alter der Kinder von 16 Monaten miteinander verglichen. Pro Mutter-Kind Paar wurden 10 Minuten kodiert, jeweils 5 Minuten vor und 5 Minuten nach dem Stimulus (Klopfzeichen für die Mutter als Signal, sich vom Kind zu verabschieden und den Raum zu verlassen). Errechnet wurden zum einen die Übereinstimmung in der Zeitdauer des qualitativ unterschiedlichen hedonischen Tones, zum anderen die Übereinstimmung in der Beurteilung der Qualität des emotionalen Ausdrucksverhalten des Kindes und der emotionalen Responsivität der Mutter.

Für die Berechnung der "Interrater Reliabilität" in der Zeitdauer des hedonischen Tones wurde die Zeit in Sekunden ermittelt, für die eine abweichende Einschätzung im hedonischen Ton des Kindes kodiert wurde. Die Gesamtkodierzeit betrug je Coder 1800 Sekunden (30 Minuten), von denen 33 Sekunden (1,8%) abweichend kodiert wurden. Die Übereinstimmung in der Kodierung der Zeit, berechnet nach dem Mittelwert, beträgt 98,2%.

Für die Bestimmung der "Interrater Reliabilität" in der Qualität des emotionalen Ausdrucksverhaltens des Kindes (hedonischer Ton) und der emotionalen Responsivität der Mutter wurde das "ungewichtete Kappa" (vgl. Cohen 1960) errechnet. Der Wert für den hedonischen Ton des Kindes beträgt K=.86 und für die Responsivität der Mutter K=.80.

3.4 Verhaltensorganisation der Kinder in kurzen Trennungsepisoden

3.4.1 Erhebungssituation und Beschreibung des Instrumentes zur Kodierung des kindlichen und des mütterlichen Verhaltens in kurzen Separationsepisoden

Die Beobachtung des Verhaltens des Kindes während kurzer (zweiminütiger) Trennungsepisoden von der Mutter soll zum einen Informationen über die Verhaltensorganisation des Kindes in solchen Situationen liefern, zum anderen Aussagen zur Qualität des Kompetenzverhaltens von Kindern in Trennungssituationen im Sinne von Ainsworth & Bell (1974) und White (1959) ermöglichen. Auf einen Zusammenhang zwischen der Bindungssicherheit in der frühen Kindheit und der Kompetenz von Kindern in einer allgemeinen Betrachtungsweise weist Malatesta (1990) mit der Feststellung hin, daß sicher (B) gebundene Kinder allgemein betrachtet mehr Kompetenz besitzen und emotional stabiler sind als Kinder mit einer unsicheren (A/C) Bindungserfahrung. Einen weiteren Zusammenhang konnten Sroufe und seine Mitarbeiter (1984) zwischen der sozialen Kompetenz im Vorschulalter und dem emotionalen Ausdrucksverhalten sowie der Qualität der frühen Bindungsbeziehung nachweisen. In der hier vorgelegten Arbeit geht es darum zu überprüfen, ob die Qualität der emotionalen Bindungsbeziehung zwischen Mutter und Kind im Zusammenhang steht mit der unterschiedlichen Organisation des kindlichen Verhaltens in einer durch eine kurze Trennung hervorgerufenen streßbelastenden Situation.

Das Kodierschema wurde unter Einbeziehung des Kodierverfahrens von Ainsworth & Mitarbeitern (1978), Cox & Campbell (1968), Maccoby & Feldmann (1972) und Weinraub & Lewis (1977) von mir entwickelt. Nach bindungstheoretischen Überlegungen suchen Kleinkinder die körperliche Nähe und den Kontakt zu einer Bindungsperson in einer emotional belastenden Situation, die durch äußere oder innere Streßfaktoren hervorgerufen werden kann. Die Organisation von Bindungsverhalten verändert sich mit Beginn des dritten Lebensjahres, wenn Kinder die Fähigkeit zur Symbolisierung erlangen und durch zunehmende sprachliche Kompetenzen mehr und mehr in der Lage sind, ihre Wünsche, Bedürfnisse und ihre Gefühle zu kommunizieren. In einer streßbelastenden Situation suchen Kinder dann nicht unbedingt die körperliche Nähe zu einer Bindungsperson, sondern sind zunehmend in der Lage, emotionalen Streß alleine zu bewältigen und sich der Situation anzupassen. Können Kinder in den ersten beiden Lebensjahren die Mutter als eine sichere Basis (vgl. Ainsworth 1979) oder als Unterstützung in der Regulierung von Affekten (vgl. Sroufe & Waters 1977, Sroufe et al. 1984) nutzen, so gelangen sie im Vorschulalter eher zu Autonomie und zur Selbstregulierung von Affekten und anderen Verhaltensweisen.

Das hier beschriebene Instrument zur Beobachtung der Verhaltensorganisation des Kindes in kurzen Trennungsepisoden basiert auf bindungstheoretischen Grundlagen und ist eng an die Klassifizierung des Bindungsverhaltens in der "Fremde Situation" angelehnt. Ähnlich wie in der "Fremden Situation" wurden die Kinder während der freien Spielsituation im Labor von ihren Müttern für eine kurze Zeit (für zwei Minuten) getrennt. Ein wesentlicher Unterschied der beiden Situationen bestand jedoch darin, daß die Kinder in der "Fremden Situation" mehr Streß, bedingt durch den fremden Raum und die Konfrontation mit einer fremden Person ausgesetzt waren, als während der regelmäßig stattfindenden Beobachtungen der freien Spielsituation der hier vorgelegten Studie. Bedingt durch die regelmäßigen Besuche war der Raum für die Kinder vertraut und somit auch emotional weniger belastend. Die Separation als ein Streßfaktor während der freien Spielinteraktion diente nicht zur Klassifizierung der Bindungsqualität, sondern als ein Störfaktor zur Mobilisierung von negativen Affekten wie z. B. Angst oder Ärger.

Das Klassifizierungsverfahren der "Fremden Situation" erlaubt es, über die Bindungsorganisation von Kindern vom 12. bis zum 20. Lebensmonat Aussagen zu treffen. Nach diesem Alter verändert sich die Bindungsorganisation der Kinder so maßgebend, daß die Indikatoren, die für die Beurteilung der Bindungssicherheit und des Bindungsverhaltenssystems im frühen Kindesalter relevant waren, nun nicht mehr ohne weiteres ausreichen (vgl. Cicchetti et al. 1990, Crittenden 1992a). Das Bindungsverhalten von Kleinkindern ist klar und deutlich zu beobachten. Vorschulkinder dagegen können ihre Strategien wechseln, sie sind flexibler und bedienen sich mannigfacher Verhaltensweisen, die im frühkindlichen Alter deutliche Merkmale der einzelnen Hauptbindungsgruppen (A/B/C) waren (vgl. Crittenden

1992a). Trotz dieser Veränderung der Verhaltensorganisation von der frühen Kindheit bis hin zum Vorschulalter und der daraus resultierenden methodischen Schwierigkeiten erscheint es interessant, gerade die Zeitspanne, in der sich diese gravierende Veränderung in der Bindungsorganisation des Kindes vollzieht, zu untersuchen. Die Forschungsliteratur dokumentiert, daß die Altersstufe vom 20. bis zum 36. Lebensmonat im Hinblick auf die Verhaltenssysteme der emotionalen Bindung und der Exploration weniger intensiv untersucht wird als die Altersstufen davor und danach. Die meisten empirischen Forschungsarbeiten beziehen sich entweder auf das frühkindliche Alter bis hin zum 18. Lebensmonat oder auf das Vorschulalter im 4. und 6. Lebensjahr.

In der hier vorgelegten Arbeit geht es nicht um die Klassifizierung der Bindungsqualität von 17 bis 36 Lebensmonate alten Kindern, sondern darum zu untersuchen, wie Kinder im Laufe der Entwicklung in Trennungssituationen ihre Affekte regulieren und ihr Bindungsverhalten und exploratives Verhalten organisieren in Abhängigkeit von ihrer Bindungssicherheit mit 12 Lebensmonaten.

3.4.2 Regeln zur Bestimmung der drei Separationsepisoden

Die drei aufeinanderfolgenden Episoden (Weggang der Mutter, Separation und Wiedervereinigung) haben die Beobachtungseinheit bestimmt, die nach 20 Minuten freier Spielinteraktion zwischen Mutter und Kind erfolgte. Die Zeitbestimmung der Episoden wurde aus dem Beobachtungsinstrument "Manual zur Kodierung von Affektausdrucksveränderung des Kindes und von emotionaler Responsivität der Mutter" (vgl. Hedervari, Klann-Delius, Teske 1990) übernommen. Somit konnte eine exakte Zeitangabe der drei Episoden bestimmt und die Daten der beiden Beobachtungsinstrumente, nämlich 1.) Beobachtung der Affektausdrucksveränderung des Kindes 2.) Verhaltensorganisation des Kindes in kurzen Trennungsepisoden miteinander in Beziehung gesetzt werden. Kam es nicht zu einer Trennung, so konnte nur die erste Episode (Reaktion auf die Ankündigung der Separation) kodiert werden.

a) Episode 1: Ankündigung der Separation
Diese Episode begann in dem Moment, in dem ein Klopfsignal der Versuchs-

leiterin zu hören war und die Mutter sich auf das Verlassen des Raumes vorbereitete. Wenn die Mutter die Spielfläche verließ und die Tür hinter sich zumachte, markierte dies das Ende der Episode. Verhinderte das Kind den Weggang der Mutter und kam es dadurch nicht zur Separation, wurde diese Episode nur so lange kodiert, bis sich die Mutter entschied, im Raum zu bleiben.

b) Episode 2: Separation
Die Dauer der Separation bezog sich auf die Zeit, in der sich das Kind alleine im Raum befand. In der Regel dauerte diese Episode zwei Minuten. Sie konnte auch kürzer sein, denn wenn das Kind zu weinen anfing, konnte die Mutter früher zurückkehren. Blieb die Mutter trotz vorheriger Absprache länger als zwei Minuten abwesend, wurden nur die ersten zwei Minuten kodiert, um die maximale Zeitdauer der Separation zu kontrollieren und die Vergleichbarkeit der Daten zu sichern.

c) Episode 3: Wiedervereinigung
Unmittelbar nach der Separationsepisode, wenn die Mutter bei ihrer Wiederkehr zu sehen und/oder zu hören war, setzte die Wiedervereinigungsepisode ein; diese Episode wurde eine Minute lang kodiert. Die Entscheidung, die Wiedervereinigungsepisode nicht wie in der "Fremde Situation" drei Minuten lang zu kodieren, ist mit dem Alter der Kinder und mit der Vertrautheit des Untersuchungsraumes begründet (vgl. Malatesta et al. 1989).

Vom Alter der Kinder her war zu erwarten, daß sie sich, wenn sie durch die Separation von der Mutter ihr inneres Gleichgewicht verloren haben, schneller regulieren, als sie es mit 12 Monaten taten. Zusätzlich sollten Separationseffekte und Effekte, die aus der Mutter-Kind Spielinteraktion resultieren, möglichst auseinandergehalten werden.

3.4.3 Beschreibung der Variable "kindliches Verhalten"

Das Auftreten des im Kodierschema: "Verhalten des Kindes in kurzen Trennungsepisoden" aufgeführten kindlichen Verhaltens wurde während der drei Trennungsepisoden auf einem dreistufigen Skalenniveau (1=schwach, 2=mittel, 3=stark) kodiert. Für die statistische Auswertung wurden dann die drei Skalen wegen der zum Teil geringen Zellbelegung dichotomisiert, d. h. die Skalenwerte 2 und 3 in einem Wert zusammengefaßt.

Eine Ausnahme bildeten die von Ainsworth und Mitarbeitern (1978) übernommenen Skalen (Nähe suchen, Nähe erhalten, Vermeidung und Widerstand gegen Kontakt und Interaktion mit der Mutter) bei der Auswertung der Wiedervereinigungsepisoden (vgl. Kapitel 3.2.). Bei diesen Kategorien liegt ein Skalenniveau von Punkt eins bis Punkt sieben vor, die dann in einem zweiten Schritt zu einer zweistufigen Skala komprimiert wurden. Die Skalenwerte 1-3 bekamen Wert 1 (das Verhalten ist nicht oder nur schwach zu beobachten), die Skalenwerte 4-7 wurden dem Skalenwert 2 zugeordnet (das Verhalten ist deutlich und stark zu beobachten).

3.4.3.1 Reaktion des Kindes auf die Ankündigung der Separation/ Episode 1

Als "Reaktionen des Kindes auf die Ankündigung der Separation" wurden folgende Verhaltensweisen beobachtet: 1) Vokalisation/ Verbalisierung, 2) Affektausdruck/Grad der Verstörung, 3) Bewegung/ Suchverhalten sowie 4) Erkundungs- und Spielverhalten. Hier sollten spontane Reaktionen des Kindes beobachtet werden, nämlich auf welche Art und Weise es sein Verhalten auf eine Beeinträchtigung der freien Interaktion mit der Mutter hin organisiert: Ob es versucht, aktiv und mit Hilfe der verschiedenen Verhaltenskanäle den Weggang der Mutter zu verhindern, oder ob es eher passiv auf die Ankündigung der Separation reagiert oder aber seine Exploration unbekümmert weiterführt, ohne Notiz von der Ankündigung der Separation zu nehmen.

a) Vokalisation/Verbalisierung

Mit der Variable Vokalisation/Verbalisierung wurden sprachliche Äußerungen erfaßt, die der Mutter galten (nach der Mutter rufen, ihren Weggang ablehnen oder zustimmen) oder Selbstgespräche, die sich mit dem Thema Separation beschäftigten. Das Ziel war zu beobachten, ob das Kind die verbale Kommunikation einsetzt, um seine Wünsche und Bedürfnisse hinsichtlich der Separation von der Mutter mitzuteilen. Niedrige Skalenwerte (Skalenwert 1) wurden vergeben, wenn das Kind keine verbalen Äußerungen im Hinblick auf die Separation machte. Mittlere Werte (Skalenwert 2) bezogen sich auf wenig differenzierte sprachliche Äußerungen wie beispielsweise das Rufen nach "Mama", und hohe Werte (Skalenwert 3) bezogen sich auf differenziertes und eindeutiges verbales Verhalten wie z.B. das Zustimmen oder das Ablehnen der bevorstehenden Separation. Es ging in erster Linie nicht darum, ob das Kind einer Separation von der Mutter zustimmt oder nicht, sondern vielmehr um die Bereitschaft und die Fähigkeit, eigene Wünsche hinsichtlichder bevorstehenden Separation zu kommunizieren. Nach neueren bindungstheoretischen Erkennnissen vermeiden die in ihrer frühen Kindheit als unsicher vermeidend (A) gebunden klassifizierten Kinder, im Vorschulalter sich verbal mit Separationsthemen auseinanderzusetzen (vgl. Main et al. 1985).

b) Affektausdruck/Grad der Verstörung
Die Variable Affektausdruck/Grad der Verstörung bezog sich auf das Weinen, das Protestieren und auf andere negative Affektzustände wie beispielsweise Ärger oder Angst. Niedriger Skalenwert (Skalenwert 1) bedeutete keine Verstörung, mittlerer Wert (Skalenwert 2) milde Verstörung (Jammern, Ausdruck von Angst oder Ärger) und hoher Wert (Skalenwert 3) starke Verstörung (heftiger Protest im Form von Weinen oder Schreien). Im Hinblick auf eine kurze Separation von der Mutter reagieren Kinder mehr oder weniger verstört in Abhängigkeit von ihrer Bindungsorganisation und der Vertrautheit der Umgebung. Sicher (B) gebundene Kinder tolerieren in der häuslichen Umgebung eher, wenn die Mutter für kurze Zeit den Raum verläßt, in dem sich das Kind gerade aufhält, als Kinder mit einer unsicher vermeidenden (A) Bindungsqualität. In einer fremden Umgebung wiederum (Fremde Situation) kehrt sich die Reaktion der Kinder der beiden Hauptbindungsgruppen um. Kinder mit einer sicheren (B) Bindungsbeziehung neigen eher dazu zu protestieren, wenn sie von der Mutter für kurze Zeit allein gelassen werden, als Kinder der unsicher vermeidenden (A) Bindungsgruppe. Bindungstheoretiker (vgl. Ainsworth et al. 1978, Bowlby 1975) begründen diese empirischen Befunde damit, daß sicher gebundene Kleinkinder in einer vertrauten Umgebung die emotionale Sicherheit über den Verbleib der Mutter haben, im Gegensatz zu den Kindern mit einer unsicheren Bindungsorganisation, die über dieses emotionale Vertrauen nicht verfügen.

c) Suchverhalten
Die Beobachtung des Suchverhaltens zielte auf die motorischen Aktivitäten des Kindes ab, die mit der Separation im Zusammenhang standen. Ein niedriger Skalenwert (Skalenwert 1) wurde vergeben, wenn das Kind keine

Absicht zeigte, der Mutter zu folgen, und ein mittlerer Wert (Skalenwert 2), wenn das Kind den Ausgang erreichte, ohne aber den aktiven Versuch zu unternehmen, den Raum zu verlassen. Einen hohen Skalenwert (Skalenwert 3) bekamen die Kinder, die entweder die Mutter festhielten oder von ihr aufgenommen werden wollten, um den Weggang der Mutter zu verhindern, oder die den Raum verließen, noch bevor die zweite Episode einsetzte. Das Suchverhalten ging hier mit dem Wunsch und der Bemühung des Kindes einher, körperliche Nähe und Kontakt zur Mutter herzustellen. Das Suchverhalten des Kindes sollte Informationen liefern über die Bemühungen des Kindes, die Nähe zur Mutter aktiv zu erlangen. Bei Kindern um den 12. Lebensmonat herum ist dieses Verhalten ein bedeutender Indikator zur Beobachtung der Organisation des Bindungsverhaltens.

d) Erkundungs- und Spielverhalten
Die Variable Erkundungs- und Spielverhalten bezog sich auf das Interesse des Kindes gegenüber der physischen Umwelt. Es wurde beobachtet, wie ausdauernd und intensiv sich das Kind mit Objekten beschäftigte. Brach das Interesse des Kindes für die physische Umwelt zusammen, d. h. hörte es auf zu spielen und galt sein Interesse ausschließlich der Mutter, so wurde der Skalenwert 1 vergeben. Die Kodierung eines mittleren Wertes (Skalenwert 2) erfolgte, wenn das Kind hin und her gerissen war und zwischen dem Interesse an dem Spielmaterial und dem Interesse an der Mutter wechselte. Einen hohen Skalenwert (Skalenwert 3) bekamen die Kinder, die ihre Aktivität entweder nur für einige Sekunden oder gar nicht unterbrachen und ihre Erkundungs- und Spielaktivitäten angeregt weiterführten.

Nach bindungstheoretischen Überlegungen besteht ein enger Zusammenhang zwischen dem Verhaltenssystem Bindung auf der einen Seite und dem Explorationssystem auf der anderen Seite (vgl. Bowlby 1975, Ainsworth et al. 1974). Diese beiden Systeme stehen in einer dynamischen Balance zueinander. Befindet sich das Kleinkind in einem inneren Gleichgewicht und fühlt sich emotional ausgeglichen, so zeigt es kein Bindungsverhalten, sondern ist mit der Erkundung der Objekte seiner Umgebung beschäftigt. Kommt es jedoch zu einer Beeinträchtigung seines inneren Gleichgewichts durch äußere oder innere Störfaktoren, so wird sein Erkundungsverhalten gestört, es hört auf zu explorieren und zeigt Bindungsverhalten. Durch die Aktivierung des Bindungsverhaltenssystems benutzt nun ein sicher gebundenes Kind die Mutter als eine sichere Basis, von der ausgehend es sein inneres Gleichgewicht und das Interesse für die Erkundung der Objekte seiner Umgebung wiedererlangt. Im Falle einer unsicheren Bindungsorganisation wird das Kind wahrscheinlich versuchen, mit der Situation alleine fertig zu werden, da es auf die Mutter als sichere Basis nicht zurückgreifen kann. Die interaktiven Erfahrungen, die ein Säugling im Laufe der ersten 12 Lebensmonate mit der Mutter als einer der wichtigsten Bindungspersonen gemacht hat, tragen wesentlich dazu bei, ob ein Kind in den ersten beiden Lebensjahren in einer emotional belastenden Situation die Mutter als sichere Basis nutzt, um sein inneres Gleichgewicht wiederzuerlangen.

3.4.3.2 Verhalten des Kindes während der Abwesenheit der Mutter/ Episode 2

Analog zur ersten Episode wurden die folgenden vier Verhaltensweisen beobachtet: Vokalisation/Verbalisierung, Affektausdruck/Grad der Verstörung, Bewegung/Suchverhalten sowie Erkundungs- und Spielverhalten. Entsprechend der veränderten Situation - das Kind befand sich alleine im Raum - wurde nur die Formulierung einiger Variablen modifiziert, die Skalenwerte blieben jedoch unverändert. Um beispielsweise den höchsten Skalenwert im Hinblick auf die Vokalisation/Verbalisierung zu vergeben, mußte das Kind entweder verbalisieren, daß die Mutter den Raum verlassen hat, oder seinen Unmut oder seine emotionale Befindlichkeit darüber klar verbal oder nonverbal äußern. Im wesentlichen gelten hier die Variablen wie für die erste Episode.

3.4.3.3 Reaktion des Kindes auf die Wiederkehr der Mutter/Episode 3

Die Reaktion des Kindes auf die Wiederkehr der Mutter wurde in folgenden Verhaltenskategorien beobachtet: 1) Begrüßungsverhalten und 2) die vier Skalen von Ainsworth und ihren Mitarbeitern (1978): Suche nach Nähe oder Körperkontakt, das Erhalten von Körperkontakt, Widerstand gegenüber Körperkontakt und Interaktionsangebote der Mutter sowie Vermeidung von körperlicher Nähe zur und Interaktion mit der Mutter.

a) Begrüßungsverhalten
Als Begrüßungsverhalten galten die ersten Reaktionen des Kindes auf die Wiederkehr der Mutter während der ersten 5 bis 15 Sekunden, das folgende Verhaltenskategorien enthält: 1) Bewegung/Körperhaltung, 2) Art der Begrüßung und 3) Blickverhalten. Die Kategorie Bewegung/Körperhaltung sollte die aktiven Bemühungen des Kindes nach Nähe und oder Körperkontakt zur Mutter erfassen. Die "Art der Begrüßung" konnte als eine verbale Begrüßung, als Begrüßung mit einem Lächeln oder durch das Anbieten eines Spielzeuges kodiert werden. Die Beobachtung des Blickverhaltens zielte darauf hin zu erfassen, ob das Kind den Blick zu der Mutter während der ersten 15 Sekunden vermeidet oder nicht.

b) Die Skalen von Ainsworth et al. (1978)
Mit Einbeziehung der vier Verhaltensskalen von Ainsworth und ihren Mitarbeitern (1978) sollte erfaßt werden, ob und wenn ja, wie sich die Organisation bindungsrelevanten Verhaltens im Alter zwischen dem 17. und 36. Lebensmonat in Abhängigkeit von der frühen Mutter-Kind Bindungsbeziehung ändert. Im folgenden Abschnitt werden die Skalen kurz beschrieben:

1) Suche nach Nähe oder Körperkontakt bezieht sich auf die Intensität und Persistenz der Bemühungen des Kindes, Kontakt oder Nähe zur Mutter herzustellen oder wiederzuerlangen;

2) Das Erhalten von Körperkontakt handelt vom Grad der Aktivität und Persistenz der Bemühungen des Kindes, Kontakt mit der Mutter aufrechtzuerhalten, wenn es ihn einmal hergestellt hat;

3) Widerstand gegen Körperkontakt und Interaktionsangebote der Mutter handelt von der Intensität und Häufigkeit oder Dauer von Widerstandsverhalten. Das Kind weist die Mutter oder angebotenes Spielzeug zurück, als "Revanche" für die kurze Trennung. Es ist zornig auf die Mutter, da die Mutter das Kind verlassen hat;

4) Vermeidung von körperlicher Nähe und Interaktion mit der Mutter bezieht sich auf die Intensität, Beständigkeit, Dauer und Promptheit der Vermeidung des Kindes von Nähe und von Interaktion sogar über eine Distanz.

c) Interaktives Verhalten zwischen Mutter und Kind/Episode 3
Im Bereich des interaktiven Verhaltens zwischen Mutter und Kind wurde zum einen die emotionale Atmosphäre/ Stimmung, zum anderen der verbale

Austausch zwischen Mutter und Kind über die Separation in den Kodierungen erfaßt.

1) Emotionale Atmosphäre/Stimmung
Mit der Skala emotionale Atmosphäre/Stimmung wurde der atmosphärische Gesamteindruck in der Wiedervereinigungsepisode erfaßt. Es ging dabei nicht um die Bestimmung von diskreten Emotionen, sondern um die emotionale Atmosphäre, die zwischen Mutter und Kind entstand. Der mimische Ausdruck, der vokal/verbale Ausdruck sowie Körperhaltung und Bewegung waren die relevanten Verhaltensbereiche, die zur Einschätzung der affektiven Stimmung dienten. Die emotionale Atmosphäre beinhaltete die folgenden Qualitäten: Die Stimmung ist neutral, positiv getönt oder wenig zornig und traurig (Skalenwert 1); die Stimmung ist etwas gereizt, zornig oder traurig (Skalenwert 2); stark gereizte, zornige oder sehr traurige Stimmung (Skalenwert 3). Für die statistische Auswertung der Daten wurden die drei Skalen dichotomisiert. d. h. die Skalenwerte 2. und 3. wurden zusammengefaßt und erhielten den Wert 2= die Stimmung ist negativ. Der Skalenwert 1 blieb bestehen und bedeutet, daß die Stimmung neutral oder positiv getönt ist.

2) Verbaler Austausch zwischen Mutter und Kind über das Thema Separation
Bei der Skala "Verbaler Austausch zwischen Mutter und Kind über das Thema Separation" ging es in erster Linie um die Erfassung des dialogischen Austausches zwischen Mutter und Kind nach einer Separationsepisode. Die Skalenwerte erstreckten sich von "kein verbaler Austausch" (Skalenwert 1) über "indirekter" (Skalenwert 2) zu "direkter verbaler Austausch" (Skalenwert 3). Auch hier wurden die Skalen dichotomisiert und die Werte 2. und 3. zusammengefaßt.

3.4.4 Beschreibung der Variablen "mütterliches Verhalten"

a) Strategien der Mutter als Reaktion auf die Ankündigung der Separation/Episode 1
Diese Kategorie bezog sich auf die spontane Reaktion der Mutter, wie sie die Separation ankündigt. Die Instruktionen an die Mutter, daß sie sich von ihrem Kind so verabschieden soll, wie sie es sonst in Trennungssituationen auch tut, ließen ihr genügend Freiraum, die Art und Weise des sich

Verabschiedens selbst zu organisieren und zu bestimmen. Die für die Beobachtung relevanten Kategorien beinhalten: 1) den Versuch der Mutter, den Raum zu verlassen, ohne sich vom Kind zu verabschieden, oder 2) sie verabschiedet sich mit einem Kuß, mit einem Abschiedsgruß, oder 3) sie gibt ausführliche Auskunft über die bevorstehende Separation. Für die statistische Auswertung der Daten wurden die Skalen dichotomisiert und die Skalenwerte 2 und 3 in einem Wert zusammengefaßt. Die dichotomisierten Skalen bedeuten: Wert 1= Mutter verabschiedet sich nicht, Wert 2= Mutter verabschiedet sich.

b) Reaktion der Mutter auf das Verhalten des Kindes/Episode 1
Die Reaktion der Mutter auf das Verhalten des Kindes im Hinblick auf die Ankündigung der Separation erhält vier Verhaltenskategorien: 1) die Mutter verläßt nicht den Raum, 2) sie geht, ohne die Reaktion des Kindes auf die bevorstehende Separation einschätzen zu können, 3) sie geht ohne Einverständnis oder trotz Protest des Kindes, und 4) sie verläßt den Raum mit Einverständnis des Kindes. Bei diesen Skalen handelt es sich um nominale Skalen, die für die statistische Auswertung dichotomisiert wurden: Skala 1= die Mutter verläßt den Raum nicht und die Skala 2= Mutter verläßt den Raum. Die Skala 2 ist durch die Komprimierung der Skalen 2, 3 und 4 entstanden, und die Skala 1 blieb aufrechterhalten.

c) Verhalten der Mutter bei der Wiedervereinigung/ Episode 3
Das mütterliche Verhalten wurde mit dem Beginn ihrer Rückkehr eine Minute lang kodiert. Folgende Kategorien, die als nominalskaliert galten, gingen in die Kodierung mit ein: 1) Mutter verhält sich neutral im Hinblick auf ihre Wiederkehr, d. h. daß sie mit sich selbst beschäftigt und nicht auf das Kind hin orientiert ist; 2) Mutter nimmt Körperkontakt zum Kind auf unabhängig davon, ob das auf Signale des Kindes hin geschieht oder nicht; 3) Mutter verhält sich situationsangemessen, z. B. wenn das Kind weint, versucht sie, es verbal zu beruhigen; 4) Mutter kritisiert und/oder tadelt das Kind, und zuletzt 5) fragt sie nach, ob das Kind sie vermißt hätte. Bei diesen Kategorien war es erlaubt, Mehrfachnennungen vorzunehmen, da es wahrscheinlich erschien, daß die Mutter innerhalb einer Minute mehrere der oben genannten Verhaltensweisen zeigt.

3.4.5 Skalen zur Erfassung des "Kompetenzverhaltens des Kindes als Reaktion auf die Ankündigung von kurzen Trennungsepisoden"

Zur Erfassung des Kompetenzverhaltens des Kindes als Reaktion auf die Ankündigung der Separation habe ich mich im wesentlichen an dem Verfahren von Weinraub und Lewis (1977) orientiert. Die beiden Autoren haben drei Faktoren bestimmt, die die Reaktion des Kindes auf den Weggang der Mutter charakterisieren: 1) *"Protest"* als direkte Aktion, die den Weggang der Mutter verhindern soll (z. B. Festhalten, Reden), 2) *"passive distress"* Verstörung (Ärger), jedoch keine Verhaltensweisen, die direkt darauf abzielen, den Weggang der Mutter zu verhindern (z. B. zur Mutter gehen, sie anfassen, dann zurück zum Spiel), 3) *"active distress"* beinhaltet beides, nämlich aktive Verhaltensweisen, die Mutter an ihrem Weggang zu hindern, und Verstörung.

Weinraub und Lewis haben in ihrer Untersuchung zweijährige Kinder beobachtet. In der vorliegenden Studie wurde das Trennungsverhalten von Kindern im Entwicklungsverlauf zwischen dem 17. und dem 36. Lebensmonat analysiert.

Die "Bewältigungsstrategie" im Hinblick auf die Separation bezieht sich auf das Ausmaß, in dem das Kind in der Lage ist, sich so zu verhalten, daß es eine konstruktive Lösung findet. Diese kann sich im Maß der Verstörung, im verbalen Bezug auf die Separation und im Explorations- und Suchverhalten offenbaren. Kinder können auf die Ankündigung der Separation passiv, aktiv oder neutral reagieren. Diese drei Skalen enthalten jeweils zwei Werte: Skalenwert 1= das Verhalten tritt nicht auf und 2= das Verhalten tritt auf.

Passivität besteht darin, daß das Kind weder verstört ist noch exploriert oder versucht, das Weggehen der Mutter verbal oder durch Suchverhalten zu verhindern. Es ist zwar irritiert, seine Irritation äußert sich jedoch nur in einer passiven Haltung, ohne ein Anzeichen von aktiver Beeinflussung der Situation.

Aktive Bewältigungsstrategie kann sich in unterschiedlichen Verhaltensorganisationen zeigen. Das Kind kann 1) nur verstört sein, 2) Verstörung geht mit Suchverhalten und/oder verbalen Äußerungen die Separation betreffend einher, 3) das Kind ist nicht verstört, zeigt aber Suchverhalten und/oder nimmt verbalen Bezug auf die Separation. Bei der konstruktiven

Strategie geht es darum, daß das Kind eindeutig signalisiert, ob es eine bevorstehende kurze Trennung von der Mutter akzeptiert oder nicht.

Neutrale Bewältigungsstrategie bedeutet, daß das Kind der Separation keine besondere Aufmerksamkeit schenkt, es zeigt kein Anzeichen von Irritation oder Verstörung, es fährt mit seiner Aktivität fort, ohne Bezug auf die Separation zu nehmen.

Dieselbe Bewältigungsstrategie des Kindes im Umgang mit Trennung kann in Abhängigkeit vom Alter unterschiedlich interpretiert werden. Eine passive oder neutrale Reaktion auf die Ankündigung der Separation beispielsweise kann bei einem einjährigen Kind Vermeidungsverhalten bedeuten, bei einem dreijährigen Kind aber auf emotionale Sicherheit und auf Vertrauen gedeutet werden in bezug darauf, daß die Mutter wiederkommt.

3.4.6 Reliabilität

Zur Beurteilung der "Interrater Reliabilität" zwischen den Beobachterinnen Kerstin Teske und Éva Hédervári wurden die Beobachtungsdaten von drei Mutter-Kind Paaren im Alter der Kinder von 17, 23, 30 und 36 Monaten miteinander verglichen. Errechnet wurde die Übereinstimmung in der Beurteilung des kindlichen und des mütterlichen Verhaltens in den drei Separationsepisoden. Für die Bestimmung der "Interrater Reliabilität" der Separationsepisoden wurde das "ungewichtete Kappa" (vgl. Cohen 1960) errechnet. Der Wert für die erste Episode (Ankündigung der Separation) beträgt K=.83, für die zweite Episode (Verhalten des Kindes während der Abwesenheit der Mutter) K=.88 und für die dritte Episode (Reaktion des Kindes auf die Wiederkehr der Mutter) K=.72.

3.5 Fragebogen zur Trennungsangst der Mutter (MSAS)

Mit Einbeziehung der von Hock et al. (1989) entwickelten "Maternal Separation Anxiety Scale" (MSAS)[19] wurde die Trennungsproblematik aus

---

[19] Die "Maternal Separation Anxiety Scale" wurde von Frau Prof. Klann-Delius übersetzt.

der Perspektive der Mutter erfaßt. Die Einstellung der Mutter zur Trennung stellt eine zusätzliche Datenquelle der Untersuchung dar; sie dient in erster Linie der differenzierteren Betrachtung der Hauptfragestellung, die sich auf Verhaltensstrategien von Kindern in kurzen Trennungsepisoden in der Entwicklung richtet.

Bei der "MSAS" handelt es sich um einen Fragenkatalog mit insgesamt 35 "Items". Die Antworten werden von der Mutter auf einer Fünf-Punkte Skala notiert, die eine Varianz von "lehne stark ab" bis hin zu "stimme stark zu" enthält. Bei der Datenauswertung werden die 35 Items auf drei Faktoren verteilt, die dann den drei Subskalen entsprechen. Die drei Faktoren betreffen die allgemeine Trennungsangst der Mutter (Subskala 1), die Einschätzung von Trennungsreaktionen des Kindes (Subskala 2) und Trennungsangst der Mutter im Zusammenhang mit Berufstätigkeit (Subskala 3).

Die Werte der einzelnen Subskalen können von Punkt 7 bis zu Punkt 35 variieren. Niedrige Werte bedeuten wenig Trennungsangst, hohe Werte bedeuten mehr ausgeprägte Trennungsangst der Mutter.

Subskala 1: allgemeine Trennungsangst der Mutter
Diese Subskala enthält 21 Items und befaßt sich mit dem Kummer, der Traurigkeit und den Schuldgefühlen der Mutter, wenn sie vom Kind getrennt wird. Erfragt wird beispielsweise die Einschätzung der Mutter, ob sie das Kind besser versorgen kann als irgendeine andere Person oder ob sie sich einsam fühlt, wenn sie von ihrem Kind getrennt ist oder ob sie glaubt, daß ihr Kind die Betreuung durch sie bevorzugt.

Folgende Items sind Beispiele dieser Subskala: "Wenn ich von meinem Kind getrennt bin, fühle ich mich einsam und vermisse es sehr." oder "Nur eine Mutter weiß einfach aus ihrer Natur heraus, wie ihr Kind getröstet werden kann, wenn es unglücklich ist.". Höhere Scores (Punktwerte 7-35)[20] bei diesem Faktor bedeuten mehr Kummer, Traurigkeit und Schuldgefühle der Mutter und den Glauben an einen höheren Wert der mütterlichen Fürsorge (vgl. McBride & Belsky, 1988).

---

20 Die tatsächlichen Skalenwerte dieser Subskala variieren zwischen 21 und 105 Punkten. Um aber die Übereinstimmung mit der Subskala 2 und der Subskala 3 zu gewährleisten, werden die Skalenwerte der Subskala 1 durch 3 geteilt (vgl. McBride & Belsky 1988, S.409; Hock et al. 1989, S.802).

Subskala 2: Einschätzung von Trennungsreaktionen des Kindes
Die hierfür relevanten 7 Items repräsentieren die Wahrnehmung der Mutter bezogen auf die Reaktion des Kindes in Trennungssituationen und durch eine Trennung verursachte positive oder negative Effekte auf das Kind. Sie betreffen den Glauben der Mutter, daß Trennung zwischen Mutter und Kind beispielsweise zur sozialen Entwicklung des Kindes beiträgt und bei der Herausbildung von interpersonellen Fähigkeiten oder von Autonomie hilft.

Beispiele dieser Subskala beinhalten die folgenden Items: "Mein Kind braucht Zeit ohne meine Anwesenheit, um ein Gefühl dafür entwickeln zu können, daß es ein eigenständiges Individuum ist" oder "Das Zusammenkommen mit vielen unterschiedlichen Menschen ist gut für mein Kind.". Höhere Scores (Punktwerte 7-35) deuten darauf hin, daß die Mutter glaubt: Trennung sei nicht gut für das Kind, und es profitiere aus solchen Trennungserfahrungen nicht.

Subskala 3: Trennungsangst der Mutter bezogen auf die Berufstätigkeit
In dieser Subskala sind 7 Items zusammengefaßt; sie schätzt die Haltung der Mutter ein im Hinblick auf die Balance zwischen ihrer Rolle als Mutter und zwischen einer Berufstätigkeit außerhalb des Hauses.

Folgende Items sind Beispiele dieser Subskala: "Ich würde mich über meinen Job ärgern, wenn ich deswegen von meinem Kind getrennt sein müßte." oder " Ich würde es nicht bedauern, mein berufliches Vorankommen zurückzustellen, um bei meinem Kind zu Hause bleiben zu können.". Erhält die Mutter in dieser Subskala höhere Scores (Punktwerte 7-35), so bedeutet es mehr Sorge über die Trennung, die durch eine außerfamiliäre Berufstätigkeit bedingt ist.

3.6 Statistische Auswertung

Die Datenanalyse erfolgte an einem Macintosh PC mit Hilfe des Statistikprogramms "SPSS"" (1988) und mit der Anwendung von nichtparametrischen Verfahren für Daten von Nominal-, Ordinal- und Intervallskalenniveau.

Die qualitativen Unterschiede der Hauptbindungsgruppen (A/C - B) im emotionalen Ausdrucksverhalten der Kinder und in der emotionalen Responsivität der Mütter in den vier Beobachtungszeitpunkten (17, 23, 30 und 36 Monaten) wurden im Querschnittsvergleich mit dem "*t*-Test" und im altersübergreifenden Längsschnittsvergleich mit der "zweifaktoriellen Varianzanalyse mit Meßwiederholung" überprüft.

Die Gruppenunterschiede im Längsschnitt- und im Querschnittsvergleich im Hinblick auf Verhaltensstrategien der Kinder in kurzen Trennungsepisoden wurden mit Einbeziehung der SPSS-Module "hierarchisches loglineares Modell" und "loglineares Modell" auf Signifikanz getestet. Der Test der Gruppenunterschiede im Kompetenzverhalten der Kinder im Querschnittsvergleich erfolgte wegen der zu geringen Zellenbelegung mit dem "Fischers Exact Test" (gerichtete Hypothese, one tailed). Die Daten zur Trennungsangst der Mutter wurden unter Einbeziehung der "zweifaktoriellen Varianzanalyse" und des "Scheffe´- Tests" auf statistische Zusammenhänge hin überprüft. Daß bei der statistischen Analyse unterschiedliche Verfahren angewendet wurden, ist in folgenden zwei Punkten begründet:

1) Das Affektausdrucksverhalten der Kinder (hedonischer Ton) und die Responsivität der Mütter wurden jeweils in vier Ausprägungen kodiert (hedonischer Ton positiv, negativ, neutral und widersprüchlich). Die absoluten bzw. relativen Häufigkeiten dieser Ausprägungen pro Erhebungszeitpunkt (17., 23., 30. und 36. Lebensmonat) ergeben die dichotomen Testvariablen, die jedoch nicht wechselseitig unabhängig sind.[21] Die relative Häufigkeit dieser "Ausprägungs"-Variablen ist aufgrund der Dichotomisierung identisch mit dem arithmetischen Mittel. Nach dem zentralen Grenzwertsatz sind die Mittelwerte von Stichproben - unabhängig von der Verteilung innerhalb der Stichproben - approximativ normalverteilt. Wir gehen davon aus, daß die Kodierungen einer Beobachtungseinheit (129 Beobachtungseinheiten ergaben sich aus der Beobachtung von 33, 31, 31 und 34 Dyaden zu 4 Meßzeitpunkten) eine Stichprobe aus dem Alltagsverhalten der Dyaden darstellen und nehmen somit in Anspruch, daß die relativen Häufigkeiten der dichotomisierten Variablen Stichprobenmittelwerte im Sinne des zentralen Grenzwertsatzes darstellen und somit Auswertungsverfahren ein-

---

[21] Die Variable des emotionalen Ausdrucksverhalten (hedonischer Ton) der Kinder und der emotionalen Responsivität der Mütter sind wechselseitig voneinander abhängig: Befindet sich ein Kind beispielsweise im negativen emotionalen Zustand, kann es nicht gleichzeitig positiven, negativen oder widersprüchlichen hedonischen Ton zeigen.

gesetzt werden können, die Intervallskalenniveau und Normalverteilung voraussetzen.

2) Die Daten der Verhaltensstrategien der Kinder in kurzen Trennungsepisoden wurden für die statistische Analyse direkt verrechnet. Die Testvariablen sind keine auf dichotomisierten Variablen beruhenden Stichprobenmittelwerte, weshalb die oben dargestellten Überlegungen zur Identität von relativer Häufigkeit und arithmetischem Mittel sowie zum zentralen Grenzwertsatz hier keine Geltung besitzen. Die direkt verrechneten Variablen weisen nominales und ordinales Skalenniveau auf, daher waren die Bedingungen für die Anwendung der Varianzanalyse nicht gegeben. Es konnte außerdem von einer Normalverteilung der Daten nicht ausgegangen werden, was als ein weiteres Argument für die Anwendung des "loglinearen Modells" gewertet wurde.

Zur Berechnung der gesamten "Inter-Rater Reliabilität" wurde das "ungewichtete Kappa" (vgl. Cohen 1960) herangezogen, nur die Übereinstimmung in der Zeit des emotionalen Ausdrucksverhalten des Kindes wurde nach den Mittelwerten errechnet. Statistische Zusammenhänge werden auf einem Signifikanzniveau von p kleiner oder gleich 0,05 % diskutiert.

4 Ergebnisse

4.1 Qualität der Mutter-Kind Bindungsbeziehung im internationalen Vergleich

Die Qualität der Mutter-Kind Bindungsbeziehung wurde im 12. Lebensmonat der Kinder (+,- 2 Wochen) in der "Fremden Situation" (Ainsworth & Witting, 1969; Ainsworth et al., 1978) ermittelt. Die Klassifizierung der Bindungsqualität der Kinder in die drei Hauptbindungsgruppen (A, B, C) wurde nach dem traditionellen Verfahren (nach Ainsworth) vorgenommen (Ainsworth, Bell & Stayton 1971; Ainsworth et al. 1978). Die folgende Tabelle stellt die Klassifizierung der drei Hauptbindungsgruppen (A/C/B) mit den entsprechenden Subgruppen dar.

Tabelle 4.1.1: Absolute Häufigkeiten der Subgruppen der drei Hauptbindungsgruppen (A=unsicher vermeidend, B=sicher gebunden, C=unsicher ambivalent) N=39

A		B				C	
A1	A2	B1	B2	B3	B4	C1	C2
5	3	11	7	9	3	0	1

Die Verteilung der Gesamtstichprobe (N=39) in die Hauptbindungsgruppen ist die Folgende: 8 (20%) der Kinder wurden als unsicher vermeidend (A), 30 (77 %) als sicher gebunden (B) und ein Kind (3 %) als unsicher ambivalent (C) klassifiziert (Abbildung 4.1.1). Da nur ein Kind unserer Stichprobe die Zuweisung in die Hauptbindungsgruppe "C" erhielt, wurden bei sämtlichen statistischen Analysen die Hauptbindungsgruppe "A" und "C" zusammengefaßt (vgl. auch Malatesta et al. 1989).

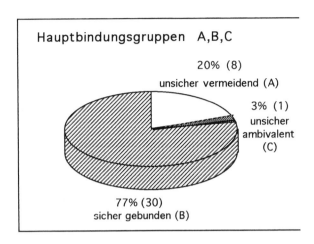

Abbildung 4.1.1: Absolute und relative Häufigkeiten der Hautbindungsgrupen (unsicher vermeidend=A, sicher gebunden=B, unsicher ambivalent=C) N=39

Van IJzendorn und Kroonenberg (1988) verglichen die Ergebnisse der zahlreichen international durchgeführten Studien hinsichtlich der Verteilung der drei Hauptbindungsgruppen nach dem klassischen Klassifizierungsverfahren von Ainsworth (Ainsworth et al. 1978). Ihr Hauptinteresse galt kulturspezifischen Aspekten der Bindungsorganisation im frühen Kindesalter. Die folgenden Tabellen (4.1.2 & 4.1.3) bieten einen Überblick über die mittlerweile zahlreich vorhandenen Untersuchungsergebnisse im internationalen Vergleich unter Einbeziehung der Befunde der hier vorgestellten Studie. Mit Ausnahme der in der Bundesrepublik Deutschland durchgeführten Untersuchungen werden die Zahlen nach van IJzendorn & Kroonenberg (1988) zitiert.

Tabelle 4.1.2: Absolute und Relative Verteilung der Hauptbindungsgruppen im internationalen Vergleich (A=unsicher vermeidend, B=sicher gebunden, C=unsicher ambivalent)

	A	B	C	N
West Europa	167 (27%)	418 (67%)	36 (6%)	621
Israel, China & Japan	22 (9%)	159 (63%)	69 (28%)	250
USA	260 (21%)	797 (65%)	173 (14%)	1.230
Gesamt	449 (21%)	1374 (65%)	278 (14%)	2.101

Tabelle 4.1.3: Absolute Verteilung der Hauptbindungsgruppen im internationalen Vergleich der einzelnen Länder (A=unsicher vermeidend, B=sicher gebunden, C=unsicher ambivalent, U=unklassifizierbar)

Studie	A	B	C	U	N
Bundesrepuklik Deutschland					
Die vorliegende Studie,1994(Berlin-W.)	8	30	1	-	39
Beller&Pohl, 1986 (Berlin - W.)	7	31	2	-	40
Grossmann et al., 1981 (Bielefeld)	24	16	6	-	46
Grossmann et al., 1986 (Regensburg)	17	30	3	-	50
Sprangler et al., 1993 (Regensburg)	7	30	1	3	41
Rottmann & Ziegenhain, 1988 (Berlin-W.)	11	20	3	-	34
Total	74 (30%)	157 (63%)	16 (6%)	3 (1%)	250
Großbritannien					
Smith & Noble, 1987	16 (22%)	54 (75%)	2 (3%)	0 (0%)	72
Niederlande					
Goossens, 1986	33	98	5	-	136
Koot, 1986	13	20	4	-	37
van den Boom et al., 1987	6	30	3	-	39
van IJzendoorn 1986	14	21	4	-	39
Total	66 (26%)	169 (67%)	16 (7%)	0 (0%)	251
Schweden					
Lamb et al., 1982	11 (21%)	38 (75%)	2 (4%)	0 (0%)	51
Israel					
Sagi et al., 1985	7	47	28	-	82
Sagi & Lewkowicz, 1987	1	29	6	-	36
Total	8 (7%)	76 (64%)	34 (29%)	0 (0%)	118
Japan					
Durrett et al., 1984	5	24	7	-	36
Takahashi, 1986	0	41	19	-	60
Total	5 (5%)	65 (68%)	26 (27%)	0 (0%)	96
China					
Li-Repac, 1982	9 (25%)	18 (50%)	9 (25%)	0 (0%)	36

Tabelle 4.1.3: (Fortsetzung)

USA	A	B	C	U	N
Ainsworth et al., 1978	22	70	13	-	105
Antonucci & Levitt, 1984	17	28	2	-	47
Bates et al., 1985	9	45	11	-	65
Belsky et al., 1984	15	37	8	-	60
Benn, 1985	11	29	1	-	41
Connell, 1977	31	61	9	-	101
Crockenberg, 1981	5	34	9	-	48
Easterbrooks & Lamb, 1979	3	62	1	-	66
Egeland & Farber, 1984	46	118	48	-	212
Frodi & Thomson, 1985	5	30	5	-	40
Kennedy & Bakeman, 1984	8	18	13	-	39
Main, 1983	11	25	4	-	40
Moss, 1979	7	25	7	-	39
Owen et al., 1984	4	50	5	-	59
Schneider-Rosen & Cicchetti, 1984	9	20	8	-	37
Thompson & Lamb, 1983	7	30	6	-	43
Waters, 1978	10	30	10	-	50
Weston, 1983	40	85	13	-	138
Total	260 (21%)	797 (65%)	173 (14%)	0	1.230

Die Ergebnisse bezüglich der Bindungssicherheit von Kindern im 12. Lebensmonat und deren Mütter in der vorliegenden Arbeit zeigen eine mit den westeuropäischen und den US-amerikanischen Studien vergleichbare Verteilung der Hauptbindungsgruppen (Tab. 4.1.2 & 4.1.3). Der Anteil der sicher gebundenen Kinder liegt bei allen der hier angeführten internationalen Studien zwischen 50-75%. Westeuropäische und US-amerikanische Studien weisen eine vergleichbare Verteilung der unsicheren Bindungsgruppen auf: Der Anteil der unsicher vermeidend (A) klassifizierten Kinder liegt höher (21-27%) als der der unsicher ambivalenten (C) (6-14%). Die israelischen, japanischen und chinesischen Studien zeigen eine von der westeuropäischen und US-amerikanischen abweichende Verteilung der unsicheren Bindungsgruppen. Bei den israelischen und japanischen Untersuchungen liegt die Anteil der unsicher ambivalent (C) gebundenen Kinder hoch (27-29%) und der der unsicher vermeidenden (A) niedrig (5-7%), wogegen die chinesische Studie eine Gleichverteilung der beiden Hauptbindungsgruppen aufweist (A=25%, C=25%).

Die weitgehende Übereinstimmung der hier ermittelten Verteilung der Hauptbindungsgruppen kann als Argument dafür gelten, daß Verhaltensweisen einer im Hinblick auf Bindungsqualität nicht ungewöhnlichen Population untersucht wurden.

4.2 Affektive Austauschprozesse zwischen Müttern und Kindern

4.2.1 *Affektausdruck der Kinder und emotionale Responsivität der Mütter im Alter von 17, 23, 30 und 36 Lebensmonaten der Kinder*

Die im folgenden berichteten Ergebnisse der Auswertung des kindlichen Affektausdrucks und der darauf bezogenen mütterlichen Responsivität betreffen ausschließlich den Separationsdatensatz, d.h. die Erhebungen, in denen - analog zur "Fremden Situation"- eine kurze Trennung von der Mutter induziert wurde.

Der Auswertung affektiver Austauschprozesse in der Interaktion lagen die folgenden Überlegungen zugrunde:

In der bisherigen Bindungsforschung wurden Beziehungen zwischen dem mit 12 Monaten gemessenen Bindungstyp, Signalverhalten des Kindes und darauf bezogenem Responseverhalten der primären Betreuungsperson (im folgenden = Mutter) zunächst für das erste Lebensjahr des Kindes, dann aber auch für spätere Altersstufen dokumentiert. Übereinstimmend wird in den verschiedenen empirischen Studien berichtet, daß das in "Fremde Situation" im Verhalten des Kindes erschließbare "internal working model" hohe Stabilität besitzt. In einer scripttheoretischen Deutung (vgl. Bretherton 1990) wird dem "working model" aufgrund seiner Funktion, neue Erfahrung nach bereits etablierten Mustern zu verarbeiten, eine relative Stabilität zuerkannt. In einer eher interaktiv ausgelegten Deutung (vgl. Stern 1992) wird die Herstellung von Stabilität auch dadurch gesichert, daß dem Kind die in seinem frühen "working model" als Erwartungen schematisierten Erfahrungen in der Tendenz immer wieder bestätigt werden. Beide Deutungen sind nun insofern interessant an empirischem Material zu verfolgen, das in dichter Folge längsschnittlich erhoben wurde, als sich die Frage stellt, ob und wie sich die Stabilität des "working model" angesichts entwicklungsbedingt unterschiedlicher Aufgaben und interaktiver Konstellationen darstellt.

Auf dem Hintergrund dieser Thematik wurde geprüft
- ob Bindungssicherheit auch in der weiteren Entwicklung mit Unterschieden im Affektausdrucksverhalten des Kindes zusammenhängt oder ob sich hier entwicklungsbedingte Veränderungen zeigen;
- ob Bindungssicherheit des Kindes mit 12 Monaten auch in der weiteren Entwicklung mit einem eher unterstützenden emotionalen Responseverhalten der Mutter korrespondiert.

Für die statistische Auswertung wurden der t-Test für unabhängige Stichproben und die zweifaktorielle Varianzanalyse mit Meßwiederholung verwendet. Mit Einbeziehung des t-Tests wurden die Unterschiede zwischen den beiden Hauptbindungsgruppen (A/C-B) während der einzelnen Erhebungszeitpunkte mit 17, 23, 30 und 36 Lebensmonaten unabhängig von der Zeit untersucht. Die Analyse der Daten des emotionalen Ausdrucksverhaltens der Kinder und der emotionalen Responsivität der Mütter in ihrem zeitlichen Entwicklungsverlauf erfolgte mit Hilfe der zweifaktoriellen Varianzanalyse mit Meßwiederholung. In den Kapiteln 4.2.1-4.2.3 werden die statistischen Ergebnisse des t-Tests und in den Kapiteln 4.2.4-4.2.5 die der mehrfaktoriellen Varianzanalyse für Meßwiederholung dargestellt. In die Darstellungen wurden die aus aufnahmetechnischen oder inhaltlichen Gründen entstandenen "missing values" aus Gründen der Übersichtlichkeit nicht aufgenommen.

4.2.1.1 Affektausdruck und Bindungsqualität der Kinder

Im folgenden werden die Ergebnisse der Analysen des kindlichen Affektausdrucks in den vier Erhebungszeitpunkten mit 17, 23, 30 und 36 Lebensmonaten zunächst unabhängig von der Bindungsqualität dargestellt. Die Werte beziehen sich hier auf die Zeitdauer, in der das Kind einen negativen, positiven oder neutralen hedonischen Ton ausdrückte.

Die folgende Abbildung (4.2.1) bietet einen Überblick über die Verteilung der drei hauptsächlichen Affektausdruckstypen in ihrer zeitlichen Dauer für die Gesamtgruppe (10 Minuten Beobachtungszeit) zu den vier Erhebungszeitpunkten:

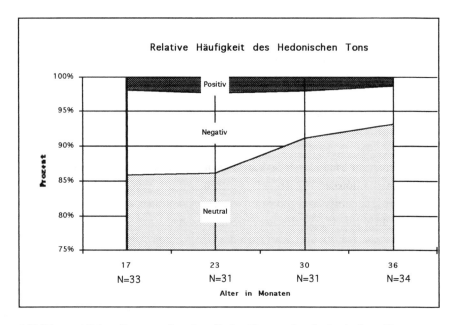

Abbildung 4.2.1: Prozentualer Anteil der Dauer des hedonischen Tones (positiv, negativ, neutral) bei allen Kindern zu den vier Erhebungszeitpunkten und jeweils für 10 Minuten Beobachtungszeit.

Die Abbildung veranschaulicht, daß die Kinder deutlich länger einen neutralen Ausdruck zeigten, daß der negative Ausdruck abnimmt, während für den neutralen Ausdruck eine Zunahme mit steigendem Alter zu beobachten ist.

Die Ergebnisse der Analyse des Zusammenhanges zwischen Bindungsqualität und emotionalem Ausdrucksverhalten des Kindes werden im folgenden für die vier Erhebungszeitpunkte gesondert dargestellt.

4.2.1.1.1 Beziehungen zwischen Bindungsqualität und emotionalem Ausdrucksverhalten der Kinder mit 17 Monaten

a) Affektausdruck vor dem Separationsstimulus
Während der streßfreien Spielinteraktion zwischen Mutter und Kind ergaben

sich keine signifikanten Unterschiede im Affektausdrucksverhalten der zwei Hauptbindungsgruppen (A/C und B) (vgl. Tab.4.2.1).

b) Affektausdruck nach dem Separationsstimulus
Nach einer kurzen (zweiminütigen) Trennung unterschieden sich die Kinder der beiden Hauptbindungsgruppen (A/C + B) in ihrem emotionalen Ausdrucksverhalten in zweierlei Hinsicht: 1) Kinder mit einer unsicheren (A/C) Bindungsbeziehung befanden sich in ihrem emotionalen Ausdruck signifikant länger in einem negativen hedonischen Ton als Kinder mit einer sicheren (B) Bindung. 2) Sicher gebundene Kinder (B) wiederum blieben in ihrem emotionalen Ausdruck signifikant länger neutral im Gegensatz zu Kindern mit einer unsicheren (A/C) Bindung (vgl. Tab. 4.2.1).

Tabelle 4.2.1: Mittelwertunterschiede zwischen den Hauptbindungsgruppen (A/C=unsicher, B=sicher) hinsichtlich des Affektausdrucks (hedonischer Ton) vor und nach dem Separationsstimulus mit 17 Monaten. Prozentualer Anteil (100%=300 Sekunden) der Dauer des hedonischen Tones (positiv= +, negativ= -, neutral=0 und widersprüchlich=mx) für die Beobachtungszeit 5 Minuten vor und 5 Minuten nach dem Separationsstimulus. N=33 (t-Test)

Hedonischer Ton	Vor dem Separationsstimulus				Nach dem Separationsstimulus			
	Bindungsqualität				Bindungsqualität			
	A/C N=8	B N=25	t	p	A/C N=8	B N=25	t	p
Hedonischer Ton +	0,02 %	0,02 %	-0,29	-	0,01 %	0,02 %	-1,05	-
Hedonischer Ton -	0,05 %	0,05 %	0,04	-	0,34 %	0,16 %	3,02	**
Hedonischer Ton 0	0,93 %	0,93 %	-0,05	-	0,65 %	0,82 %	-2,77	**
Hedonischer Ton mx	0,01 %	0,01 %	0,38	-	0 %	0,00 %	-0,88	-

Signifikanzniveau (zweiseitig):
** p≤ 0,01

c) Affektausdruck während der Separation
Bei den insgesamt 33 Kindern kam es in 27 (82%) Fällen tatsächlich zu einer Separation. Die 6 (18%) Kinder, die den Weggang der Mutter erfolgreich verhindern konnten, waren alle aus der bindungssicheren (B) Hauptgruppe. Im Chi-Quadrat Test erwies sich dieser Unterschied zwischen den Hauptbindungsgruppen jedoch nicht als signifikant.[22] Bei der Altersstufe der 17

---

[22] Fischer´s Exact Test: 0.16; Two-Tail: 0,30

Monate alten Kinder ergaben sich während der Separation im Alter von 17 Monaten keine signifikanten Unterschiede zwischen den zwei Hauptbindungsgruppen.

4.2.1.1.2 Beziehungen zwischen Bindungsqualität und emotionalem Ausdrucksverhalten der Kinder mit 23 Monaten

a) Affektausdruck vor dem Separationsstimulus
Im Alter von 23 Monaten ergaben sich keine signifikanten Unterschiede zwischen den zwei Hauptbindungsgruppen vor dem Separationsstimulus (Tab. 4.2.2).

b) Affektausdruck nach dem Separationsstimulus
Mit dem Einsetzen des Streßfaktors Trennung ergab sich ein statistisch signifikanter Unterschied zwischen den beiden Hauptbindungsgruppen (A/C und B): Unsicher gebundene (A/C) Kinder waren in ihrem emotionalen Ausdrucksverhalten hinsichtlich der Zeitdauer weniger positiv gestimmt als sicher gebundene (B) Kinder (vgl. Tab. 4.2.2).

Tabelle 4.2.2: Mittelwertunterschiede zwischen den Hauptbindungsgruppen (A/C=unsicher, B=sicher) hinsichtlich des Affektausdrucks (hedonischer Ton) vor und nach dem Separationsstimulus mit 23 Monaten. Prozentualer Anteil (100%=300 Sekunden) der Dauer des hedonischen Tones (positiv= +, negativ= -, neutral=0 und widersprüchlich=mx) für die Beobachtungszeit 5 Minuten vor und 5 Minuten nach dem Separationsstimulus. N=31 (t-Test)

Hedonischer Ton	Vor dem Separationsstimulus				Nach dem Separationsstimulus			
	Bindungsqualität				Bindungsqualität			
	A/C N=8	B N=23	t	p	A/C N=8	B N=23	t	p
Hedonischer Ton +	0,05 %	0,02 %	1,51	-	0,01 %	0,03 %	-2,65	**
Hedonischer Ton -	0,04 %	0,03 %	0,45	-	0,27 %	0,17 %	1,59	-
Hedonischer Ton 0	0,91 %	0,95 %	-1,38	-	0,72 %	0,80 %	-1,24	-
Hedonischer Ton mx	0,00 %	0,01 %	-0,46	-	0,00 %	0,00 %	-0,53	-

Signifikanzniveau (zweiseitig):
** p≤ 0,01

c) Affektausdruck während der Separation

Sieben der sicher gebundenen (B) Kinder (32 %) haben eine kurze Trennung von der Mutter verhindert im Gegensatz zu den bindungsunsicheren (A/C) Kindern, bei denen es ohne Ausnahme zu der kurzen Separation kommen konnte. Dieser Unterschied erwies sich jedoch nicht als signifikant. Blieben die Kinder alleine im Raum, so zeigten sie Unterschiede im emotionalen Ausdrucksverhalten in Abhängigkeit von ihrer Bindungsqualität. So verhielten sich Kinder mit einer unsicheren (A/C) Bindungsbeziehung im 23. Lebensmonat emotional eher negativ im Gegensatz zu Kindern mit einer sicheren Bindungsbeziehung (B). Kinder der sicheren Bindungsgruppe (B) dagegen waren in der Zeitdauer signifikant länger neutral gestimmt (vgl. Tab. 4.2.3).

<u>Tabelle 4.2.3</u>: Mittelwertunterschiede zwischen den Hauptbindungsgruppen (A/C=unsicher, B=sicher) hinsichtlich des Affektausdrucks (hedonischer Ton) während der Separation mit 23 Monaten. Prozentualer Anteil der Dauer des hedonischen Tones (positiv= +, negativ= -, neutral=0 und widersprüchlich=mx) während der Separation. N=24 (t-Test)

Hedonischer Ton	Während der Separation			
	Bindungsqualität			
	A/C N=8	B N=16	t	p
Hedonischer Ton +	0,00 %	0,00 %	-0,70	-
Hedonischer Ton -	0,72 %	0,37 %	2,45	*
Hedonischer Ton 0	0,28 %	0,64 %	-2,45	*
Hedonischer Ton mx	0,00 %	0,00 %	0,00	-

Signifikanzniveau (zweiseitig):
* $p \leq 0,05$

4.2.1.1.3 Beziehungen zwischen Bindungsqualität und emotionalem Ausdrucksverhalten der Kinder mit 30 Monaten

a) Affektausdruck vor dem Separationsstimulus

Mit 30 Monaten unterschieden sich die Kinder in Abhängigkeit von ihrer Bindungsbeziehung nicht in ihrem Affektausdruck während der streßfreien Spielsituation mit der Mutter (vgl. Tab. 4.2.4).

b) Affektausdruck nach dem Separationsstimulus

In Abhängigkeit von der Bindungssicherheit verhielten sich die Kinder mit 30 Monaten in ihrem emotionalen Ausdrucksverhalten unterschiedlich. Bindungsunsichere (A/C) Kinder blieben zeitlich länger in einer negativen emotionalen Stimmung als die sicher (B) gebundenen Kinder. Bindungssicherheit (B) korrespondierte wiederum mit neutralem emotionalen Ausdrucksverhalten (vgl. Tab. 4.2.4).

<u>Tabelle 4.2.4</u>: Mittelwertunterschiede zwischen den Hauptbindungsgruppen (A/C=unsicher, B=sicher) hinsichtlich des Affektausdrucks (hedonischer Ton) vor und nach dem Separationsstimulus mit 30 Monaten. Prozentualer Anteil (100%=300 Sekunden) der Dauer des hedonischen Tones (positiv= +, negativ= -, neutral=0 und widersprüchlich=mx) für die Beobachtungszeit 5 Minuten vor und 5 Minuten nach dem Separationsstimulus. N=31 (t-Test)

Hedonischer Ton	Vor dem Separationsstimulus				Nach dem Separationsstimulus			
	Bindungsqualität				Bindungsqualität			
	A/C N=8	B N=23	t	p	A/C N=8	B N=23	t	p
Hedonischer Ton +	0,03 %	0,03 %	-0,11	-	0,01 %	0,01 %	0,29	-
Hedonischer Ton -	0,01 %	0,03 %	-0,84	-	0,22 %	0,06 %	3,12	**
Hedonischer Ton 0	0,96 %	0,94 %	0,70	-	0,77 %	0,93 %	-3,13	**
Hedonischer Ton mx	0,00 %	0,00 %	0,22	-	0,00 %	0,00 %	0,00	-

Signifikanzniveau (zweiseitig):
** $p \leq 0,01$

c) Affektausdruck während der Separation

Drei der sicher gebundenen (B) Kinder (13 %) und keines der unsicher gebundenen Kinder haben im Alter von 30 Monaten eine kurze Trennung von der Mutter verhindert. Bei dieser Altersstufe ergaben sich während der Separation keine signifikanten Unterschiede zwischen den zwei Hauptbindungsgruppen.

4.2.1.1.4 Beziehungen zwischen Bindungsqualität und emotionalem Ausdrucksverhalten der Kinder mit 36 Monaten

a) Affektausdruck vor dem Separationsstimulus

Statistisch signifikante Unterschiede zwischen den Kindern der beiden Hauptbindungsgruppen im Alter von 36 Monaten waren im negativen, neutralen und widersprüchlichen Affektausdruck zu finden. Kinder der unsicheren (A/C) Bindungsgruppe waren mit 36 Monaten über längere Zeit negativ und widersprüchlich gestimmt als sicher (B) gebundene Kinder. Sicher gebundene (B) Kinder wiederum befanden sich über einen längeren Zeitraum hinweg in einem neutralen hedonischen Ton als Kinder mit einer unsicheren Bindungsbeziehung (vgl. Tab. 4.2.5).

b) Affektausdruck nach dem Separationsstimulus

Die Unterschiede im Affektausdruck zwischen den beiden Hauptbindungsgruppen waren im Alter von 36 Monaten nicht signifikant (vgl. Tab. 4.2.5).

<u>Tabelle 4.2.5:</u> Mittelwertunterschiede zwischen den Hauptbindungsgruppen (A/C=unsicher, B=sicher) hinsichtlich des Affektausdrucks (hedonischer Ton) vor und nach dem Separationsstimulus mit 36 Monaten. Prozentualer Anteil (100%=300 Sekunden) der Dauer des hedonischen Tones (positiv= +, negativ= -, neutral=0 und widersprüchlich=mx) für die Beobachtungszeit 5 Minuten vor und 5 Minuten nach dem Separationsstimulus. N=34 (t-Test)

Hedonischer Ton	Vor dem Separationsstimulus				Nach dem Separationsstimulus			
	Bindungsqualität				Bindungsqualität			
	A/C N=8	B N=26	t	p	A/C N=8	B N=26	t	p
Hedonischer Ton +	0,02 %	0,02 %	0,59	-	0,01 %	0,01 %	-0,71	-
Hedonischer Ton -	0,08 %	0,02 %	2,37	*	0,09 %	0,06 %	1,01	-
Hedonischer Ton 0	0,90 %	0,97 %	-2,69	**	0,91 %	0,93 %	-0,84	-
Hedonischer Ton mx	0,002%	0,000 %	2,20	*	0,00 %	0,00 %	0,00	-

Signifikanzniveau (zweiseitig):
* $p \leq 0,05$
** $p \leq 0,01$

c) Affektausdruck während der Separation
Von den sicher gebundenen (B) Kindern haben im Alter von 36 Monaten sechs Kinder (23%), von den unsicher gebundenen Kindern drei Kinder (38%) eine kurze Trennung von der Mutter verhindert. Bei dieser Altersstufe ergaben sich während der Separation keine signifikanten Unterschiede zwischen den zwei Hauptbindungsgruppen.

4.2.1.2 Emotionale Responsivität der Mütter und Qualität der Mutter-Kind Bindungsbeziehung

Ergänzend zu den zuvor berichteten Ergebnissen über statistische Zusammenhänge zwischen Bindungsqualität und emotionalem Ausdrucksverhalten des Kindes wurden die Daten zur emotionalen Responsivität der Mutter in den vier Separationsepisoden und die Daten der Bindungsklassifikation statistisch analysiert. Die Ergebnisse dieser Analyse sind im folgenden zusammenfassend dargestellt:

1. Mütter von Kindern mit einer sicheren Bindungsqualität (B) verhielten sich signifikant häufiger[23] responsiv unterstützend gegenüber ihren Kindern im Alter von 17 und 23 Monaten als Mütter von Kindern mit einer unsicheren Bindungsbeziehung (A/C) (vgl. Abbildung 4.2.2). Mit 30 und 36 Monaten konnte dieser Unterschied jedoch nicht mehr als signifikant bestätigt werden.

2. In der Kategorie "Responsetyp nicht unterstützend" waren die Unterschiede zwischen den Müttern der beiden Hauptbindungsgruppen (A/C und B) nur mit 17 Monaten signifikant. Das nicht unterstützende Verhalten der Mütter mit unsicher gebundenen Kindern unterschied sich im späteren Alter

---

[23] Die Kodierung der emotionalen Responsivität der Mutter wurde aus technischen und methodischen Gründen durch die Zeiteinheit (Display) des Wechsels im emotionalen Ausdruck des Kindes bestimmt. Somit ist die zeitliche Dauer der emotionalen Responsivität der Mutter abhängig von der Zeitdauer des jeweiligen emotionalen Ausdrucks des Kindes. Aufgrund dessen erschien es methodisch sauberer, auf die zeitliche Dauer der emotionalen Responsivität der Mutter zu verzichten und nur die Häufigkeit der qualitativ unterschiedlichen Responsetypen (unterstützend, nicht unterstützend, neutral und widersprüchlich) zu berücksichtigen.

kaum von dem Verhalten der Mütter der sicher gebundenen Kinder (vgl. Abbildung 4.2.3).

3. Im Bereich der neutralen Responsivität der Mütter konnten zu keinem der vier Erhebungszeitpunkte signifikante Unterschiede gefunden werden (vgl. Abbildung 4.2.4).

4. Mütter, die häufiger widersprüchlich auf das Affektausdrucksverhalten der Kinder reagieren, haben eher unsicher als sicher gebundene Kinder. Dieser Unterschied war mit 17 Monaten signifikant (vgl. Abbildung 4.2.5).

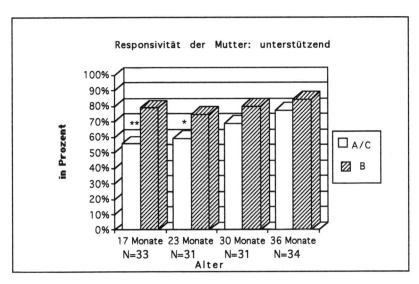

Abbildung 4.2.2: Relative Häufigkeit der <u>unterstützenden</u> emotionalen Responsivität der Mutter in Abhängigkeit von der Bindungsqualität (A/C=unsicher, B=sicher) für die Gesamtbeobachtungszeit von 10 Minuten. (t-Test) Signifikanzniveaus (zweiseitig):   * $p \leq 0{,}05$ (t= -2,09)
                                                        ** $p \leq 0{,}01$ (t= -3,20)

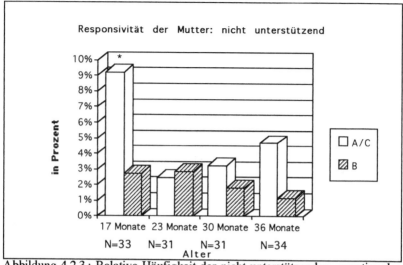

Abbildung 4.2.3: Relative Häufigkeit der <u>nicht unterstützenden</u> emotionalen Responsivität der Mutter in Abhängigkeit von der Bindungsqualität (A/C=unsicher, B=sicher) für die Gesamtbeobachtungszeit von 10 Minuten. (t-Test) Signifikanzniveau (zweiseitig): * p< 0,05 (t=2,14)

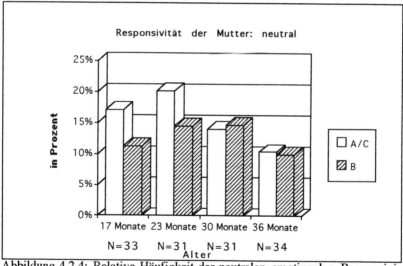

Abbildung 4.2.4: Relative Häufigkeit der <u>neutralen</u> emotionalen Responsivität der Mutter in Abhängigkeit von der Bindungsqualität (A/C=unsicher, B=sicher) für die Gesamtbeobachtungszeit von 10 Minuten. (t-Test) Nicht sign.

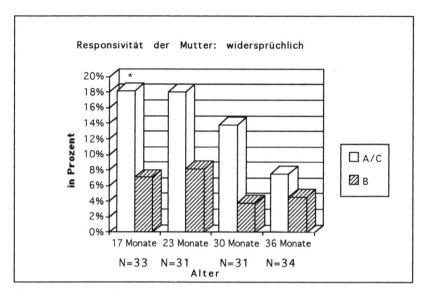

Abbildung 4.2.5: Relative Häufigkeit der widersprüchlichen emotionalen Responsivität der Mutter in Abhängigkeit von der Bindungsqualität (A/C=unsicher, B=sicher) für die Gesamtbeobachtungszeit von 10 Minuten.
(t-Test)
Signifikanzniveau (einseitig): * $p \leq 0,05$ (t=2,52)

4.2.2 Emotionales Ausdrucksverhalten der Kinder und emotionale Responsivität der Mütter in der Entwicklung

Die Analyse der Daten des Affektausdrucksverhaltens des Kindes und die darauf folgende Responsivität der Mutter im Entwicklungsverlauf mit 17, 23, 30 und 36 Lebensmonaten wurde mit dem statistischen Verfahren der zweifaktoriellen Varianzanalyse mit Meßwiederholung durchgeführt. Für die statistische Analyse der Daten konnten nur 25 Mutter-Kind Paare mitberücksichtigt werden, die zu allen vier Erhebungszeitpunkten anwesend waren. Im folgenden sollen die Ergebnisse der Analyse des Affektausdrucksverhaltens des Kindes 5 Minuten vor und 5 Minuten nach der Ankündigung der Separation sowie während der zweiminütigen Separation dargestellt werden. Anschließend folgt die Darstellung der Analyseergebnisse der emotionalen Responsivität der Mutter.

Die Einzelvergleiche der abhängigen Variable (Hedonischer Ton: positiv, negativ, neutral und widerprüchlich oder auch "mixed" genannt) erfolgte anhand der "DIFFERENCE"-Kontraste. Hierbei wurde der jeweilige Parameter (hedonischer Ton) gegen die Parameterwerte zu den vorhergehenden Beobachtungszeitpunkten getestet: die Werte des Meßzeitpunkts im 23. Lebensmonat gegen den 17.; im 30. Lebensmonat gegen eine Kombination der Werte des 23. und des 17. und schließlich die Werte des Parameters im 36. Lebensmonat gegen eine Kombination der Werte des 17., 23. und 30. Lebensmonat. Die unabhängigen Faktoren sind: die Bindungssicherheit (unsicher=A/C und sicher=B) und das Alter der Kinder.

4.2.2.1 Emotionales Ausdrucksverhalten der Kinder in der Entwicklung

4.2.2.1.1 Emotionales Ausdrucksverhalten der Kinder vor der Ankündigung des Separationsstimulus

Im folgenden werden die statistischen Ergebnisse des emotionalen Ausdrucksverhaltens der Kinder in der Entwicklung: 1) unabhängig von der Bindungssicherheit und 2) in Abhängigkeit von der Bindungssicherheit dargestellt. Die Tabelle 4.2.6 zeigt die Mittelwerte und die Standardabweichungen der Qualitäten des "hedonischen Tones" vor dem Separationsstimulus getrennt für die zwei Hauptbindungsgruppen (unsicher=A/C und sicher=B) und für die Gesamtgruppe unabhängig von der Bindungssicherheit.

Wie aus der Tabelle 4.2.7 ersichtlich, konnten in einer streßfreien Situation (vor der Ankündigung der Separation) keine statistisch signifikanten Unterschiede im emotionalen Ausdrucksverhalten der Kinder in der Entwicklung in Abhängigkeit vom Alter oder in Abhängigkeit der Bindungssicherheit gefunden werden. In einer streßfreien Situation verhielten sich alle Kinder der vorliegenden Studie in ihrem emotionalen Ausdrucksverhalten mit 17, 23, 30 und 36 Lebensmonaten überwiegend (91-94% der 5 minütigen Beobachtungszeit) neutral, selten (2-6%) positiv sowie negativ (2-11%) und nocht seltener (0-2%) widersprüchlich (mixed). Zusammenfassend läßt sich festhalten, daß eine statistisch signifikante Zunahme oder Abnahme hinsichtlich der Dauer der einzelnen Qualitäten des hedonischen Tones während einer streßfreien Spielsituation zwischen Mutter und Kind im Entwicklungsverlauf nicht gefunden werden konnte.

<u>Tabelle 4.2.6</u>: Mittlere Zeitdauer (in %; 100%=300 Sekunden) des qualitativ unterschiedlichen emotionalen Ausdrucksverhaltens des Kindes vor der Ankündigung der Separation in Abhängigkeit von der Bindungssicherheit (A/C=unsicher, B=sicher) und dem Alter.

Hed.Ton. / Bindung		17 Monate		23 Monate		30 Monate		36 Monate		N
		M	SD	M	SD	M	SD	M	SD	
Positiv	A/C	0,02	0,02	0,04	0,09	0,03	0,04	0,02	0,03	8
	B	0,02	0,03	0,02	0,02	0,03	0,05	0,02	0,02	17
	Gesamt	0,02	0,02	0,03	0,06	0,03	0,04	0,02	0,03	25
Negativ	A/C	0,05	0,04	0,04	0,07	0,01	0,02	0,08	0,13	8
	B	0,07	0,13	0,03	0,05	0,03	0,06	0,02	0,04	17
	Gesamt	0,06	0,11	0,03	0,06	0,02	0,05	0,04	0,08	25
Neutral	A/C	0,93	0,05	0,91	0,11	0,96	0,05	0,90	0,13	8
	B	0,90	0,13	0,95	0,05	0,94	0,08	0,97	0,04	17
	Gesamt	0,91	0,11	0,94	0,07	0,94	0,07	0,94	0,08	25
Mixed	A/C	0,01	0,02	0,00	0,01	0,00	0,01	0,00	0,00	8
	B	0,01	0,02	0,00	0,01	0,00	0,01	0,00	0,00	17
	Gesamt	0,01	0,02	0,00	0,01	0,00	0,01	0,00	0,00	25

Tabelle 4.2.7: Qualität des emotionalen Ausdrucksverhaltens (hedonischer Ton: positiv, negativ, neutral und widersprüchlich) vor der Ankündigung der Separation in Abhängigkeit von der Bindungssicherheit (A/C=unsicher, B=sicher) und dem Alter des Kindes (17, 23, 30 und 36 Lebensmonate): Haupt- und Interaktionseffekte der 4 zweifaktoriellen Varianzanalysen mit Meßwiederholung.

Hedonischer Ton				
Quelle der Varianz	QS	df	F	p
Positiv				
Bindung (A/C-B)	0,00	1	1,15	0,29
Alter	0,00	3	0,71	0,55
Bindung x Alter	0,00	3	0,81	0,49
Negativ				
Bindung (A/C-B)	0,00	1	0,24	0,63
Alter	0,02	3	0,93	0,43
Bindung x Alter	0,03	3	1,28	0,28
Neutral				
Bindung (A/C-B)	0,01	1	1,27	0,27
Alter	0,01	3	0,50	0,68
Bindung x Alter	0,03	3	1,36	0,26
Widersprüchlich				
Bindung (A/C-B)	0,00	1	0,20	0,65
Alter	0,00	3	1,36	0,26
Bindung x Alter	0,00	3	0,01	0,99

4.2.2.1.2 Emotionales Ausdrucksverhalten der Kinder nach der Ankündigung der Separation

In der folgenden Tabelle (4.2.8) sind die Mittelwerte und die Standardabweichungen der Qualität des "hedonischen Tones" nach der Ankündigung der Separation getrennt für die zwei Hauptbindungsgruppen (unsicher=A/C und sicher=B) und für die Gesamtgruppe unabhängig von der Bindungssicherheit dargestellt.

Tabelle 4.2.8: Mittlere Zeitdauer (in %; 100%=300 Sekunden) des qualitativ unterschiedlichen emotionalen Ausdrucksverhaltens des Kindes nach der Ankündigung der Separation in Abhängigkeit von der Bindungssicherheit (A/C=unsicher, B=sicher) und dem Alter.

Hed.Ton/ Bindung		17 Monate M	SD	23 Monate M	SD	30 Monate M	SD	36 Monate M	SD	N
Positiv.	A/C	0,01	0,02	0,01	0,01	0,01	0,03	0,01	0,01	8
	B	0,02	0,02	0,02	0,03	0,01	0,01	0,01	0,02	17
	Gesamt	0,01	0,02	0,02	0,02	0,01	0,02	0,01	0,01	25
Negativ	A/C	0,34	0,16	0,28	0,21	0,22	0,22	0,09	0,11	8
	B	0,18	0,16	0,18	0,12	0,05	0,07	0,06	0,07	17
	Gesamt	0,23	0,17	0,21	0,16	0,10	0,12	0,07	0,08	25
Neutral	A/C	0,65	0,16	0,72	0,21	0,77	0,21	0,91	0,12	8
	B	0,80	0,16	0,79	0,12	0,95	0,07	0,93	0,07	17
	Gesamt	0,76	0,17	0,77	0,16	0,89	0,16	0,92	0,08	25
Mixed	A/C	0,00	0,00	0,00	0,00	0,00	0,00	0,00	0,00	8
	B	0,01	0,01	0,01	0,02	0,00	0,00	0,00	0,00	17
	Gesamt	0,00	0,01	0,00	0,02	0,00	0,00	0,00	0,00	25

Nach der Ankündigung der Separation unterschieden sich die Kinder in Abhängigkeit von ihrem Alter oder der Bindungssicherheit im Hinblick auf die Dauer des qualitativ unterschiedlichen emotionalen Ausdrucksverhaltens. Die Unterschiede betreffen insgesamt betrachtet den negativen und den neutralen hedonischen Ton im Entwicklungsverlauf zwischen dem 17. und dem 36. Lebensmonat (Tab. 4.2.9). Der Anteil (Dauer) des negativen hedonischen Tones nach der Ankündigung der Separation nahm im Entwicklungsverlauf bei beiden Bindungsgruppen nahezu linear ab (Abbildung 4.2.6). Die Kinder der sicheren Bindungsgruppe hatten zu den vier Meßzeitpunkten insgesamt betrachtet einen geringeren Anteil am negativen hedonischen Ton als Kinder der unsicheren Bindungsgruppe.

Tabelle 4.2.9: Qualität des emotionalen Ausdrucksverhaltens (hedonischer Ton: positiv, negativ, neutral und widersprüchlich) nach der Ankündigung der Separation in Abhängigkeit von der Bindungssicherheit (A/C=unsicher, B=sicher) und dem Alter des Kindes (17, 23, 30 und 36 Lebensmonate): Haupt- und Interaktionseffekte der 4 zweifaktoriellen Varianzanalysen mit Meßwiederholung.

Hedonischer Ton				
Quelle der Varianz	QS	df	F	p
Positiv				
Bindung (A/C-B)	0,00	1	0,56	0,46
Alter	0,00	3	0,56	0,65
Bindung x Alter	0,00	3	0,72	0,55
Negativ				
Bindung (A/C-B)	0,27	1	11,17	0,003
Alter	0,44	3	9,06	0,000
Bindung x Alter	0,08	3	1,66	0,18
Neutral				
Bindung (A/C-B)	0,24	1	10,80	0,003
Alter	0,48	3	9,23	0,000
Bindung x Alter	0,09	3	1,67	0,18
Widersprüchlich				
Bindung (A/C-B)	0,00	1	0,77	0,39
Alter	0,00	1	0,03	0,87
Bindung x Alter	0,00	1	0,00	0,95

Die Einzelvergleiche der vier Altersstufen hinsichtlich der Zeitdauer des negativen hedonischen Tones nach der Ankündigung der Separation auf Basis des "DIFFERENCE"-Kontrasts erbrachten folgende Resultate:

Im 30. Lebensmonat waren Kinder unabhängig von ihrer Bindungssicherheit in signifikant kürzeren Zeitintervallen im negativen hedonischen Ton als die Kinder im 17. und 23. Lebensmonat. Der Vergleich der Altersstufe des 36. Lebensmonat mit dem 17., 23. und 30. Lebenmonat ergab ebenfalls, daß mit 36 Lebensmonaten die Kinder zeitlich signifikant kürzer negative Emotionen äußerten als die Kinder im 17., 23. und 30. Lebensmonat (Tab. 4.2.10 und Abbildung 4.2.6).

Im Hinblick auf die Abhängigkeit von der Bindungssicherheit zeigen die Ergebnisse der Einzelvergleiche der vier Altersstufen einen signifikanten

Unterschied zwischen den beiden Hauptbindungsgruppen im Entwicklungsverlauf hinsichtlich des negativen Affektausdrucks zwischen dem 36. Monat und den drei vorhergehenden Altersstufen. Kinder der sicheren Bindungsgruppe (B) veränderten sich nicht signifikant in der Dauer ihres negativen emotionalen Ausdrucks im Entwicklungsverlauf. Der Anteil des negativen hedonischen Tones lag bei den sicher gebundenen Kindern nach der Ankündigung der Separation in allen vier Erhebungszeitpunkten insgesamt niedriger als bei den Kindern mit einer unsicheren Bindungsorganisation. Hinzu kommt, daß die sicher gebundenen Kinder zu einem früheren Zeitpunkt (mit 30 Monaten) den niedrigsten Wert im Dauer des negativen Affektausdrucks erreichten im Gegensatz zu den Kindern mit einer unsicheren Bindungsorganisation, bei denen der niedrigste Stand des negativen Affektausdrucks erst im 36. Lebensmonat zu beobachten war. Kinder der unsicheren (A/C) Bindungsgruppe äußerten im 36. Lebensmonat nach der Ankündigung der Separation signifikant kürzere Zeit negative Emotionen als im Alter von 17, 23 und 30 Lebensmonaten (Tab. 4.2.10 und Abbildung 4.2.6).

Tabelle 4.2.10: Einzelvergleiche der vier Erhebungszeitpunkte für die abhängige Variable "Hedonischer Ton negativ" in Abhängigkeit vom Alter des Kindes und von der Bindungssicherheit (A/C=unsicher, B=sicher) nach der Ankündigung der Separation. (Mehrfaktorielle Varianzanalyse mit Meßwiederholung; mit "DIFFERENCE"-Kontrasten)

	\multicolumn{6}{c}{Hedonischer Ton Negativ}					
	23 x 17 Mon.		30 x 17+23 Mon.		36 x 17+23+30 Mon.	
Quelle der Varianz	t	Sign.niv.	t	Sign.niv	t	Sign.niv.
Alter	-0,73	0,47	-2,86	0,00	-4,99	0,00
Bindung x Alter	-0,92	0,37	0,74	0,47	-2,23	0,04

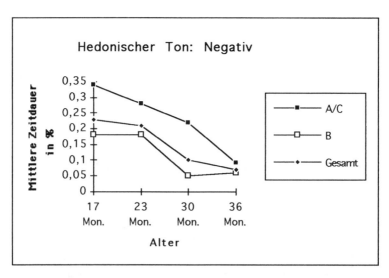

Abbildung 4.2.6: Mittlere Zeitdauer (in %) des negativen emotionalen Ausdrucksverhaltens des Kindes nach der Ankündigung der Separation in Abhängigkeit von der Bindungssicherheit (A/C=unsicher, B=sicher) im Entwicklungsverlauf.

Die Ergebnisse der Einzelvergleiche der vier Meßzeitpunkte in bezug auf die Zeitdauer des neutralen hedonischen Tones nach der Ankündigung der Separation sind in der folgenden Tabelle (4.2.11) ersichtlich:

Tabelle 4.2.11: Einzelvergleiche der vier Erhebungszeitpunkte für die abhängige Variable "Hedonischer Ton neutral" in Abhängigkeit vom Alter und von der Bindungssicherheit (A/C=unsicher, B=sicher) nach der Ankündigung der Separation. (Mehrfaktorielle Varianzanalyse mit Meßwiederholung; mit "DIFFERENCE"-Kontrasten)

	Hedonischer Ton Neutral					
	23 x 17 Mon.		30 x 17+23 Mon.		36 x 17+23+30 Mon.	
Quelle der Varianz	t	Sign.niv.	t	Sign.niv.	t	Sign.niv.
Alter	0,69	0,50	2,95	0,00	5,09	0,00
Bindung x Alter	0,94	0,36	-0,91	0,37	2,14	0,04

Im neutralen emotionalen Affektausdruck der Kinder wurden statistisch signifikante Unterschiede im Altersvergleich zwischen dem 30. und zwischen dem 17. und 23. sowie zwischen dem 36. und zwischen dem 17., 23. und 30. Lebensmonat gefunden. In beiden Fällen war nach der Ankündigung der Separation eine signifikante Zunahme des Anteils (Dauer) des neutralen emotionalen Affektausdrucks der Kinder festzustellen (Tab. 4.2.11 und Abbildung 4.2.7).

In Abhängigkeit von der Bindungssicherheit unterschieden sich die Kinder statistisch signifikant im Entwicklungsverlauf hinsichtlich des neutralen Affektausdrucks im Vergleich zwischen dem 36. und dem 17., 23. und 30. Lebensmonat. Sicher gebundene Kinder veränderten sich nicht statistisch signifikant im Anteil des neutralen hedonischen Tones im Laufe der Entwicklung. Im Gegensatz dazu zeigten die Kinder der unsicheren Bindungsgruppe mit 36 Lebensmonaten einen größeren Anteil des neutralen Affektausdrucks als im 17., 23. und 30. Lebensmonaten (Tab. 4.2.11 und Abbildung 4.2.7). Sicher gebundene Kinder befanden sich bereits ab Mitte des zweiten Lebensjahres längere Zeit im neutralen hedonischen Ton als Kinder mit einer unsicheren Bindungsorganisation.

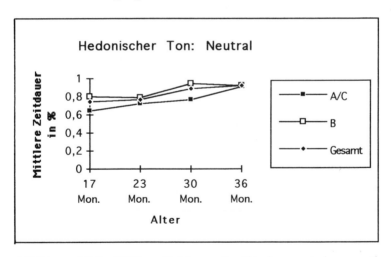

Abbildung 4.2.7: Mittlere Zeitdauer (in %) des neutralen emotionalen Ausdrucksverhaltens des Kindes nach der Ankündigung der Separation in Abhängigkeit der Bindungssicherheit (A/C=unsicher, B=sicher) im Entwicklungsverlauf.

4.2.2.1.3 Emotionales Ausdrucksverhalten der Kinder während der Separation in der Entwicklung

Die Veränderungen im Affektausdrucksverhalten der Kinder während der Separation in der Entwicklung konnten nur im Hinblick auf den negativen und neutralen hedonischen Ton statistisch ausgewertet werden. Aufgrund der zu geringen Zellenbelegung der Werte des positiven und des widersprüchlichen hedonischen Tones wurden diese aus dem statistischen Prüfverfahren ausgeschlossen. Die nachfolgende Tabelle (4.2.12) enthält die Mittelwerte und die Standardabweichungen der Qualität des "hedonischen Tones" während der Separation getrennt für die beiden Hauptbindungsgruppen (unsicher=A/C und sicher=B) und für die Gesamtgruppe unabhängig von der Bindungssicherheit.

<u>Tabelle 4.2.12</u>: Mittlere Zeitdauer (in %) (in %) des qualitativ unterschiedlichen emotionalen Ausdrucksverhaltens des Kindes während der Separation in Abhängigkeit von der Bindungssicherheit (A/C=unsicher, B=sicher) und dem Alter.

Hed.Ton/ Bindung		17 Monate M	SD	23 Monate M	SD	30 Monate M	SD	36 Monate M	SD	N
Positiv	A/C	0,00	0,00	0,00	0,00	0,00	0,00	0,00	0,00	5
	B	0,00	0,00	0,00	0,00	0,00	0,00	0,00	0,00	11
	Gesamt	0,00	0,00	0,00	0,00	0,00	0,00	0,00	0,00	16
Negativ	A/C	0,62	0,36	0,69	0,43	0,25	0,35	0,38	0,30	5
	B	0,58	0,38	0,34	0,27	0,13	0,27	0,19	0,23	11
	Gesamt	0,59	0,36	0,45	0,35	0,16	0,29	0,25	0,26	16
Neutral	A/C	0,38	0,36	0,31	0,43	0,75	0,34	0,62	0,30	5
	B	0,43	0,38	0,66	0,27	0,87	0,27	0,81	0,23	11
	Gesamt	0,41	0,36	0,55	0,35	0,84	0,29	0,75	0,26	16
Mixed	A/C	0,00	0,00	0,00	0,00	0,00	0,00	0,00	0,00	5
	B	0,00	0,00	0,00	0,00	0,00	0,00	0,00	0,00	11
	Gesamt	0,00	0,00	0,00	0,00	0,00	0,00	0,00	0,00	16

Die statistische Analyse der Daten ergab signifikante Unterschiede zwischen der Dauer des Affektausdrucks der Kinder (sowohl negativ als auch neutral) während der zweiminütigen Separation und zwischen dem Alter unabhängig von der Bindungssicherheit (Tab. 4.2.13). Der Anteil des negativen hedonischen Tones der Kinder nahm während der Separation im Entwicklungsverlauf statistisch signifikant ab, wogegen der Anteil des neutralen hedonischen Tones im Entwicklungsverlauf signifikant zunahm (Abbildungen 4.2.8 und 4.2.9). In Abhängigkeit von der Bindungsqualität wurden keine signifikanten Unterschiede in der Dauer des emotionalen Ausdrucksverhaltens der Kinder während der Separation im Entwicklungsverlauf gefunden (Tab. 4.2.13).

Tabelle 4.2.13: Qualität des emotionalen Ausdrucksverhaltens (hedonischer Ton: negativ und neutral) nach der Ankündigung der Separation in Abhängigkeit von der Bindungssicherheit (unsicher= A/C, sicher=B) und dem Alter des Kindes (17, 23, 30 und 36 Lebensmonate): Haupt- und Interaktionseffekte der 4 zweifaktoriellen Varianzanalysen mit Meßwiederholung.

Hedonischer Ton				
Quelle der Varianz	QS	df	F	p
Negativ				
Bindung (A/C-B)	0,42	1	2,86	0,11
Alter	1,51	3	6,30	0,001
Bindung x Alter	0,17	3	0,70	0,56
Neutral				
Bindung (A/C-B)	0,42	1	2,86	0,11
Alter	1,51	3	6,29	0,001
Bindung x Alter	0,17	3	0,69	0,56

Die Ergebnisse der Einzelvergleiche der vier Erhebungszeitpunkte, die Dauer des negativen Affektausdrucks während der Separation betreffen, zeigen eine signifikante Abnahme des negativen Affektausdrucks zwischen dem 30. Lebensmonat und den zwei vorangehenden Altersstufen, dem 17. und dem 23. Lebensmonat (Tab. 4.2.14 und Abbildung 4.2.8).

Tabelle 4.2.14: Einzelvergleiche der vier benachbarten Erhebungszeitpunkte für die abhängige Variable "Hedonischer Ton negativ" in Abhängigkeit vom Alter und von der Bindungssicherheit (unsicher=A/C, sicher=B) während der Separation in ihrer Entwicklung. (Mehrfaktorielle Varianzanalyse mit Meßwiederholung; mit "DIFFERENCE"-Kontrasten)

			Hedonischer Ton Negativ			
	23 x 17 Mon.		30 x 17+23 Mon.		36 x 17+23+30 Mon.	
Quelle der Varianz	t	Sign.niv.	t	Sign.niv.	t	Sign.niv.
Alter	-0,86	0,40	-0,38	0,00	-1,78	0,10
Bindung x Alter	1,57	0,14	-0,34	0,74	0,12	0,91

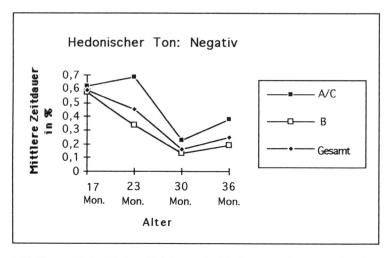

Abbildung 4.2.8: Mittlere Zeitdauer (in %) des negativen emotionalen Ausdrucksverhaltens des Kindes während der Separation in Abhängigkeit von der Bindungssicherheit (A/C=unsicher, B=sicher) im Entwicklungsverlauf.

Bezüglich des neutralen hedonischen Tones während der Separation erbrachten die Einzelvergleiche der vier Erhebungszeitpunkte signifikante Unterschiede im Vergleich des 30. mit dem 17. und 23. Lebensmonat. Unabhängig von ihrer Bindungsqualität befanden sich Kinder während der Separation im 30. Lebensmonat signifikant länger im neutralen emotionalen Zustand als im 17. und im 23. Lebensmonat (Tab. 4.2.15 und Abbildung 4.2.9).

Tabelle 4.2.15: Einzelvergleiche der vier Erhebungszeitpunkte für die abhängige Variable "Hedonischer Ton neutral" in Abhängigkeit vom Alter und von der Bindungssicherheit (A/C=unsicher, B=sicher) während der Separation in ihrer Entwicklung. (Mehrfaktorielle Varianzanalyse mit Meßwiederholung; mit "DIFFERENCE"-Kontrasten)

Quelle der Varianz	Hedonischer Ton Neutral					
	23 x 17 Mon.		30 x 17+23 Mon.		36 x 17+23+30 Mon.	
	t	Sign.niv.	t	Sign.niv.	t	Sign.niv.
Alter	0,86	0,41	3,38	0,00	1,79	0,10
Bindung x Alter	-1,57	0,14	0,32	0,75	0,11	0,92

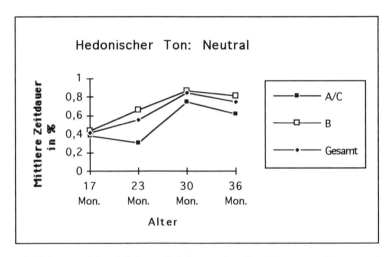

Abbildung 4.2.9: Mittlere Zeitdauer (in %) des neutralen emotionalen Ausdrucksverhaltens des Kindes während der Separation in Abhängigkeit von der Bindungssicherheit (A/C=unsicher, B=sicher) im Entwicklungsverlauf.

4.2.2.2 Emotionale Responsivität der Mütter in der Entwicklung

Die emotionale Responsivität der Mütter als Reaktion auf die Affektausdrucksveränderung der Kinder wurde für die 10 Minuten Gesamtbeobachtungszeit statistisch überprüft. In der Tabelle 4.2.16 sind die Mittelwerte und die Standardabweichungen der Qualität der emotionalen Responsivität der

Mutter in Abhängigkeit von der Bindungssicherheit des Kindes und in Abhängigkeit vom Alter des Kindes dargestellt.

Tabelle 4.2.16: Häufigkeit (x) der qualitativ unterschiedlichen emotionalen Responsivität der Mutter in Abhängigkeit von der Bindungssicherheit (A/C=unsicher, B=sicher) und dem Alter des Kindes für die Gesamtbeobachtungszeit von 10 Minuten.

Responsivität/		Alter							
		17 Monate		23 Monate		30 Monate		36 Monate	
Bindung		M	SD	M	SD	M	SD	M	SD	N
Positiv	A/C	0,56	0,22	0,60	0,16	0,69	0,24	0,77	0,24	8
	B	0,77	0,18	0,75	0,25	0,81	0,28	0,83	0,17	17
	Gesamt	0,71	0,22	0,70	0,23	0,77	0,27	0,81	0,20	25
Negativ	A/C	0,09	0,13	0,02	0,04	0,03	0,06	0,05	0,11	8
	B	0,03	0,06	0,03	0,12	0,01	0,02	0,01	0,03	17
	Gesamt	0,05	0,09	0,03	0,10	0,02	0,04	0,02	0,07	25
Neutral	A/C	0,17	0,09	0,20	0,14	0,14	0,15	0,10	0,11	8
	B	0,12	0,13	0,14	0,16	0,14	0,24	0,10	0,09	17
	Gesamt	0,14	0,12	0,16	0,15	0,14	0,22	0,10	0,09	25
Mixed	A/C	0,18	0,13	0,18	0,22	0,14	0,23	0,08	0,12	8
	B	0,07	0,11	0,08	0,15	0,04	0,09	0,06	0,10	17
	Gesamt	0,11	0,13	0,11	0,18	0,07	0,15	0,06	0,10	25

Die statistische Überprüfung der Daten der emotionalen Responsivität der Mütter ergab einen signifikanten Zusammenhang zwischen der unterstützenden Responsivität der Mütter und dem Alter der Kinder. Die Häufigkeit der unterstützenden Responsivität der Mütter nahm unabhängig von der Bindungsqualität des Kindes im Entwicklungsverlauf nahezu linear zu (Tab. 4.2.17, Abbildung 4.2.10). In Abhängigkeit von der Bindungssicherheit fanden sich keine statistisch signifikanten, sondern nur tendenzielle Unterschiede in der emotionalen Responsivität der Mütter im Entwicklungsverlauf: Mütter von sicher gebundenen Kindern reagierten tendenziell häufiger unterstützend und Mütter von Kindern mit einer unsicheren Bindungsorganisation reagierten tendenziell häufiger widersprüchlich auf den emotionalen Affektausdruck der Kinder im Entwicklungsverlauf (Tab. 4.2.17, Abbildung 4.2.10).

Tabelle 4.2.17: Qualität der Häufigkeit der emotionalen Responsivität der Mutter (unterstützend, nicht unterstützend, neutral und widersprüchlich) für die Gesamtbeobachtungszeit von 10 Minuten in Abhängigkeit von der Bindungssicherheit (A/C=unsicher, B=sicher) und dem Alter des Kindes (17, 23, 30 und 36 Lebensmonate): Haupt- und Interaktionseffekte der 4 zweifaktoriellen Varianzanalysen mit Meßwiederholung.

Quelle der Varianz	Responsivität der Mutter			
	QS	df	F	p
Unterstützend				
Bindung (A/C-B)	0,40	1	2,97	0,09
Alter	0,28	3	4,23	0,008
Bindung x Alter	0,08	3	1,16	0,33
Nicht unterstützend				
Bindung (A/C-B)	0,02	1	1,79	0,19
Alter	0,02	3	1,61	0,19
Bindung x Alter	0,01	3	0,80	0,50
Neutral				
Bindung (A/C-B)	0,01	1	0,27	0,61
Alter	0,05	3	1,22	0,31
Bindung x Alter	0,02	3	0,42	0,74
Widersprüchlich				
Bindung (A/C-B)	0,15	1	3,14	0,09
Alter	0,06	3	2,24	0,09
Bindung x Alter	0,03	3	1,05	0,38

Die Einzelvergleiche der vier Erhebungszeitpunkte bezogen auf die unterstützende Responsivität der Mütter erbrachte folgendes Resultat: Es wurde eine statistisch signifikante Zunahme der unterstützenden Responsivität der Mütter im Vergleich des 36. Lebensmonats der Kinder mit denen des 17., 23. und 30. Lebensmonats gefunden (Tab. 4.2.18 und Abbildung 4.2.10). In Abhängigkeit von der Bindungssicherheit fanden sich keine statistisch signifikanten Unterschiede in bezug auf die unterstützende Responsivität der Mütter im Entwicklungsverlauf.

Tabelle 4.2.18: Einzelvergleiche der vier Erhebungszeitpunkte für die abhängige Variable "Responsivität der Mutter unterstützend" in Abhängigkeit vom Alter des Kindes und von der Bindungssicherheit (A/C=unsicher, B=sicher) für die Gesamtbeobachtungszeit von 10 Minuten. (Mehrfaktorielle Varianzanalyse für Meßwiederholung; mit "DIFFERENCE"-Kontrasten)

	Responsivität der Mutter Unterstützend					
	23 x 17 Mon.		30 x 17+23 Mon.		36 x 17+23+30 Mon.	
Quelle der Varianz	t	Sign.niv	t	Sign.niv.	t	Sign.niv.
Alter	0,11	0,91	1,88	0,07	2,93	0,00
Bindung x Alter	0,82	0,42	0,78	0,44	1,50	0,15

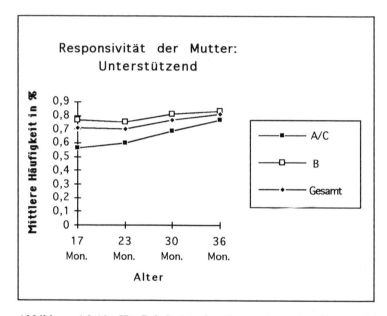

Abbildung 4.2.10: Häufigkeit (x) der "unterstützenden Responsivität der Mutter" in Abhängigkeit von der Bindungssicherheit (A/C=unsicher, B=sicher) im Entwicklungsverlauf für die Gesamtbeobachtungszeit von 10 Minuten.

4.2.3 Zusammenfassung der Hauptergebnisse der Analysen affektiver Austauschprozesse zwischen Müttern und ihren Kindern

Die Ergebnisse der Analysen affektiver Austauschprozesse lassen sich in folgendem Gesamtbild zusammenfassen: Die mit 12 Monaten in der "Fremden Situation" erfaßte Qualität der Bindungsbeziehung zwischen Mutter und Kind kovariiert mit Unterschieden im affektiven Ausdrucksverhalten des Kindes und in den darauf zeitlich bezogenen mütterlichen Verhaltensweisen; unabhängig von der Bindungsorganisation verändert sich das emotionale Ausdrucksverhalten der Kinder in der Entwicklung hinsichtlich des negativen und des neutralen Affektausdrucksverhaltens sowie in der darauf zeitlich bezogenen unterstützenden emotionalen Responsivität der Mutter.

Die Hauptergebnisse des emotionalen Ausdrucksverhaltens des Kindes und des darauf bezogenen Responseverhaltens der Mutter beziehen sich: 1) auf die Unterschiede der Hauptbindungsgruppen im Affektausdrucksverhalten des Kindes und in der Responsivität der Mutter während der vier voneinander unabhängig analysierten Meßzeitpunkte mit 17, 23, 30 und 36 Lebensmonaten der Kinder; 2) auf die Ergebnisse des emotionalen Verhaltens des Kindes und der Mutter in der Enwicklung zwischen dem 17. und dem 36. Lebensmonat im Längsschnittvergleich.

- Ein eindeutiger Zusammenhang zwischen der Bindungsqualität und dem emotionalen Ausdrucksverhalten des Kindes war nach unseren Ergebnissen während einer streßfreien Spielsituation nicht festzustellen. Signifikante Unterschiede zwischen den beiden Hauptbindungsgruppen (A/C und B) waren nur im 36. Lebensmonat der Kinder zu finden: Kinder mit einer sicheren Bindungsorganisation befanden sich während einer streßfreien Situation über einen längeren Zeitraum hinweg im neutralen hedonischen Ton; die Kinder mit einer unsicheren Bindungsorganisation äußerten signifikant länger negative und widersprüchliche Emotionen.

Weitere Unterschiede zwischen den Hauptbindungsgruppen und Unterschiede zwischen den hier untersuchten vier Altersstufen im Hinblick auf das emotionale Ausdrucksverhalten der Kinder konnten während einer streßfreien Situation nicht gefunden werden.

- Im Zusammenhang mit Streßsituationen, die durch kurze Trennungen von der Mutter hervorgerufen wurden, unterschieden sich Kinder im emotionalen Ausdrucksverhalten in Abhängigkeit von ihrer Bindungsorganisation: Die Kinder der unsicheren Bindungsgruppe äußerten in einer emotional belasteten Interaktion mit der Mutter im Alter von 17 und von 30 Lebensmonaten signifikant länger negative Affekte als sicher gebundene Kinder. Dagegen befanden sich die Kinder der sicheren Bindungsgruppe (B) in einer emotional belasteten Situation mit 17 und 30 Lebensmonaten signifikant länger im neutralen hedonischen Ton, und sie drückten mit 23 Monaten über eine längere Zeit positive Affekte aus als Kinder der unsicheren (A/C) Bindungsgruppe. Diese Unterschiede waren im 36. Lebensmonat jedoch nicht mehr festzustellen.

Im Entwicklungsverlauf unterschieden sich Kinder im Affektausdruck in Abhängigkeit von der Bindungssicherheit. Sicher gebundene Kinder hatten statistisch signifikant einen insgesamt geringeren Anteil an negativem Affektausdruck und einen erhöhten Anteil neutralen Affektausdrucks über vier Meßzeitpunkte hinweg als Kinder der unsicheren Bindungsgruppe.

Die Einzelvergleiche des emotionalen Ausdrucksverhaltens der Kinder nach der Ankündigung der Separation zu vier Meßzeitpunkten für die Gesamtgruppe ergab signifikante Veränderungen zwischen dem 30. und zwischen dem 17. und dem 23. Lebensmonat sowie zwischen dem 36. und zwischen den drei früheren Altersstufen hinsichtlich des negativen und des neutralen hedonischen Tones.

Im 30. Lebensmonat waren die Kinder unabhängig von ihrer Bindungssicherheit in signifikant kürzeren Zeitintervallen im negativen und signifikant länger im neutralen hedonischen Ton als im Alter von 17. und 23. Lebensmonaten. Der Vergleich der Altersstufen des 36. mit dem 17., 23. und 30. Lebensmonat ergab ebenfalls, daß mit 36 Lebensmonaten die Kinder signifikant kürzere Zeit negative und signifikant längere Zeit neutrale Emotionen äußerten als im Alter von 17, 23 und 30 Lebensmonaten.

Im Hinblick auf eine Abhängigkeit des emotionalen Ausdrucksverhaltens von der Bindungssicherheit zeigen die Ergebnisse der Einzelvergleiche der vier Altersstufen folgendes: Zwischen den beiden Hauptbindungsgruppen ergaben sich signifikante Unterschiede bezogen auf den negativen Affektausdruck im Entwicklungsverlauf zwischen dem 36. und den drei vorhergehenden Altersstufen. Kinder der sicheren Bindungsgruppe (B) veränderten sich nicht signifikant im Anteil ihres negativen und neutralen emotionalen Ausdrucks im Laufe der Entwicklung. Ihr Anteil am negativen hedonischen Ton lag nach der Ankündigung der Separation insgesamt niedriger und der Anteil des neutralen Affektausdrucks höher in allen vier Erhebungszeitpunkten als bei den Kindern mit einer unsicheren Bindungsorganisation. Hinzu kommt, daß die sicher gebundenen Kinder zu einem früheren Zeitpunkt (mit 30 Monaten) den niedrigsten Wert für die Dauer des negativen und den höchsten Wert für die Dauer des neutralen Affektausdrucks erreichten im Gegensatz zu den Kindern mit einer unsicheren Bindungsorganisation, bei denen der niedrigste Stand des negativen und der höchste Stand des neutralen Affektausdrucks erst im 36. Lebensmonat zu beobachten war. Kinder der unsicheren (A/C) Bindungsgruppe äußerten im 36. Lebensmonat nach der Ankündigung der Separation von der Zeitdauer her betrachtet signifikant kürzere Zeit negative und signifikant längere Zeit neutrale Emotionen als im Alter von 17, 23 und 30 Lebensmonaten.

- Während einer maximal zweiminütigen Trennungsepisode sind die Unterschiede im Affektausdrucksverhalten der Kinder der zwei Hauptbindungsgruppen (A/C und B) im Querschnittsvergleich nur im 23. Lebensmonat statistisch signifikant. Kinder mit einer unsicheren (A/C) Bindungsbeziehung befanden sich während einer zweiminütigen Trennungssituation zeitlich signifikant länger im negativen emotionalen Zustand als Kinder der sicheren Bindungsgruppe.

Statistisch signifikante Unterschiede während der zweiminütigen Separation fanden sich unabhängig von der Bindungsorganisation für die Gesamtgruppe in der Dauer des negativen und des neutralen hedonischen Tones: Die Ergebnisse zeigen eine signifikante Abnahme des negativen und eine signifikante Zunahme des neutralen Affektausdrucks zwischen dem 30. und zwischen den zwei vorangehenden Altersstufen mit 17 und 23 Lebensmonaten.

- Die Datenanalyse zur emotionalen Responsivität der Mütter auf Affektsignale der Kinder erbrachte folgende Resultate:

Mütter unsicher gebundener Kinder verhielten sich in ihrer emotionalen Responsivität seltener unterstützend und häufiger widersprüchlich im Kontext kindlicher Affektausdrucksveränderungen im Querschnittsvergleich und für eine Gesamtbeobachtungszeit von 10 Minuten als Mütter von unsicher gebundenen Kindern. Die Unterschiede bei den Müttern der beiden Bindungsgruppen in bezug auf die emotional unterstützende Responsivität waren im 17. und 23. Lebensmonat der Kinder und im Hinblick auf die widersprüchliche Responsivität im 17. Lebensmonat der Kinder statistisch signifikant.

Die Analyse der Daten der emotionalen Responsivität der Mütter in der Entwicklung ergab einen einzigen signifikanten Zusammenhang zwischen der unterstützenden Responsivität der Mütter und dem Alter der Kinder. Die Häufigkeit der unterstützenden Responsivität der Mütter nahm unabhängig von der Bindungsqualität des Kindes im Entwicklungsverlauf statistisch signifikant und nahezu linear zu. In Abhängigkeit von der Bindungssicherheit wurde gefunden, daß Mütter von sicher gebundenen Kindern tendenziell häufiger unterstützend und Mütter von Kindern mit einer unsicheren Bindungsorganisation tendenziell häufiger widersprüchlich auf den emotionalen Affektausdruck der Kinder im Entwicklungsverlauf reagierten.

Die Einzelvergleiche der vier Erhebungszeitpunkte in bezug auf die unterstützende Responsivität der Mütter erbrachte eine statistisch signifikante Zunahme der unterstützenden Responsivität der Mütter im Vergleich des 36. Lebensmonat der Kinder mit dem 17., 23. und 30. Lebensmonat.

4.3 Trennungsverhalten der Kinder und der Mütter während kurzer Trennungsepisoden

4.3.1 *Trennungsverhalten der Kinder und der Mütter während kurzer Trennungsepisoden im Entwicklungsverlauf*

Die Analyse der Verhaltensorganisation von Kindern und deren Müttern in kurzen Trennungsepisoden wurde nach folgenden Überlegungen durchgeführt:

Nach den empirisch gewonnenen bindungstheoretischen Forschungsergebnissen und nach dem psychoanalytischen Konzept von Margaret Mahler zur Loslösung und Individuation verändert sich die Verhaltensorganisation von Kindern im Hinblick auf das emotionale Ausdrucksverhalten und die Toleranz gegenüber kurzen Trennungsepisoden im Entwicklungsverlauf von der frühen Kindheit bis hin zu dem dritten und dem sechsten Lebensjahr. Die Gründe für diese Veränderungen können nicht einfaktoriell, also beispielsweise durch altersbedingte Entwicklungsprozesse erklärt werden. Wie empirische Befunde der bindungstheoretisch orientierten Forschungsarbeiten zeigen, steht die Reaktion von Kindern auf kurze Trennungsepisoden eng im Zusammenhang mit der Art und Weise der qualitativ unterschiedlichen Bindungsorganisation eines Kindes (zu seiner primären Bezugsperson) in der frühen Kindheit (vgl. Crittenden 1992a, Fisch & Belsky 1991, Main et al. 1985).[24]

Vor dem Hintergrund dieser Überlegungen wurde geprüft, ob Zusammenhänge zwischen den Faktoren Verhalten von Kindern und deren Müttern in kurzen Trennungsepisoden, der Bindungssicherheit sowie dem Alter der Kinder bestehen.

Die statistische Analyse der Daten wurde mit dem Programmpaket SPSS/PC (1988) und unter Einbeziehung des statistischen Verfahrens des "Loglinearen Modells" (Weßels 1991)[25] in zwei Schritten durchgeführt. Im ersten Schritt wurde mit dem Unterprogramm "Hiloglinear" das für die Daten am besten geeignete Modell ausgewählt. Für die signifikanten Effekte in den Modellen wurden dann mit Hilfe des "Loglinear" Unterprogramms die standardisierten Parameterschätzungen berechnet und zur Interpretation der Ergebnisse herangezogen. Diese Werte sind standardnormalverteilt und können mit den üblichen Signifikanzgrenzen (+,- 1,96 für a= 0,05; +,- 2,54 für a= 0,01, zweiseitige Tests) als z-Werte interpretiert werden. Die Analyse der Daten auf Dreiweg- und Zweiweg-Interaktionen[26] erfolgte nach den Kriterien:

---

24 Vgl. Kapitel 1.2 der vorliegenden Arbeit.
25 Eine gute Einführung gibt auch Langeheine (1980), vgl. auch Arminger 1976a, 1976b; das Standardwerk zu diesem Verfahren ist nach wie vor Bishop, Fienberg & Holland, 1975.
26 Dreiweg-Interaktion heißt, daß die abhängige Variable (Verhaltensweisen in den Separationsepisoden) nur durch eine Kombination der beiden unabhängigen Variablen (Bindungsqualität und Alter der Kinder) zu erklären ist. Zweiweg-Interaktion weist dagegen Zusammenhänge von zwei Faktoren auf: entweder zwischen der abhängigen Variable und der Bindungssicherheit, oder zwischen der abhängigen Variable und dem Alter der Kinder. Die Zweiweg-Interaktion deutet im ersten Fall auf signifikant unterschiedliche Verhaltensweisen der Kinder der zwei Hauptbindungsgruppen (A/C-B) in den Trennungsepisoden hin, im zweiten Fall auf Unterschiede im Verhalten der Kinder im Entwicklungsverlauf (mit 17, 23, 30 und 36 Lebensmonaten) und unabhängig von ihrer Bindungssicherheit.

- ob eine Abhängigkeit zwischen dem Verhalten von Kindern und Müttern in kurzen Trennungsepisoden und der Bindungssicherheit (A/C-B) und dem Alter der Kinder (17., 23., 30. und 36. Lebensmonat) besteht, in dem Sinne, daß diese als drei gleichzeitig vorhandene Faktoren betrachtet werden können;
- ob das Verhalten der Kinder und der Mütter in kurzen Trennungsepisoden mit der Bindungssicherheit (A/C-B) zusammenhängt;
- ob ein Zusammenhang zwischen dem Verhalten der Kinder und der Mütter in kurzen Trennungsepisoden und dem Alter der Kinder im 17., 23., 30. und 36. Lebensmonat besteht.

Die Tabelle 4.3.1.1 bietet einen Gesamtüberblick über die statistischen Zusammenhänge der Zweiweg-Interaktionen (Trennungsverhalten versus Bindungsqualität, Trennungsverhalten versus Alter der Kinder). Die Tabelle 4.3.1.2 gibt einen Überblick über die Zusammenhänge der Dreiweg-Interaktionen (Trennungsverhalten, Bindungsqualität und Alter der Kinder) in den drei Separationsepisoden.

Tabelle 4.3.1.1: Zusammenhang (Zweiweg-Interaktion) zwischen dem Verhalten der Kinder und der Mütter während der drei Separationsepisoden und den Faktoren: 1) Bindungssicherheit (A/C=unsicher=A/C, B=sicher) und 2) dem Alter der Kinder (17, 23, 30 und 36 Lebensmonat) N=128. ("bestes loglineares Modell")

Kategorien	Bindung (A/C -B)		Alter in Monaten (17,23,30,36)		
	Chi-Quadrat Wert (df=1)	Sign. Niveau	Chi-Quadrat Wert (df=3)	Sign. Niveau	
Episode 1/Ankündigung der Separation					
Verhalten des Kindes					
1. Vokalisation	0,94	0,34	14,92	0,00	1
2. Verstörung	0,29	0,59	8,01	0,05	2
3. Suchverhalten	0,28	0,59	4,20	0,24	1
4. Erkundungsverhalten	3,68	0,06	3,99	0,26	1
Verhalten der Mutter					
5. Verabschiedet sich (ja, nein)	1,83	0,18	6,27	0,09	1
6. Verläßt den Raum (ja, nein)	3,58	0,06	3,49	0,32	2
Episode 2/Separation					
Verhalten des Kindes					
7. Vokalisation	0,35	0,56	5,84	0,12	1
8. Verstörung	6,12	0,01	29,46	0,00	1
9. Suchverhalten	2,83	0,09	4,04	0,26	2
10. Erkundungsverhalten	10,76	0,001	10,34	0,02	1
Episode 3 / Wiedervereinigung					
Verhalten des Kindes					
11. Bewegung / Körperhaltung	2,67	1,10	1,48	0,67	1
12. Begrüßungsverhalten	0,39	0,53	9,02	0,03	1
13. Blickverhalten	2,24	0,13	5,02	0,17	1
14. Sucht Nähe/Körperkontakt	1,06	0,30	2,52	0,47	1
15. Erhalten von Körperkontakt	2,21	0,14	1,24	0,74	1
16. Widerstand	0,41	0,52	9,25	0,03	1
17. Vermeidung	6,23	0,01	0,87	0,83	1
Interaktives Verhalten zwischen Mutter und Kind					
18. Emotionale Atmosphäre	7,40	0,01	5,05	0,17	1
19. Verb. Austausch über Sep.	2,45	0,12	7,57	0,06	1
Verhalten der Mutter					
20. Verhält sich angemessen	1,22	0,27	4,37	0,23	1
21. Nimmt Körperkontakt auf	2,79	0,09	15,99	0,00	1

Irrtumswahrscheinlichkeit: 1 = Schrittweise Elimination
2 = Partieller Chi-Quadrat-Wert

Tabelle 4.3.1.2: Zusammenhang (Dreiweg-Interaktion) zwischen dem Verhalten der Kinder und der Mütter während der drei Separationsepisoden, der Bindungssicherheit (A/C=unsicher, B=sicher) und dem Alter der Kinder (17, 23, 30 und 36 Lebensmonat) als gleichzeitig vorhandene Faktoren. N=128. (bestes loglineares Modell)

Kategorien	Bindung/Alter	
	Chi-Quadrat Wert (df=3)	Sign. Niveau
Episode 1/Ankündigung der Sep.		
Verhalten des Kindes		
1. Vokalisation	3,91	0,27
2. Verstörung	13,35	0,00
3. Suchverhalten	3,55	0,31
4. Erkundungsverhalten	5,43	0,14
Verhalten der Mutter		
5. Verabschiedet sich (ja, nein)	3,04	0,38
6. Verläßt den Raum (ja, nein)	8,48	0,04
Episode 2 / Separation		
Verhalten des Kindes		
7. Vokalisation	2,09	0,55
8. Verstörung	1,01	0,79
9. Suchverhalten	11,89	0,01
10. Erkundungsverhalten	6,43	0,09
Episode 3 / Wiedervereinigung		
Verhalten des Kindes		
11. Bewegung/Körperhaltung	2,17	0,54
12. Begrüßungsverhalten	2,89	0,41
13. Blickverhalten	0,62	0,89
14. Sucht Nähe/Körperkontakt	3,13	0,37
15. Erhalten von Körperkont.	4,42	0,22
16. Widerstand	1,79	0,62
17. Vermeidung	1,96	0,58
Interaktives Verhalten zwischen Mutter und Kind		
18. Emotionale Atmosphäre	4,49	0,21
19. Verbaler Austausch	0,71	0,87
Verhalten der Mutter		
20. Verhält sich angemessen	4,85	0,18
21. Nimmt Körperkontakt auf	3,18	0,36

Anschließend werden nur die statistisch signifikanten Ergebnisse der Daten zur Verhaltensorganisation von Kindern und deren Mütter in kurzen Trennungsepisoden getrennt für die drei Separationsepisoden: 1) Ankündigung der Separation, 2) Separation und 3) Wiedervereinigungsepisode dargestellt. Die absoluten und die relativen Werte der Skalen in allen der folgenden Tabellen beziehen sich auf die beobachteten Häufigkeiten.

4.3.1.1 Reaktion der Kinder und der Mütter auf die Ankündigung der Separation (Erste Episode)

Im folgenden werden die Ergebnisse der statistischen Zusammenhänge zwischen den Reaktionen der Kinder auf die Ankündigung der Separation, der Bindungssicherheit und dem Alter der Kinder dargestellt. Die Reaktion der Kinder auf die Ankündigung der Separation wurde auf einer 3-Punkte Skala erfaßt. Der Skalenwert eins bedeutete dabei das Fehlen des jeweiligen Verhaltens, der Skalenwert zwei das teilweise und der Skalenwert drei das vollständige Auftreten des Verhaltens. Für die statistische Auswertung der Daten wurden die Skalen dichotomisiert: Der Skalenwert eins bedeutet demnach ein "Nein", das heißt das Verhalten tritt nicht auf, und die Skalenwerte zwei und drei ein "Ja", das heißt das Verhalten tritt teilweise oder vollständig auf.

Wie wir aus den Tabellen 4.3.1.1 und 4.3.1.2 entnehmen können, konnten keine statistisch signifikanten Zusammenhänge gefunden werden zwischen den Faktoren "Suchverhalten" und "Erkundungsverhalten" des Kindes, dem "Abschiedsverhalten der Mutter" und zwischen der Qualität der Bindungsbeziehung und oder dem Alter des Kindes. Die statistisch signifikanten Zusammenhänge für die Faktoren "Verbaler Bezug auf die Separation", "Verstörung" und "Verhalten der Mutter" in ihrer Entscheidung für oder gegen die Separation werde ich im folgenden darstellen.

a) Verbaler Bezug auf die Ankündigung der Separation
Die Tabelle 4.3.1.3 zeigt die statistisch signifikanten Zusammenhänge zwischen der verbalen Reaktion der Kinder auf die Ankündigung der Separation und dem Alter. Mit 36 Monaten sprachen bzw. verhandelten signifikant mehr Kinder mit der Mutter über die bevorstehende Separation als mit 17 Monaten. Der lineare Anstieg der Werte in den "ja-Zellen" demonstriert, daß

die Kinder im Laufe ihrer Entwicklung zunehmend häufiger verbalen Bezug auf die Separation nahmen. Statistisch signifikante Unterschiede zwischen den beiden Hauptbindungsgruppen (A/C-B) konnten hier nicht gefunden werden.

<u>Tabelle 4.3.1.3</u>: Verbaler Bezug (Vokalisation) auf die Ankündigung der Separation in Abhängigkeit vom Alter der Kinder. N=128

Alter	Verbaler Bezug				Standard.# Parametersch.		
	Nein Häufigkeit		Ja Häufigkeit		Nein	Ja	Sign
	Absolut	Rel.%	Absolut	Rel.%			
17 Monate N= 33	19	58	14	42	2,82	-2,82	**
23 Monate N= 30	13	43	17	57	1,03	-1,03	
30 Monate N= 31	10	32	21	68	-0,38	0,38	
36 Monate N= 34	5	15	29	85	-2,85	2,85	**
Total N=128	47	37	81	63			

**p≤0,01   #=Standardisierte Parameterschätzung

b) Verstörung als Reaktion auf die Ankündigung der Separation
Der Faktor "Verstörung als Reaktion der Kinder auf die Ankündigung der Separation" steht einerseits mit dem Alter, andererseits mit der Bindungssicherheit und dem Alter der Kinder als zwei gleichzeitig vorhandenen Faktoren im Zusammenhang. In der Tabelle 4.3.1.4 sind die Werte der statistisch signifikanten Zweiweg-Interaktion (Verstörung versus Alter) dargestellt: Die 23 Monate alten Kinder reagierten auf die Ankündigung der Separation signifikant häufiger verstört als in den anderen Altersstufen.

Tabelle 4.3.1.4: Verstörung als Reaktion auf die Ankündigung der Separation in Abhängigkeit vom Alter der Kinder. N=128

Alter		Verstörung				Stand.Param.#		
		Nein		Ja				
		Häufigkeit		Häufigkeit		Nein	Ja	Sign
		Absolut	Rel.%	Absolut	Rel.%			
17 Monate	N= 33	22	67	11	33	0,81	-0,81	
23 Monate	N= 30	17	57	13	43	-2,25	2,25	*
30 Monate	N= 31	26	84	5	16	0,59	-0,59	
36 Monate	N= 34	28	82	6	18	0,32	-0,32	
Total	N=128	93	73	35	27			

*p≤0,05   #=Standardisierte Parameterschätzung

Die Tabelle 4.3.1.5 zeigt die statistischen Zusammenhänge der Dreiweg-Interaktionen.

Tabelle 4.3.1.5: Verstörung als Reaktion auf die Ankündigung der Separation in Abhängigkeit von der Bindungssicherheit (A/C=unsicher, B=sicher) und dem Alter der Kinder. N=128

Alter	Bindung	Ver-störung	Häufigkeit		Stand.#	
			Absolut	Rel. %	Param.	Sign.
17 Monate	A/C	nein	8	100	2,37	*
N=33		ja	0	0	-2,37	*
	B	nein	14	56	-2,37	*
		ja	11	44	2,37	*
23 Monate	A/C	nein	4	50	-1,63	
N=30		ja	4	50	1,63	
	B	nein	13	59	1,63	
		ja	9	41	-1,63	
30 Monate	A/C	nein	5	63	1,71	
N=31		ja	3	37	-1,71	
	B	nein	21	91	-1,71	
		ja	2	9	1,71	
36 Monate	A/C	nein	5	63	1,48	
N=34		ja	3	37	-1,48	
	B	nein	23	88	-1,48	
		ja	3	12	1,48	

*P≤0,05   #=Standardisierte Parameterschätzung

Kinder mit einer sicheren (B) Bindungsbeziehung reagierten im 17. Lebensmonat signifikant häufiger mit Verstörung auf die Ankündigung der Separation im Vergleich zu den Kindern der unsicheren (A/C) Bindungsgruppe und im Vergleich zu den anderen Altersstufen. Wenn wir die Prozentzahlen der verstört reagierenden Kinder der sicheren Hauptbindungsgruppe zwischen dem 17. und 36. Lebensmonat miteinander vergleichen (Tab. 4.3.1.5), dann ist eine Abnahme der verstört reagierenden Kindern von 32 % festzustellen. Kinder mit einer unsicheren (A/C) Bindungsorganisation dagegen waren mit 17 Monaten nicht verstört, wenn die Mutter die Separation ankündigte, sie reagierten erst mit 23 Monaten auf die Ankündigung der Separation mit Verstörung. Bei der Gruppe der unsicher (A/C) gebundenen Kindern nahm der Anteil der Kinder, die in einer solchen Situation mit Verstörung reagierten, zwischen dem 23. und 30. Lebensmonat nur geringfügig (13 %) ab und veränderte sich zwischen dem 30. und 36. Lebensmonat nicht. Diese Kinder waren mit 23 Monaten am häufigsten (50%) verstört. Wenn wir die Prozentzahl der verstört reagierenden Kinder der unsicheren (A/C) Bindungsgruppe zwischen dem 17. und 36. Lebensmonat miteinander vergleichen, dann ist hier im Gegensatz zu der sicheren (B) Bindungsgruppe eine Zunahme bei den verstört reagierenden Kindern von 37 % zu beobachten.

c) Reaktion der Mütter auf das Verhalten der Kinder in der ersten Separationsepisode

Der Faktor Reaktion der Mutter auf das Verhalten des Kindes im Hinblick auf ihre Entscheidung für oder gegen die Separation wurde ursprünglich auf einem 4-stufigen nominalen Skalenniveau mit den folgenden Inhalten kodiert: 1= Mutter verläßt nicht den Raum, 2= Mutter geht, ohne die Reaktion des Kindes einschätzen zu können, 3= Mutter geht ohne Einverständnis oder trotz Protest des Kindes und 4= Mutter geht mit Einverständnis des Kindes.

Wegen der zu geringen Varianz der einzelnen Skalen wurde auf die Vergleiche zwischen den einzelnen Skalen verzichtet und eine Dichotomisierung der Skalen vorgenommen: Skala 1= Mutter verläßt den Raum nicht und Skala 2= Mutter verläßt den Raum. Die Tabelle 4.3.1.6 zeigt eine statistisch signifikante ($p=.04$) Dreiweg-Interaktion zwischen der Entscheidung der Mutter für oder gegen eine Separation, der Bindungssicherheit und dem Alter der Kinder.

Tabelle 4.3.1.6: Entscheidung der Mutter für oder gegen die Separation in Abhängigkeit von der Bindungssicherheit (A/C=unsicher, B=sicher) und dem Alter der Kinder. N=128

Alter	Bindung	Separation	Häufigkeit Absolut	Rel. %	Stand.# Param.	Sign.
17 Monate N=33	A/C	nein	0	0	-0,65	
		ja	8	100	0,65	
	B	nein	7	28	0,65	
		ja	18	72	-0,65	
23 Monate N=30	A/C	nein	0	0	-0,78	
		ja	8	100	0,78	
	B	nein	7	32	0,78	
		ja	15	68	-0,78	
30 Monate N=31	A/C	nein	0	0	-0,03	
		ja	8	100	0,03	
	B	nein	3	13	0,03	
		ja	20	87	-0,03	
36 Monate N=34	A/C	nein	3	38	1,99	*
		ja	5	62	-1,99	*
	B	nein	6	23	-1,99	*
		ja	20	77	1,99	*

*p≤0,05   #= Standardisierte Parameterschätzung

Die Anzahl der Mütter, die den Raum nicht verließen, variierte bei der sicheren (B) Bindungsgruppe relativ wenig: mit 17 Monaten verließen 7 (28%), mit 23 Monaten 7 (32%), mit 30 Monaten 3 (13 %) und mit 36 Monaten 6 (23%) der Mütter nicht den Raum. Bei der unsicheren (A/C) Bindungsgruppe dagegen verließen im 17., 23. und 36. Lebensmonat der Kinder alle Mütter den Raum, und erst im 36. Lebensmonat der Kinder kam es in 3 (38 %) Fällen nicht zu einer Separation. Das Verhalten der Mütter in ihrer Entscheidung für oder gegen eine Separation blieb bei der Gruppe der sicher (B) gebundenen Mutter-Kind Paare relativ unverändert während der zweijährigen Beobachtungszeit im Gegensatz zu den unsicher (A/C) gebundenen Mutter-Kind Paaren, bei denen die Mütter sich erst im 36. Lebensmonat der Kinder gegen eine Separation entschieden.

4.3.1.2 Verhalten der Kinder während der Separation (Zweite Episode)

Analog zu der ersten Separationsepisode wurden die Skalen der abhängigen Variablen (Vokalisierung, Verstörung, Suchverhalten und Erkundungsverhalten) für die statistische Auswertung der Daten dichotomisiert. Im folgenden werden die signifikanten Ergebnisse der statistischen Zusamenhänge zwischen dem Verhalten der Kinder während der Separationsepisode, der Bindungssicherheit und dem Alter der Kinder dargestellt. Die Tabellen 4.3.1.1 und 4.3.1.2 bieten einen Gesamtüberblick über die statistischen Zusammenhänge der Zweiweg- und Dreiweg-Interaktionen.

a) Verstörung
Signifikante Zusammenhänge wurden gefunden zwischen der Häufigkeit der verstört reagierenden Kinder während der Separation, der Bindungssicherheit und dem Alter der Kinder. Kinder mit einer unsicheren (A/C) Bindungsbeziehung reagierten signifikant häufiger verstört, und zwar über alle vier Erhebungszeitpunkte, wenn ihre Mütter den Raum für maximal zwei Minuten verließen und sie alleine im Raum zurückblieben, als Kinder der sicheren (B) Bindungsgruppe. Die statistischen Ergebnisse sind in der Tabelle 4.3.1.7 dargestellt.

<u>Tabelle 4.3.1.7</u>: Verstörung während der Separation in Abhängigkeit von der Bindungsqualität (A/C=unsicher, B=sicher). N=102

Bindung	Verstörung				Stand. Param. #		
	Nein		Ja		Nein	Ja	Sign.
	Häufigkeit		Häufigkeit				
	Absolut	Rel. %	Absolut	Rel. %			
A/C N= 29	13	45	16	55	-2,44	2,44	*
B N= 73	52	71	21	29	2,44	-2,44	*
Total N=102	65	64	37	36			

*p≤0,05   #= Standardisierte Parameterschätzung

Während einer kurzen Separation von der Mutter reagierten die Kinder unabhängig von der Qualität der Bindungsbeziehung mit 17 und mit 23 Monaten signifikant häufiger und mit 36 Monaten signifikant seltener verstört als erwartet (Tab. 4.3.1.8).

Tabelle 4.3.1.8: Verstörung während der Separation in Abhängigkeit vom Alter der Kinder. N=102.

Alter		Verstörung				Stand. Param. #		
		Nein Häufigkeit		Ja Häufigkeit		Nein	Ja	Sign.
		Absolut	Rel. %	Absolut	Rel. %			
17 Monate	N= 26	8	31	18	69	-3,85	3,85	**
23 Monate	N= 23	11	48	12	52	-2,07	2,07	*
30 Monate	N= 28	23	82	5	18	1,78	-1,78	
36 Monate	N= 25	23	92	2	8	2,88	-2,88	**
Total	N=102	65	64	37	64			

*p≤ 0,05
**p≤ 0,01
#= Standardisierte Parameterschätzung

b) Suchverhalten

Im Hinblick auf das aktive Suchverhalten der Kinder, das den Wunsch nach einer Wiederkehr der Mutter signalisiert, unterschieden sich die Kinder in Abhängigkeit von ihrer Bindungssicherheit und ihrem Alter (Tab. 4.3.1.9). Unsicher gebundene Kinder zeigten mit 36 Monaten häufiger den Wunsch nach der Rückkehr der Mutter als im Alter von 17, 23 und 30 Lebensmonaten und als Kinder der sicheren Bindungsgruppe.

Tabelle 4.3.1.9: Suchverhalten während der Separation in Abhängigkeit von der Bindungssicherheit (A/C=unsicher, B=sicher) und vom Alter der Kinder. N=100

Alter	Bindung	Such-verhalten	Häufigkeit Absolut	Rel. %	Stand.# Param.	Sign.
17 Monate	A/C	nein	4	50	1,63	
N=24		ja	4	50	-1,63	
	B	nein	7	44	-1,63	
		ja	9	56	1,63	
23 Monate	A/C	nein	3	37	0,91	
N=23		ja	5	63	-0,91	
	B	nein	7	47	-0,91	
		ja	8	53	0,91	
30 Monate	A/C	nein	5	63	1,12	
N=28		ja	3	37	-1,12	
	B	nein	13	65	-1,12	
		ja	7	35	1,12	
36 Monate	A/C	nein	0	0	-2,37	*
N=25		ja	5	100	2,37	*
	B	nein	17	85	2,37	*
		ja	3	15	-2,37	*

*p≤0,05   #= Standardisierte Parameterschätzung

c) Erkundungsverhalten

Die Tabelle 4.3.1.10 zeigt die statistischen Zusammenhänge zwischen dem Erkundungsverhalten der Kinder während der Separation und der Bindungssicherheit. Kinder mit einer sicheren Bindungsbeziehung beschäftigten sich während einer Separation signifikant häufiger mit Spielen und mit dem Erkunden der Umwelt als Kinder der unsicheren Bindungsgruppe. Diese Verhaltensunterschiede sind zu allen vier Erhebungszeitpunkten signifikant.

Tabelle 4.3.1.10: Erkundungsverhalten während der Separation in Abhängigkeit von der Bindungssicherheit (A/C=unsicher, B=sicher). N=101

Bindung	Erkundungsverhalten				Stand. Param. #		
	Nein Häufigkeit		Ja Häufigkeit		Nein	Ja	Sign.
	Absolut	Rel. %	Absolut	Rel. %			
A/C N= 29	20	69	9	31	3,13	-3,13	**
B N= 72	24	33	48	67	-3,13	3,13	**
Total N=101	44	44	57	56			

**p≤0,01   #= Standardisierte Parameterschätzung

Ein weiterer statistisch signifikanter Zusammenhang konnte zwischen dem Alter und dem Erkundungsverhalten der Kinder unabhängig von ihrer Bindungsorganisation gefunden werden (Tab. 4.3.1.11). Die 17 Monate alten Kinder erkundeten ihre Umwelt während der Separation signifikant seltener als die anderen Altersstufen und zwar in beiden Hauptbindungsgruppen.

Tabelle 4.3.1.11: Erkundungsverhalten während der Separation in Abhängigkeit vom Alter der Kinder. N=101

Alter	Erkundung				Stand. Param. #		
	Nein Häufigkeit		Ja Häufigkeit		Nein	Ja	Sign.
	Absolut	Rel.%	Absolut	Rel.%			
17 Monate N= 25	17	68	8	32	2,69	-2,69	**
23 Monate N= 23	11	48	12	52	0,46	-0,46	
30 Monate N= 28	9	32	19	68	-1,36	1,36	
36 Monate N= 25	7	28	18	72	-1,78	1,78	
Total N=101	44	44	57	56			

**p< 0,01   #= Standardisierte Parameterschätzung

4.3.1.3 Verhalten der Kinder und der Mütter nach der Separation (Dritte Episode)

Unter Einbeziehung der von Ainsworth und ihren Mitarbeitern (1978) entwickelten Verhaltensskalen,[27] die für die Klassifizierung der Bindungsqua-

---

[27] Die vier Skalen lauten: Nähe suchen, Nähe erhalten, Vermeidung und Widerstand gegen Kontakt und Interaktion mit der Mutter.

lität zwischen einem Kleinkind und seiner primären Bezugsperson herangezogen werden, wurde beobachtet, ob und wenn ja, wie sich die Organisation bindungsrelevanten Verhaltens im Alter zwischen dem 17. und 36. Lebensmonat in Abhängigkeit von der Qualität der frühen Mutter-Kind Bindungsbeziehung verändert. Um eine differenziertere Betrachtung bindungsrelevanten Verhaltens vornehmen zu können, wurden die ersten 15 Sekunden gesondert auf das Begrüßungsverhalten des Kindes hin in den folgenden Kategorien beobachtet: 1) Bewegung/Körperhaltung, 2) Art der Begrüßung und 3) Blickverhalten. Aus aufnahmetechnischen Gründen konnte das Begrüßungsverhalten der Kinder in der Wiedervereinigungsepisode oft nicht erfaßt werden, wenn z. B. die Kinder den Raum verließen und die Wiedervereinigung außerhalb des Untersuchungsraumes stattgefunden hat.

Die statistischen Zusammenhänge aller Verhaltenskategorien der Wiedervereinigungsepisode sind in den Tabellen 4.3.1.1 und 4.3.1.2 zusammengefaßt dargestellt. Wie in den beiden Tabellen zu sehen ist, ergaben sich keine statistisch signifikanten Zusammenhänge zwischen der Reaktion der Kinder auf die Wiederkehr der Mutter und der Bindungsqualität. Signifikante Zusammenhänge wurden gefunden zwischen dem Alter der Kinder und den Faktoren "Art der Begrüßung" und "Widerstand" sowie zwischen der Bindungsqualität und dem Faktor "Stimmung/emotionale Atmosphäre".

Nachfolgend werden die statistisch signifikanten Ergebnisse des kindlichen und anschließend des mütterlichen Verhaltens in den Wiedervereinigungsepisoden dargestellt.

a) Begrüßungsverhalten

Das Begrüßungsverhalten der Kinder in den Wiedervereinigungsepisoden wurde ursprünglich auf einem nominalen Skalenniveau erfaßt und beinhaltete die Verhaltenskategorien: verbale Begrüßung, Begrüßung mit einem Lächeln, Spielzeug anbieten und keine Begrüßung. Für die statistische Analyse der Daten wurden die Skalen wegen der zu geringen Zellbelegung dichotomisiert. Die ersten drei Kategorien (verbale Begrüßung, Begrüßung mit einem Lächeln, Spielzeug anbieten) wurden zusammengefaßt und erhielten den Skalenwert 1= Begrüßung "Ja" und die letzte Kategorie bekam den Skalenwert 2= "keine Begrüßung". Die Tabelle 4.3.1.12 zeigt den statistisch signifikanten Zusammenhang zwischen dem Faktor "Begrüßung Ja oder Nein" und dem Alter der Kinder: Im Alter von 36 Monaten begrüßten die

Kinder ihre Müttern signifikant häufiger, und zwar unabhängig von der Bindungsqualität als im Alter von 17, 23 und 30 Monaten.

Tabelle 4.3.1.12: Begrüßungsverhalten in der Wiedervereinigungsepisode in Abhängigkeit vom Alter der Kinder. N=102

Alter	Begrüßung				Stand. Param. #		
	Nein		Ja				
	Häufigkeit		Häufigkeit		Nein	Ja	Sign.
	Absolut	Rel.%	Absolut	Rel.%			
17 Monate N= 22	8	36	14	74	-0,29	0,29	
23 Monate N= 17	9	53	8	47	1,28	-1,28	
30 Monate N= 19	11	58	8	42	1,79	-1,79	
36 Monate N= 19	3	16	16	84	-2,35	2,35	*
Total N= 77	31	40	46	60			

*p≤ 0,05   #= Standardisierte Parameterschätzung

b) Widerstand gegen Kontakt und Interaktion mit der Mutter
Die Skala "Widerstand gegen Kontakt und Interaktion mit der Mutter" wurde auf einer Siebenpunkte-Skala kodiert und für die statistische Analyse der Daten wegen der zu geringen Zellbelegung auf eine Zweipunkte-Skala komprimiert. Die Skalenwerte 1-3 bekamen den Wert 1= das Verhalten ist nicht oder nur schwach ausgeprägt, die Skalenwerte 4-7 wurden dem Skalenwert 2= das Verhalten ist deutlich und stark ausgeprägt, zugeordnet. Die Analyse der Daten ergab einen statistisch signifikanten Zusammenhang zwischen dem Alter der Kinder und dem Widerstandsverhalten als Reaktion auf die Wiederkehr der Mutter nach einer zweiminütigen Abwesenheit. Wie wir aus der Tabelle 4.3.1.13 entnehmen können, zeigten 17 Monate alter Kinder signifikant häufiger Widerstand gegen Kontakt und Interaktion mit der Mutter als im Alter von 23, 30 und 36 Monaten. Diese Unterschiede sind unabhängig von der Qualität der Mutter-Kind Bindungsbeziehung, d.h. es trifft sowohl auf Kinder der unsicheren (A/C) als auch auf Kinder der sicheren (B) Hauptbindungsgruppe zu.

Tabelle 4.3.1.13: Widerstand in der Wiedervereinigungsepisode in Abhängigkeit vom Alter der Kinder. N=91

Alter	Widerstand				Stand. Param. #		
	Nein Häufigkeit		Ja Häufigkeit		Nein	Ja	Sign.
	Absolut	Rel.%	Absolut	Rel.%			
17 Monate N= 23	19	83	4	17	-0,21	0,21	*
23 Monate N= 23	22	96	1	4	-0,30	0,30	
30 Monate N= 23	23	100	0	0	0,77	-0,77	
36 Monate N= 22	22	100	0	0	0,73	-0,73	
Total N= 91	86	95	5	5			

*p≤ 0,05   #= Standardisierte Parameterschätzung

c) Stimmung/emotionale Atmosphäre

Diese Skala erfaßte die emotionale Atmosphäre zwischen Mutter und Kind in den Wiedervereinigungsepisoden. Die emotionale Atmosphäre wurde nach folgenden Qualitätsmerkmalen kodiert: Die Stimmung ist neutral, positiv getönt und wenig zornig oder traurig (Skalenwert 1); die Stimmung ist etwas gereizt, zornig oder traurig (Skalenwert 2); stark gereizte, zornige oder sehr traurige Stimmung (Skalenwert 3). Für die statistische Auswertung der Daten wurden die drei Skalen dichotomisiert. Der Skalenwert 1 blieb bestehen und bedeutet, daß die Stimmung überwiegend neutral oder positiv getönt ist. Die Skalenwerte 2 und 3 wurden zusammengefaßt und erhielten den Wert 2= die Stimmung ist überwiegend negativ (Ärger, Trauer). Die Tabelle 4.3.1.14 zeigt die statistischen Ergebnisse: Die emotionale Atmosphäre war bei den unsicher gebundenen Mutter-Kind Paaren häufiger negativ getönt als bei der sicheren Bindungsgruppe. Diese Unterschiede sind hoch signifikant und betreffen in gleicher Weise alle der hier untersuchten Altersstufen (17., 23., 30. und 36. Lebensmonat).

Tabelle 4.3.1.14: Emotionale Atmosphäre in der Wiedervereinigungsepiosode in Abhängigkeit von der Bindungssicherheit (A/C=unsicher, B=sicher). N=92

Bindung	Stimmung				Stand. Param. #		
	Positiv Häufigkeit		Negativ Häufigkeit		Positiv	Negativ	Sign
	Absolut	Rel. %	Absolut	Rel. %			
A/C N= 25	18	72	7	28	-2,67	2,67	**
B N= 67	63	94	4	6	2,67	-2,67	**
Total N= 92	81	88	11	12			

**p≤ 0,01   #= Standardisierte Parameterschätzung

d) Verhalten der Mutter nach einer zweiminütigen Trennungsepisode

Das Verhalten der Mutter in der Wiedervereinigungsepisode wurde ursprünglich auf einem nominalen Skalenniveau nach folgenden Kategorien beobachtet: Die Mutter verhält sich neutral, nimmt Körperkontakt zum Kind auf, verhält sich der Situation angemessen, kritisiert/tadelt und fragt nach, ob das Kind sie vermißt habe. Wegen der zu geringen Zellbelegung konnten für die statistische Analyse der Daten nur die Verhaltenskategorien: "Mutter verhält sich der Situation angemessen" und "Nimmt Körperkontakt zum Kind auf" herangezogen werden. Einen Gesamtüberblick über die statistischen Ergebnisse des mütterlichen Verhaltens in den beiden statistisch relevanten Kategorien bieten die Tabellen 4.3.1.1 und 4.3.1.2. Die statistisch signifikanten Unterschiede betreffen nur die Verhaltenskategorie "Mutter nimmt Körperkontakt zum Kind auf" und das Alter der Kinder: Mütter nahmen häufiger als erwartet Körperkontakt zu den Kindern auf, und zwar unabhängig von der Bindungsqualität, wenn die Kinder 17 Monate alt sind. Im späteren Alter (23, 30 und 36 Lebensmonaten) konnte dieser Befund statistisch nicht bestätigt werden (Tab. 4.3.1.15).

Tabelle 4.3.1.15: Mutter sucht Körperkontakt in der Wiedervereinigungsepisode in Abhängigkeit vom Alter der Kinder. N=102

Alter		Mutter nimmt Körperkontakt auf				Stand. Param. #		
		Nein		Ja				
		Häufigkeit		Häufigkeit		Nein	Ja	Sign.
		Absolut	Rel. %	Absolut	Rel. %			
17 Monate	N= 26	14	54	12	46	-3,56	3,56	**
23 Monate	N= 23	19	83	4	17	-0,28	0,28	
30 Monate	N= 28	25	89	3	11	0,77	-0,77	
36 Monate	N= 25	24	96	1	4	1,79	-1,79	
Total	N=102	82	80	20	20			

**p≤ 0,01 #= Standardisierte Parameterschätzung

4.3.1.4 Zusammenfassung der Hauptergebnisse hinsichtlich des Trennungsverhaltens der Kinder und der Mütter

Im folgenden werden die Hauptergebnisse der statistischen Zusammenhänge zwischen den Reaktionen der Kinder während der drei Separationsepisoden (Ankündigung der Separation, Separation und Wiedervereinigung), der Bindungssicherheit und dem Alter der Kinder dargestellt:

Ankündigung der Separation:

• Als Reaktion auf die Ankündigung der Separation unterschieden sich Kinder in Abhängigkeit von ihrer Bindungssicherheit im Hinblick auf die Verstörung: Kinder mit einer sicheren Bindungsorganisation reagierten im 17. Lebensmonat signifikant häufiger mit Verstörung auf die Ankündigung der Separation als Kinder der unsicheren Bindungsgruppe und auch als Kinder anderer Altersstufen. Kinder der unsicheren Bindungsgruppe reagierten im 17. Lebensmonat überhaupt nicht mit Verstörung auf die Ankündigung der Separation, sondern erst mit 23. Monaten. Die Prozentzahl der verstört reagierenden Kinder der unsicheren Bindungsgruppe nahm im Entwicklungsverlauf weniger ab als bei Kindern mit einer sicheren Bindung. Diese Unterschiede sind jedoch nicht signifikant.

• Unabhängig von der Bindungssicherheit, d.h. für die Gesamtgruppe betrachtet ergaben sich signifikante Ergebnisse für die Faktoren "Verbaler Bezug" und "Verstörung" als Reaktionen auf die Ankündigung der Separation: Mit 36 Monaten verhandelten signifikant mehr Kinder mit der Mutter über die bevorstehende Separation als mit 17 Monaten. Kinder nahmen im Laufe ihrer Entwicklung zunehmend (in einem linearen Anstieg) häufiger verbalen Bezug auf die Separation. Die 23 Monate alten Kinder reagierten auf die Ankündigung der Separation signifikant häufiger verstört als die anderen Altersstufen.

Separation:
- Die Bindungssicherheit korrespondiert während der Separation mit den Faktoren "Verstörung", Suchverhalten" und "Erkundungsverhalten": Kinder mit einer unsicheren Bindungsbeziehung reagierten signifikant häufiger verstört, und zwar über alle vier Erhebungszeitpunkte, in der Zeit, zu der ihre Mütter den Raum für maximal zwei Minuten verlassen hatten und sie alleine im Raum zurückblieben, als Kinder der sicheren Bindungsgruppe. Sicher gebundene Kinder wiederum beschäftigten sich während einer Separation signifikant häufiger mit Spielen und mit der Erkundung der Umwelt als Kinder der unsicheren Bindungsgruppe. Im Hinblick auf das aktive Suchverhalten der Kinder, das den Wunsch nach einer Wiederkehr der Mutter signalisiert, zeigten unsicher gebundene Kinder mit 36 Monaten häufiger den Wunsch nach der Rückkehr der Mutter als im Alter von 17, 23, und 30 Lebensmonaten und als Kinder der sicheren Bindungsgruppe.
- Für die Gesamtgruppe betrachtet ergaben sich während der Separation signifikante Ergebnisse für die Faktoren "Verstörung" und "Erkundungsverhalten": Während einer kurzen Separation von Mutter reagierten Kinder unabhängig von ihrer Bindungsqualität mit 17 und mit 23 Monaten signifikant häufiger und mit 36 Monaten signifikant seltener verstört als erwartet. Die 17 Monate alten Kinder erkundeten ihre Umwelt während der Separation signifikant seltener als die anderen Altersstufen, und zwar in beiden Hauptbindungsgruppen.

Wiedervereinigung
- In der Wiedervereinigungsepisode unterschieden sich die Mutter-Kind Paare in Abhängigkeit von ihrer Bindungssicherheit im Hinblick auf die emotionale Atmosphäre: Die emotionale Atmosphäre war bei den unsicher gebundenen Mutter-Kind Paaren häufiger, und dies während aller vier Erhebungszeitpunkte, negativ getönt als bei den Mutter-Kind Paaren der sicheren Bindungsgruppe. Diese Unterschiede betreffen alle der hier untersuchten Altersstufen.

- Unabhängig von der Bindungssicherheit, d. h. für die Gesamtgruppe betrachtet ergaben sich signifikante Ergebnisse für die Faktoren "Begrüßung der Mutter bei ihrer Wiederkehr" und "Widerstand gegen Kontakt und Interaktion mit der Mutter": Im Alter von 36 Monaten begrüßten die Kinder signifikant häufiger ihre Mütter nach einer kurzen Trennungsepisode als im Alter von 17, 23 und 30 Monaten. Im 17. Lebensmonat zeigten die Kinder signifikant häufiger Widerstand gegen Kontakt und Interaktion mit der Mutter als im Alter von 23, 30 und 36 Monaten.

Verhalten der Mutter:
Die Analyse der Daten hinsichtlich des Verhaltens der Mutter im Umgang mit der Separation erbrachte folgende Resultate:

- Mütter der unsicheren Bindungsgruppe verließen im 36. Lebensmonat der Kinder signifikant häufiger nicht den Raum im Gegensatz zu den Müttern der sicheren Bindungsgruppe. Interessant ist in diesem Zusammenhang zu erwähnen, daß alle Mütter der unsicheren Bindungsgruppe im Alter von 17, 23 und 30 Lebensmonaten der Kinder den Raum verließen und erst als die Kinder älter waren (36 Lebensmonat), kam es bei 38 % der Mütter nicht zu einer Separation. Im Gegensatz dazu ist bei den sicher gebundenen Mutter-Kind Paaren die Anzahl der Mütter, die den Raum nicht verließen über die vier Meßzeitpunkte hinweg relativ stabil geblieben, und variierte zwischen 13% und 32%. Für die Gesamtgruppe ergaben sich in diesem Zusammenhang keine signifikanten Unterschiede im Entwicklungsverlauf.

- Mütter nahmen, als ihre Kinder 17 Monate alt waren, häufiger als erwartet Körperkontakt zu den Kindern auf, und zwar unabhängig von der Bindungsqualität. Im späteren Alter (23, 30 und 36 Lebensmonaten) konnte dieser Befund statistisch nicht mehr bestätigt werden.

4.3.2 Kompetenzverhalten der Kinder als Reaktion auf die Ankündigung der Separation von ihren Müttern und während der Separation

Das Kompetenzverhalten des Kindes im Hinblick auf die Bewältigung von streßbelastenden Situationen, die durch eine kurze Trennung von der Mutter während einer freien Spielsituation hervorgerufen wird, wurde im Alter von 17, 23, 30 und 36 Monaten des Kindes untersucht. Empirische Daten der bindungstheoretisch orientierten Forschungsarbeiten haben Zusammenhänge zwischen der sozialen Kompetenz des Kindes im Kleinkind- und im Vorschulalter und der Bindungssicherheit aufzeigen können (vgl. Sroufe et al. 1983). Bindungssichere Kinder verfügen über ein höheres Maß an Kompetenz im Umgang mit Gleichaltrigen, über mehr Ich-Stärke und Durchsetzungsvermögen, und sie sind mit 3 Jahren selbständiger als unsicher gebundene Kinder. Kompetenz besteht, so White (1959), im Erlernen zielorientierten Handelns. Ein kompetentes Kind verfügt über die Fähigkeit, seinem Alter und der Situation entsprechend nach eigenen Bedürfnissen, Wünschen und Interessen zu handeln.

Auf der Grundlage dieser Überlegungen wurden die Daten bezüglich des kindlichen Verhaltens vor und während einer kurzen Separation von der Mutter nach folgenden Gesichtspunkten analysiert:
- bestehen Zusammenhänge zwischen Bindungsqualität und den Bewältigungsstrategien des Kindes als Reaktion auf die Ankündigung einer kurzen Trennungsepisode und
- verfolgen Kinder in Abhängigkeit von ihrer Bindungssicherheit während einer kurzen Trennungsepisode unterschiedliche Verhaltensstrategien?

Die hierfür relevanten Skalen der Bewältigungsstrategien für beide Trennungspiosoden (vor und während der Trennung) sind: passiv, aktiv und neutral.[28] Folgende Verhaltensweisen des Kindes wurden auf einer 3-Punkte Skala erfaßt und als Grundlage zur Bestimmung der Bewältigungsstrategie herangezogen: Verstörung, verbaler Bezug auf die Separation, Suchverhalten und Erkundungsverhalten. Für die statistische Auswertung der Daten wurden die Skalen dichotomisiert: Skalenwert eins bedeutet dabei ein "Nein", d.h. das Verhalten tritt nicht auf, und die Skalenwerte zwei und drei ein "Ja", d.h. das Verhalten tritt teilweise oder vollständig auf.

Die Berechnung der Gruppenunterschiede im Kompetenzverhalten der Kinder im Querschnittsvergleich erfolgte wegen der zu geringen Zellhäufigkeit mit dem "Fischer's Exact Test" (Gerichtete Hypothese, einseitig). [29]

---

[28] Eine ausführlichere Beschreibung der drei Kategorien findet sich im Kapitel 3.4.4 dieser Arbeit.
[29] Da insbesondere die Untersuchung zum Kompetenzverhalten von Kindern einen explorativen Charakter hatte, wurde auf die Anwendung von multivariaten statistischen Verfahren verzichtet.

4.3.2.1 Bewältigungsstrategie als Reaktion der Kinder auf die Ankündigung der Separation (Episode 1)

Im folgenden werden die Ergebnisse der statistisch relevanten Zusammenhänge zwischen der Bewältigungsstrategie des Kindes als Reaktion auf die Ankündigung der Separation (Episode 1) und der Bindungssicherheit für die Erhebungszeitpunkte der 17, 23, 30 und 36 Monate alten Kinder im Querschnittsvergleich dargestellt.

1) Bewältigungsstrategie passiv
Wenn die Bindungsgruppen (A/C-B) hinsichtlich der passiven versus nicht passiven Reaktion auf die Ankündigung der Separation verglichen werden, so zeigen sich nur bei den 17 Monate alten Kindern statistisch signifikante Unterschiede (Tab. 4.3.2.1). Kinder der unsicheren (A/C) Bindungsgruppe verhielten sich mit 17 Monaten signifikant häufiger passiv als sicher (B) gebundene Kinder. Ihre Passivität war daran zu erkennen, daß sie bei der Ankündigung der Separation zwar aufhörten zu explorieren, d. h. sie waren irritiert, ergriffen aber keine Initiative, die Situation aktiv zu beeinflussen (durch Weinen, Vokalisieren oder Suchverhalten). Bei der Altersstufe der 23, 30 und 36 Monate alten Kinder ergaben sich keine signifikanten Unterschiede zwischen den Hauptbindungsgruppen. Mit 36 Monaten reagierte kein Kind mehr passiv auf die Ankündigung der Separation.

Tabelle 4.3.2.1: Absolute und relative Häufigkeiten für die Skala der passiven versus der nicht passiven Bewältigungsstrategie des Kindes in der 1. Separationsepisode in Abhängigkeit von der Bindungssicherheit (A/C=unsicher, B=sicher) und den vier Erhebungszeitpunkten. (Fischer's Exact Test)

Alter	Bewältigungsstrategie/passiv# Bindungsqualität				p
	A/C		B		
	nein	ja	nein	ja	
17 Monate N=33	3 (38%)	5 (62%)	24 (96%)	1 (4%)	0,001
23 Monate N=30	8 (100%)	0 (0%)	21 (95%)	1 (5%)	N.S.
30 Monate N=31	7 (88%)	1 (12%)	21 (92%)	2 (8%)	N.S.
36 Monate N=34	8 (100%)	0 (0%)	26 (100%)	0 (0%)	N.S.

N.S.=nicht signifikant
#Keine Exploration, kein Bezug auf die Separation.

2) Bewältigungsstrategie neutral
Die statistischen Berechnungen haben im Hinblick auf die neutrale Reaktion (das Kind spielt weiter, ohne Bezug auf die Separation zu nehmen) der Kinder auf die Ankündigung der Separation keine signifikanten Unterschiede für die zwei Hauptbindungsgruppen erbracht.

3) Bewältigungsstrategie aktiv
Die Untersuchung der aktiven Reaktion der Kinder auf die Ankündigung der Separation erfolgte in vier Schritten. Die aktive Bewältigungsstrategie kann bedeuten: 1) das Kind ist nur verstört, 2) die Verstörung geht mit Suchverhalten und/oder mit verbalem Bezug der Separation betreffend einher, 3) das Kind ist nicht verstört, zeigt aber Suchverhalten und/oder nimmt verbal Bezug auf die Separation; und 4) die drei vorherigen Skalen wurden zusammen gegenüber der passiven und der neutralen Bewältigungsstrategien verrechnet. Die aktiven Bewältigungsstrategien 1) und 3) haben in keiner der hier untersuchten Altersstufen signifikante Unterschiede zwischen den Hauptbindungsgruppen erbracht. Die Tabelle 4.3.2.2 zeigt die Ergebnisse der aktiven Bewältigungsstrategie 2: Mit 17 Monaten nahmen mehr sicher (B) gebundene Kinder Einfluß (durch Weinen, Suchverhalten und Verbalisieren) auf die bevorstehende Separation als Kinder mit einer unsicheren (A/C)

Bindungsorganisation. Diese Unterschiede konnten bei den älteren Kindern nicht mehr bestätigt werden.

Tabelle 4.3.2.2: Absolute und relative Häufigkeiten für die Skala der aktiven versus der nicht aktiven (2) Bewältigungsstrategie des Kindes in der 1. Separationsepisode in Abhängigkeit von der Bindungssicherheit (A/C=unsicher, B=sicher) und den vier Erhebungszeitpunkten. (Fischer's Exact Test)

Alter	Bewältigungsstrategie/aktiv2# Bindungsqualität				p
	A/C		B		
	nein	ja	nein	ja	
17 Monate N=33	8 (100%)	0 (0%)	15 (60%)	10 (40%)	0,04
23 Monate N=30	5 (63%)	3 (37%)	15 (68%)	7 (32%)	N.S.
30 Monate N=31	5 (63%)	3 (37%)	21 (91%)	2 (9%)	N.S.
36 Monate N=34	5 (63%)	3 (37%)	23 (88%)	3 (12%)	N.S.

N.S.=nicht signifikant
#Verstörung, Suchverhalten, verbaler Bezug auf Separation.

Aus der Tabelle 4.3.2.3 können wir die Verteilung der Skala "aktive (4) Bewältigungsstrategie" der Kinder als Reaktion auf die Ankündigung der Separation in den beiden Hauptbindungsgruppen und in den vier Erhebungszeitpunkten ersehen. Die Bewältigungsstrategie "aktiv (4)" bedeutet, daß das Kind entweder verstört oder nicht verstört ist, aber Suchverhalten zeigt oder aber sich verbal auf die Separation bezieht. Der einzige Unterschied zwischen den Hauptbindungsgruppen zeigte sich im 17. Lebensmonat der Kinder. Sicher (B) gebundene Kinder reagierten signifikant häufiger aktiv auf die Ankündigung der Separation als Kinder der unsicheren (A/C) Bindungsgruppe. Diese Unterschiede konnten bei den älteren Kindern nicht mehr bestätigt werden.

Tabelle 4.3.2.3: Absolute und relative Häufigkeiten für die Skala der aktiven versus der nicht aktiven (4) Bewältigungsstrategie des Kindes in der 1. Separationsepisode in Abhängigkeit von der Bindungssicherheit (A/C=unsicher, B=sicher) und den vier Erhebungszeitpunkten. "Fischer's Exact Test"

Alter	Bewältigungsstrategie/Aktiv(4)# Bindungsqualität				p
	A/C		B		
	nein	ja	nein	ja	
17 Monate N=33	6 (75%)	2 (25%)	7 (28%)	18 (72%)	0,03
23 Monate N=30	1 (13%)	7 (87%)	3 (14%)	19 (86%)	N.S.
30 Monate N=31	2 (25%)	6 (75%)	6 (26%)	17 (74%)	N.S.
36 Monate N=34	1 (13%)	7 (87%)	4 (15%)	22 (85%)	N.S.

N.S.=nicht signifikant

#Verstörung, oder wenn keine, dann Suchverhalten, verbaler Bezug.

4.3.2.2 Bewältigungsstrategie als Reaktion der Kinder auf die Separation (Episode 2)

Analog zu der Episode 1 (Ankündigung der Separation) wurden die Bewältigungsstrategien der Kinder der Hauptbindungsgruppen in der 2. Episode (zweiminütige Separation von der Mutter) auf statistische Zusammenhänge hin untersucht. Die Gruppenvergleiche erfolgten in Abhängigkeit von der Qualität der Bindungsbeziehung (A/C versus B) im Alter der Kinder von 17, 23, 30 und 36 Monaten unabhängig voneinander im Querschnittsvergleich.

1) Bewältigungsstrategie passiv

Während der kurzen Separation von der Mutter reagierte kein Kind und in keiner der in dieser Studie untersuchten Altersstufe passiv auf das Alleinsein im Raum.

2) Bewältigungsstrategie neutral

Neutrale Reaktion bedeutet, daß das Kind sein Spiel fortsetzt, ohne beunruhigt zu sein und ohne sich in irgendeiner Form auf die Separation zu beziehen. Die Tabelle 4.3.2.4 zeigt die Häufigkeiten der neutralen Reaktion der Kinder der beiden Hauptbindungsgruppen, während sie sich alleine im Raum befanden. Der einzige statistisch signifikante Gruppenunterschied ergab sich für die Altersstufe der 36 monatigen Kinder. Kinder mit einer sicheren (B) Bindungsbeziehung verhielten sich während einer zweiminütigen Separation häufiger neutral, d. h. sie spielten weiter und nahmen keinen Bezug auf die Separation, während sie sich alleine in dem Raum befanden, als Kinder der unsicheren (A/C) Bindungsgruppe. Obwohl die Zahlen nicht signifikant sind, ist doch auffällig, daß die unsicher (A/C) gebundenen Kinder sich während der Separationsepisode fast nie (ausgenomen mit 30 Monaten) neutral verhielten, daß sie vielmehr in Abwesenheit der Mutter versuchten, aktiv mit der Separation umzugehen. Ihren Kummer über das Alleinsein im Raum signalisierten sie entweder durch Verstörung und/oder durch Suchen nach der Mutter und/oder durch verbale Bezugnahme (Tab. 4.3.2.4, Tab. 4.3.2.7).

Tabelle 4.3.2.4: Absolute und relative Häufigkeiten für die Skala der neutralen versus der nicht neutralen Bewältigungsstrategie des Kindes in der 2. Separationsepisode in Abhängigkeit von der Bindungssicherheit (A/C=unsicher, B=sicher) und den vier Erhebungszeitpunkten. (Fischer's Exact Test)

Alter	Bewältigungsstrategie/ neutral# Bindungsqualität				p
	A/C		B		
	nein	ja	nein	ja	
17 Monate N=25	8 (100%)	0 (0%)	16 (94%)	1 (6%)	N.S.
23 Monate N=23	8 (100%)	0 (0%)	11 (73%)	4 (27%)	N.S.
30 Monate N=28	6 (75%)	2 (25%)	9 (45%)	11 (55%)	N.S.
36 Monate N=25	5 (100%)	0 (0%)	7 (35%)	13 (65%)	0,01

N.S.=nicht signifikant
#Exploration, kein Bezug auf Separation.

3) Bewältigungsstrategie aktiv

Die Tabellen 4.3.2.5, 4.3.2.6 und 4.3.2.7 zeigen, daß die differenziertere Betrachtung der aktiven Bewältigungsstrategie keine signifikanten, sondern nur tendenzielle Unterschiede zwischen den Hauptbindungsgruppen (A/C-B) erbrachte. Kinder mit einer unsicheren (A/C) Bindungsbeziehung verhielten sich mit 30 Monaten tendenziell häufiger verstört während der kurzen Separation von der Mutter (Tab. 4.3.2.5), und im 36. Lebensmonat suchten sie häufiger nach der Mutter und/oder bezogen sich tendenziell häufiger verbal auf die Separation als sicher (B) gebundene Kinder (Tab. 4.3.2.6). Statistisch signifikant unterscheiden sich die Hauptbindungsgruppen im Hinblick auf die Bewältigungsstrategie 4. Unsicher gebundene (A/C) Kinder waren im 36. Lebensmonat während der Separationsepisode signifikant häufiger entweder verstört und/oder zeigten Suchverhalten und/oder bezogen sich verbal auf die Separation als Kinder der sicheren (B) Hauptbindungsgruppe.

Tabelle 4.3.2.5: Absolute und relative Häufigkeiten für die Skala der aktiven versus der nicht aktiven (1) Bewältigungsstrategie des Kindes in der 2. Separationsepisode in Abhängigkeit von der Bindungssicherheit (A/C=unsicher, B=sicher) und den vier Erhebungszeitpunkten. (Fischer's Exact Test)

Alter	Bewältigungsstrategie/Aktiv(1)# Bindungsqualität				p
	A/C		B		
	nein	ja	nein	ja	
17 Monate N=24	6 (75%)	2 (25%)	11 (69%)	5 (31%)	N.S.
23 Monate N=23	6 (75%)	2 (25%)	14 (93%)	1 (7%)	N.S.
30 Monate N=28	6 (75%)	2 (25%)	20 (100%)	0 (0%)	0,07
36 Monate N=25	5 (100%)	0 (0%)	20 (100%)	0 (0%)	N.S.

N.S.=nicht signifikant   #Nur Verstörung.

Tabelle 4.3.2.6: Absolute und relative Häufigkeiten für die Skala der aktiven versus der nicht aktiven (3) Bewältigungsstrategie des Kindes in der 2. Separationsepisode in Abhängigkeit von der Bindungssicherheit (A/C=unsicher, B=sicher) und den vier Erhebungszeitpunkten. (Fischer's Exact Test)

Alter	Bewältigungsstrategie/Aktiv(3)# Bindungsqualität				p
	A/C		B		
	nein	ja	nein	ja	
17 Monate N=24	6 (75%)	2 (25%)	13 (81%)	3 (29%)	N.S.
23 Monate N=23	6 (75%)	2 (25%)	10 (67%)	5 (33%)	N.S.
30 Monate N=28	5 (63%)	3 (37%)	13 (65%)	7 (35%)	N.S.
36 Monate N=25	1 (20%)	4 (80%)	14 (70%)	6 (30%)	0,06

N.S.=nicht signifikant
# Keine Verstörung, Suchverhalten, verbaler Bezug auf Separation.

Tabelle 4.3.2.7: Absolute und relative Häufigkeiten für die Skala der aktiven versus der nicht aktiven (4) Bewältigungsstrategie des Kindes in der 2. Separationsepisode in Abhängigkeit von der Bindungssicherheit (A/C=unsicher, B=sicher) und den vier Erhebungszeitpunkten. (Fischer's Exact Test)

Alter	Bewältigungsstrategie/Aktiv(4)# Bindungsqualität				p
	A/C		B		
	nein	ja	nein	ja	
17 Monate N=24	0 (0%)	8 (100%)	1 (6%)	15 (94%)	N.S.
23 Monate N=23	0 (0%)	8 (100%)	4 (27%)	11 (73%)	N.S.
30 Monate N=28	2 (25%)	6 (75%)	11 (55%)	9 (45%)	N.S.
36 Monate N=25	0 (0%)	5 (100%)	13 (65%)	7 (35%)	0,02*

*p<0,05   N.S.=nicht signifikant
#Verstörung, oder wenn keine, dann Suchverhalten, verbaler Bezug.

4.3.2.3 Zusammenfassung der Hauptergebnisse hinsichtlich des Kompetenzverhaltens der Kinder im Umgang mit kurzen Trennungen

Das Kompetenzverhalten der Kinder im Umgang mit der Ankündigung einer für sie unerwarteten Separation von der Mutter und die Kompetenz der Kinder während der Separation, d. h. während des Alleinseins im Raum wurde mit Hilfe von drei Skalen erfaßt. Die Skalen lauten: Bewältigungsstrategie passiv, aktiv und neutral. Die Kompetenz des Kindes kann sich entweder in einer aktiven oder in einer neutralen Bewältigungsstratetgie zeigen. Eine passive Bewältigungsstrategie hingegen deutet auf ein weniger kompetentes Verhalten hin, da das Kind zwar irritiert ist, jedoch nicht dazu in der Lage, seine Irritation zu kommunizieren. Die Analyse der Daten der drei Bewältigungsstrategien erbrachte folgende statistisch signifikanten Ergebnisse:

Ankündigung der Separation:
• Kinder der unsicheren (A/C) Bindungsgruppe verhielten sich mit 17 Monaten signifikant häufiger passiv als sicher (B) gebundene Kinder. Ihre Passivität war daran zu erkennen, daß sie bei der Ankündigung der Separation zwar aufhörten zu explorieren, d.h. sie waren irritiert, ergriffen aber keine Initiative, die Situation aktiv zu beeinflussen (durch Weinen, Vokalisieren oder Suchverhalten).

- Mit 17 Monaten nahmen mehr sicher (B) gebundene Kinder aktiv Einfluß (durch Weinen, Suchverhalten und Verbalisieren) auf die bevorstehende Separation als Kinder mit einer unsicheren (A/C) Bindungsorganisation. Diese Unterschiede konnten bei den älteren Kindern nicht mehr bestätigt werden.

Separation
- Kinder mit einer sicheren (B) Bindungsorganisation verhielten sich während einer zweiminütigen Separation im 36. Lebensmonat häufiger neutral als Kinder der unsicheren (A/C) Bindungsgruppe, d. h. sie waren durch den Weggang der Mutter nicht irritiert und sie spielten weiter ohne einen Bezug auf die Separation zu nehmen. Bemerkenswert ist in diesem Zusammenhang, daß die unsicher (A/C) gebundenen Kinder sich fast nie (ausgenomen mit 30 Monaten) neutral während der Separationsepisode verhielten, d.h. daß sie sich während der Abwesenheit der Mutter vielmehr häufiger aktiv mit der Separation auseinandersetzten als sicher gebundene Kinder. Ihr Kummer über das Alleinsein im Raum signalisierten Kinder der unsicheren Bindungsgruppe entweder durch Verstörung und/oder durch Suchen nach der Mutter und/oder durch verbale Bezugnahme auf die Separation. Diese Unterschiede zwischen den Bindungsgruppen waren jedoch im 17., 23. und 30. Lebensmonat der Kinder nicht signifikant.

4.4 Trennungsangst der Mütter

Die Einschätzung der Mütter hinsichtlich ihrer Angst, von ihrem Kind getrennt zu werden, wurde im Rahmen der hier dokumentierten Arbeit im Alter der Kinder von 30 Monaten schriftlich erfragt. Im Anschluß an eine 30-minütige freie Spielsituation im Labor der Freien Universität Berlin wurden die Mütter gebeten, den Trennungsfragebogen "Maternal Separation Anxiety Scale" (MSAS) (Hock et al.1989) auszufüllen.

Es existieren bislang kaum empirische Befunde, ob und wenn ja, wie die Einstellung der Mutter zu Trennungssituationen die Verhaltensstrategien des Kindes in solchen Situationen determiniert. Die Relevanz dieser Fragestellung tauchte in den letzten Jahren im Rahmen von pädagogischen Fachdiskussionen und vor allem durch Alltagsbeobachtungen von

Praktikern der außerfamiliären Kleinstkindbetreuung immer wieder auf. Es wird davon ausgegangen, daß Kleinstkinder, deren Mütter verstärkt Trennungsängste zeigen oder bei denen solche Ängste zu vermuten sind, selbst dramatischer auf die täglich wiederkehrende Separation reagieren als Kinder, deren Mütter es leichter haben, sich von ihren Kindern zu trennen. Hock und Clinger (1981) haben in ihrer Untersuchung einen Zusammenhang zwischen der Einschätzung der Mutter in ihrer Unersetzbarkeit und zwischen dem Verhalten des Kindes während der Trennungsepisoden in der "Fremde Situation" gefunden. 12 Monate alte Kinder, deren Mütter z.B. die Meinung vertraten, daß die Bedürfnisse von Säuglingen allein von ihren Müttern erfüllt werden können, waren in beiden Trennungsepisoden der "Fremden Situation" mehr verstört als Kinder von Müttern, die diese Meinung nicht teilten.

In der vorliegenden Arbeit soll überprüft werden, ob Zusammenhänge zwischen der Trennungsangst der Mutter, ihrer Berufstätigkeit und der Qualität der Bindungsbeziehung zu ihrem Kind bestehen. Auf dem Hintergrund dieser Überlegung wurde geprüft:
• ob die Qualität der Bindungsbeziehung zum Kind mit Unterschieden in der Einstellung der Mutter zu Trennungsfragen korrespondiert,
• ob die Berufstätigkeit der Mutter einen Einflußfaktor auf ihre Einstellung zu Trennungsfragen darstellt,
• ob die Qualität der Bindungsbeziehung und die Berufstätigkeit der Mutter als zwei gleichzeitig vorhandenen Faktoren mit Unterschieden in der Einstellung der Mutter zu Trennungsfragen zusammenhängt.
Im folgenden werden die Ergebnisse der statistischen Analysen des Trennungsfragebogens dargestellt.

4.4.1 *Zusammenhang zwischen der Trennungsangst der Mütter, ihrer Berufstätigkeit und der Qualität der Mutter-Kind Bindungsbeziehung*

Die Zusammenhänge zwischen der Berufstätigkeit der Mutter und der Bindungssicherheit als unabhängige Variable sowie zwischen den drei Subskalen des Trennungsfragebogens ("MSAS")[30] als abhängiger Variable wurde mit Einbeziehung der zweifaktoriellen Varianzanalyse ermittelt.

Die Trennungsangst der Mutter zeigt unter Einbeziehung der drei Subskalen des Trennungsfragebogens im Zusammenhang mit der Bindungssicherheit und der Berufstätigkeit der Mutter signifikante Haupteffekte, jedoch keine Interaktionseffekte. In den Tabellen 4.4.1, 4.4.2 und 4.4.3 sind die Zusammenhänge der Haupteffekte und der Interaktionseffekte zwischen der Bindungsqualität und der Berufstätigkeit der Mutter sowie zwischen den 3 Subskalen der Trennungsfragebogen (MSAS) dargestellt. Die Tabellen 4.4.4. und 4.4.5 zeigen die Gruppenmittelwerte der Haupteffekte und der Interaktionseffekte der Faktoren: Berufstätigkeit der Mutter, Bindungsqualität und Trennungsangst der Mutter.

Die Ergebnisse weisen auf einen signifikanten Zusammenhang zwischen der "allgemeinen Trennungsangst" der Mutter (Subskala 1) und der Bindungssicherheit hin (Tab. 4.4.1). Mütter von Kindern mit einer unsicheren (A/C) Bindungsbeziehung äußerten mehr "allgemeine Trennungsangst" als Mütter mit sicher gebundenen (B) Kindern (Tab.4.4.4).

Tabelle 4.4.1: Haupteffekte und Interaktionseffekt für die zwei unabhängigen Faktoren: 1) Bindungsqualiät (A/C=unsicher, B=sicher) und 2) Berufstätigkeit der Mutter (ja, nein) im Zusammenhang mit der "allgemeinen Trennungsangst der Mutter" N=34 (Zweifaktorielle Varianzanalyse)

| MSAS 1# | | | | |
Quelle der Varianz	QS	df	F	p
Bindung (A/C-B)	63,51	1	4,42	0,04
Berufstätigkeit (ja-nein)	8,76	1	0,61	0,44
Bindung x Berufstätigkeit	3,30	1	0,23	0,64
Fehler	430,74	30		
Total	506,31	33		

MSAS 1= allgemeine Trennungsangst der Mutter

---

[30] Subskalen:
MSAS 1 = allgemeine Trennungsangst der Mutter
MSAS 2 = Einschätzung von Trennungsreaktionen des Kindes
MSAS 3 = Trennungsangst der Mutter im Zusammenhang mit Berufstätigkeit.

Ein Zusammenhang zwischen der Bindungssicherheit und der Berufstätigkeit der Mutter als unabhängiger Variable und zwischen der Einschätzung der Mutter von den Trennungsreaktionen des Kindes (Subskala 2) konnten mit dem hier herangezogenen statistischen Verfahren nicht nachgewiesen werden (Tab. 4.4.2). Keine der in diesem Kontext erwähnten Autoren (DeMeis, Hock & McBride, 1986; McBride und Belsky, 1988) fanden einen Zusammenhang zwischen der Subskala 2 und zwischen der Berufstätigkeit der Mutter oder zwischen ihrer Einstellung zur Berufstätigkeit und zwischen der Bindungssicherheit.

<u>Tabelle 4.4.2</u>: Haupteffekte und Interaktionseffekt für die zwei unabhängigen Faktoren:1) Bindungsqualiät (A/C=unsicher, B=sicher) und 2) Berufstätigkeit der Mutter (ja, nein) im Zusammenhang mit "Einschätzung der Mutter von Trennungsreaktionen des Kindes"N=34 (Zweifaktorielle Varianzanalyse)

MSAS 2#				
Quelle der Varianz	QS	df	F	p
Bindung (A/C - B)	0,03	1	0,00	0,69
Berufstätigkeit (ja - nein)	2,31	1	0,24	0,63
Bindung x Berufstätigkeit	3,96	1	0,41	0,53
Fehler	289,96	30		
Total	296,26	33		

MSAS 2 = Einschätzung von Trennungsreaktionen des Kindes

Es besteht ein statistisch signifikanter Zusammenhang zwischen der "Trennungsangst der Mutter im Zusammenhang mit Berufstätigkeit" (Subskala 3) und der Bindungssicherheit (Tab. 4.4.3). Mütter von Kindern mit einer unsicheren (A/C) Bindungsbeziehung äußerten mehr "berufsbedingte Trennungsängste" als Mütter mit sicher gebundenen (B) Kindern (Tab.4.4.4).

Die Tabelle 4.4.3 zeigt einen weiteren statistisch signifikanten Zusammenhang zwischen der "Trennungsangst der Mutter im Zusammenhang mit Berufstätigkeit" (Subskala 3) und ihrer Berufstätigkeit. Nicht berufstätige Mütter äußerten diesbezüglich mehr Angst als berufstätige Mütter (Tab. 4.4.4). Diese Unterschiede sind hoch signifikant.

Tabelle 4.4.3: Haupteffekte und Interaktionseffekt für die zwei unabhängigen Faktoren: 1) Bindungsqualiät (A/C=unsicher, B=sicher) und 2) Berufstätigkeit der Mutter (ja, nein) im Zusammenhang mit "Trennungsangst der Mutter im Zusammenhang mit Berufstätigkeit" N=34 (Zweifaktorielle Varianzanalyse)

MSAS 3#				
Quelle der Varianz	QS	df	F	p
Bindung (A/C-B)	55,50	1	5,09	0,03
Berufstätigkeit (ja-nein)	397,56	1	36,50	0,000
Bindung x Berufstätigkeit	1,09	1	0,10	0,75
Fehler	326,85	30		
Total	781,00	30		

MSAS 3 = Trennungsangst der Mutter im Zusammenhang mit Berufstätigkeit.

Wenn die Daten unter Einbeziehung des "Scheffé Tests" statistisch dahingehend überprüft werden, ob die Berufstätigkeit der Mutter und die Qualität der Bindungsbeziehung mit der "berufsbedingten Trennungsangst" der Mutter (MSAS 3) korrespondiert, ergeben sich folgende Zusammenhänge (vgl. Tab. 4.4.4, MSAS 3):

Nicht berufstätige Mütter von unsicher gebundenen Kindern (A/C) äußerten signifikant mehr "Trennungsangst im Zusammenhang mit einer Berufstätigkeit" als berufstätige Mütter mit unsicher (A/C) und mit sicher (B) gebundenen Kindern. Nicht berufstätige Mütter von sicher gebundenen Kinden (B) äußerten signifikant mehr Angst, die durch eine "berufsbedingte Trennung" hervorgerufen wird als berufstätige Mütter der sicheren (B) Bindungsgruppe.

Tabelle 4.4.4: Gruppenmittelwerte der Haupteffekte für die zwei unabhängigen Faktoren: 1) Bindungsqualiät (A/C=unsicher, B=sicher) und 2) Berufstätigkeit der Mutter (ja, nein) und der Trennungsangst der Mutter (MSAS 1,2,3) N=34. (Zweifaktorielle Varianzanalyse)

| | Gruppenmittelwerte/Haupteffekte | | | |
| | Bindungsqualität | | Berufstätigkeit | |
Tren. Angst	A/C (N=8)	B (N=26)	nein (N=18)	ja (N=16)
MSAS 1#	20,36	17,18	18,37	17,44
MSAS 2	14,62	14,58	14,83	14,31
MSAS 3	23,75	21,00	24,83	18,06

Subskalen:
MSAS 1 = allgemeine Trennungsangst der Mutter
MSAS 2 = Einschätzung von Trennungsreaktionen des Kindes
MSAS 3 = Trennungsangst der Mutter im Zusammenhang mit Berufstätigkeit.

Tabelle 4.4.5: Gruppenmittelwerte der Interaktionseffekte für die zwei unabhängigen Faktoren: 1) Bindungsqualiät (A/C=unsicher, B=sicher) und 2) Berufstätigkeit der Mutter (ja, nein) im Zusammenhang mit der Trennungsangst der Mutter (MSAS 1,2,3) N=34. (Zweifaktorielle Varianzanalyse)

	Gruppenmittelwerte/Interaktionseffekte			
	Bindungsqualität			
	A/C (N=8)		B (N=26)	
	Berufstätigkeit		Berufstätigkeit	
Tren. Angst	nein (N=4)	ja (N=4)	nein (N=14)	ja (N=12)
MSAS 1#	20,31	20,42	17,81	16,44
MSAS 2	15,50	13,75	14,64	14,50
MSAS 3	27,50	20,00	24,07	17,42

Subskalen:
MSAS 1 = allgemeine Trennungsangst der Mutter
MSAS 2 = Einschätzung von Trennungsreaktionen des Kindes
MSAS 3 = Trennungsangst der Mutter im Zusammenhang mit Berufstätigkeit.

4.4.2 Zusammenfassung der Hauptergebnisse des Trennungsangstfragebogens

Unter Einbeziehung der zweifaktoriellen Varianzanalyse und den Faktoren Bindungssicherheit und Berufstätigkeit der Mutter erbrachte die Analyse der Daten der Einstellung der Mutter zu Trennungsfragen folgende Hauptergebnisse:

- Es wurde ein signifikanter Zusammenhang zwischen der "allgemeinen Trennungsangst" der Mutter (Subskala 1) und der Bindungssicherheit des Kindes gefunden. Mütter von Kindern mit einer unsicheren (A/C) Bindungsorganisation äußerten mehr "allgemeine Trennungsangst" als Mütter mit sicher gebundenen (B) Kindern.

- Im Hinblick auf die Skala "Trennungsangst der Mutter im Zusammenhang mit Berufstätigkeit" wurden zweierlei signifikante Ergebnisse gefunden: Mütter von Kindern mit einer unsicheren (A/C) Bindungsbeziehung äußerten signifikant mehr "berufsbedingte Trennungsängste" (Subskala 3) als Mütter mit sicher gebundenen (B) Kindern; und nicht berufstätige Mütter äußerten mehr "berufsbedingte Trennungsängste" als berufstätige Mütter.

- Wenn die Berufstätigkeit der Mutter und die Qualität der Bindungsbeziehung mit der "berufsbedingten Trennungsangst" der Mutter (Sklala 3) verglichen wird, ergeben sich folgende Unterschiede:

Nicht berufstätige Mütter von unsicher gebundenen Kindern (A/C) äußerten signifikant mehr "Trennungsangst im Zusammenhang mit einer Berufstätigkeit" als berufstätige Mütter mit unsicher (A/C) und mit sicher (B) gebundenen Kindern. Nicht berufstätige Mütter von sicher gebundenen Kinden (B) äußerten signifikant mehr Angst, die durch eine "berufsbedingte Trennung" hervorgerufen wird als berufstätige Mütter der sicheren (B) Bindungsgruppe.

5 Diskussion der Ergebnisse

Die Fragestellungen der vorliegenden Arbeit wurden aus bindungstheoretisch und psychoanalytisch orientierten Konzepten abgeleitet. Vertreter beider Theorien betonen die Bedeutung der frühen Mutter-Kind Beziehung für eine "gesunde" psychosoziale Entwicklung des Kindes und die Herausbildung einer "gesunden" Persönlichkeit. Nach bindungstheoretischen Erkenntnissen steht das emotionale Ausdrucksverhalten des Kindes in engem Zusammenhang mit der Organistion des Bindungsverhaltenssystems. Im Verlauf der frühkindlichen Sozialisationsprozesse lassen sich - ganz im Sinne der Mahlerschen Theorie von "Loslösung und Individuation" - neben den normativen Entwicklungsverläufen auch individuelle Unterschiede des sozialemotionalen Verhaltens im frühen Kindesalter beobachten. Individuelle Unterschiede in der Affektregulierung und in der sozialemotionalen Kompetenz lassen sich bereits im 12. Lebensmonat in der "Fremde Situation" erkennen.

In der hier dokumentierten Untersuchung wurden die Daten zum emotionalen Ausdrucks- und Trennungsverhalten der Kinder und deren Mütter im Längsschnitts- und Querschnittsvergleich (mit 17, 23, 30 und 36 Lebensmonaten) verschiedenen statistischen Analysen unterzogen. Sie betrafen das emotionale Ausdrucksverhalten der Kinder in drei unterschiedlichen Situationen:
- während einer streßfreien Spielinteraktion mit der Mutter,
- während einer streßbelasteten zweiminütigen Trennungsepisode und
- nach der streßauslösenden Separation in einer Laborsituation.

Besondere Berücksichtigung fand das Trennungsverhalten von Kind und Mutter. Folgende Aspekte wurden diesbezüglich empirisch untersucht:
- bei den Kindern wurde die Reaktion auf die Ankündigung der Separation, das Verhalten während und nach der maximal zweiminütigen Trennungsepisode statistisch analysiert. Die Untersuchung der entwick-

lungs- oder normativen Aspekte galt altersspezifischen Fragen: die Untersuchung individueller Unterschiede galt hingegen der Verhaltensorganisation der Kinder in bezug auf emotionales- und Trennungsverhalten in Abhängigkeit von ihrer frühen Bindungsorganisation mit der Mutter;
• bei den Müttern wurde die emotionale Responsivität auf das emotionale Ausdrucksverhalten des Kindes, ihr Verhalten vor und nach einer Trennungssituation sowie ihre Einstellung zu Trennungsfragen (ihre Trennungsangst) untersucht.

Die konkreten Fragestellungen der vorliegenden Arbeit betrafen drei wesentliche Punkte:

1) Die Untersuchung des emotionalen Ausdrucksverhaltens der Kinder und die Untersuchung der emotionalen Responsivität der Mütter im Alter von 17, 23, 30 und 36 Lebensmonaten der Kinder sowohl in Abhängigkeit als auch unabhängig von der Bindungssicherheit;

2) Die Analyse des Trennungsverhaltens der Kinder und ihrer Mütter in Abhängigkeit und unabhängig von der Bindungsqualität. Dies wurde überprüft anhand ihres Verhaltens im Umgang mit kurzen Trennungsepisoden sowie anhand der kindlichen Kompetenz Streßsituationen zu bewältigen;

3) Die Einstellung der Mütter zur Trennungsfragen, d.h. ihre Trennungsangst. Die Diskussion der Ergebnisse erfolgt nach diesen drei Hauptfragestellungen.

5.1 Emotionale Verhaltensorganisation von Kleinkindern und ihren Müttern

5.1.1 Emotionales Ausdrucksverhalten der Kinder in Spielinteraktionen mit ihren Müttern zwischen dem 17. und dem 36. Lebensmonat

In Abhängigkeit von der frühkindlichen Bindungsorganisation wurde untersucht, ob sich Kinder im Alter von 17, 23, 30 und 36 Lebensmonaten hinsichtlich ihres emotionalen Ausdrucksverhaltens im Interaktionsspiel mit der Mutter in einer streßfreien und in einer streßbelasteten Situation sowie während einer zweiminütigen Separation unterscheiden. Bindungstheoretisch motivierte Überlegungen und empirische Befunde zeigen, daß Affektorganisation und Affektregulierung mit der Bindungssicherheit korrespondieren (vgl. Ainsworth et al. 1978, Izard et al. 1991, Malatesta 1990). Demnach äußern sicher gebundene Kinder häufiger positive Emotionen, beispielsweise durch Lächeln, als Kinder mit einer unsicheren Bindungsbeziehung. Unsichere Bindungsorganisation geht wiederum mit höheren Skores im negativen Ausdrucksverhalten von Kleinkindern einher (vgl. Izard et al. 1991, Sroufe 1983, Waters et al. 1979).

Die Ergebnisse der hier vorliegenden Arbeit bestätigen größtenteils die Befunde der oben zitierten Studien, gleichzeitig erlauben sie jedoch eine differenziertere Betrachtung darüber, wie sich Unterschiede in der Qualität der emotionalen Bindungsbeziehung auf der Ebene affektiver Austauschprozesse in der Interaktion zwischen Mutter und Kind in der Entwicklung niederschlagen. Im folgenden sollen die Ergebnisse der Arbeit ausführlicher diskutiert werden.

Wenn die Kinder in Abhängigkeit von ihrer Bindungsorganisation hinsichtlich ihres emotionalen Ausdrucksverhaltens miteinander verglichen werden, so zeichnet sich ab, daß die Bindungssicherheit in einer streßfreien Spielinteraktion mit der Mutter nicht ohne Vorbehalt als eine erklärende Größe für die emotionale Organisation der Kinder unter drei Jahren angenommen werden kann. Die voneinander unabhängigen Datenanalysen der vier Meßzeitpunkte haben gezeigt, daß die Kinder in Abhängigkeit von ihrer Bindungssicherheit im 17., 23. und 30. Lebensmonat während einer streßfreien Spielinteraktion mit der Mutter keine Unterschiede im emotionalen Ausdrucksverhalten aufwiesen. Eine Ausnahme bildete dabei der 36. Lebensmonat. In diesem Alter äußerten sicher gebundene Kinder längere Zeit positive Affekte im Gegensatz zu Kindern der unsicheren Bindungsgruppe, die eine längere Zeit negative Emotionen zeigten. Die genannten Ergebnisse des kindlichen Affektausdrucksverhaltens während einer emotional unbelasteten Situation könnten dahingehend interpretiert werden, daß solange das Bindungsverhaltenssystem der Kinder nicht aktiviert ist und solange der Schwerpunkt auf dem explorativen Verhaltenssystem liegt, sich die Kinder in ihrer Affektorganisation voneinander nicht unterscheiden. Die Unterschiede zwischen den beiden Hauptbindungsgruppen im Affektausdruck mit 36 Lebensmonaten könnten teilweise einem Zufallseffekt geschuldet sein. Darüber hinaus könnte dieser Befund darauf hindeuten, daß nach einer relativen Stabilität der Affektorganisation zwischen dem 17. und dem 36. Lebensmonat in der streßfreien Situation mit Beginn des Vorschulalters, d. h. mit 36 Lebensmonaten eine Veränderung im emotionalen Verhalten der Kinder in Abhängigkeit von ihrer Bindungsorganisation erfolgt.[31] Inwiefern diese Interpretation aufrechterhalten werden kann, ist zum gegenwärtigen Zeitpunkt empirisch nicht ausreichend abgesichert. Es fehlen Langzeitstudien, die sich mit dem emotionalen Ausdrucksverhalten von Kindern während der ersten sechs Lebensjahre befassen. Die von Sroufe (Sroufe et al. 1983) mit Vorschulkindern durchgeführten Untersuchungen stützen die oben angeführte Interpretation. Sroufe untersuchte die kindliche Affektorganisation in Interaktionen mit der Erzieherin. Dabei fand er, daß Kinder abhängig von ihrer Bindungssicherheit in ihrer Affektorganisation differieren. In der amerikanischen Studie wurde ferner festgestellt, daß sicher gebundene Kinder seltener emotional negativ gestimmt waren als unsicher gebundene Kinder und sie auf eine positive Art und Weise die Aufmerksamkeit der Erzieherin suchten im Gegensatz zu den Kindern der unsicheren Bindungsgruppe, die auf eine negative Art und Weise versuchten, die Aufmerksamkeit der Erzieherin zu erlangen. Die Resultate der hier vorgelegten Studie entsprechen den Untersuchungsergebnissen von Sroufe et al. (1983), was die Affektorganisation von Kindern im 36. Lebensmonat anbelangt, dies trifft jedoch nicht für die jüngeren Altergruppen zu.

Zusammenfassend kann somit festgehalten werden, daß eine Veränderung im Affektausdruck der Kinder im Entwicklungsverlauf zwischen dem 17. und dem 36. Lebensmonat während einer streßfreien Spielinteraktion weder in Abhängigkeit noch unabhängig von der Bindungsorganisation nachgewiesen werden konnte. Die Analyse der Daten mit multivariaten statistischen Verfahren deutet darauf hin, daß die emotionale Verhaltensorganisation der Kinder zwischen dem 17. und dem 36. Lebensmonat in streßfreien Situationen im Entwicklungsverlauf stabil bleibt.

Die Befunde des emotionalen Ausdrucksverhalten der Kinder in streßbelasteten Situationen (fünf Minuten nach der Ankündigung der Separation

---

31 Diese Interpretation ist insofern mit Vorbehalt zu betrachten, als die Datenanalyse nicht auf der Grundlage von statistischen Verfahren mit Meßwiederholung beruht, sondern das Ergebnis vom t-Test für unabhängige Stichproben darstellt.

sowie während einer zweiminütigen Separation) weisen sowohl auf Unterschiede im Affektausdrucksverhalten der Kinder in Abhängigkeit von der Bindungssicherheit als auch auf Veränderungen des Affektausdrucks in Abhängigkeit vom Alter der Kinder im Entwicklungsverlauf hin. Im folgenden sollen die Befunde des affektiven Ausdrucksverhaltens der Kinder der voneinander unabhängig untersuchten vier Altersstufen und anschließend die Ergebnisse des Affektausdrucks der Kinder im Entwicklungsverlauf diskutiert werden.

Kinder der unsicheren Bindungsgruppe äußerten in einer emotional belasteten Spielsituation (fünf Minuten nach der Ankündigung der Separation) im 17. und 30. Lebensmonat signifikant zeitlich länger negative Affekte als sicher gebundene Kinder. Kinder der sicheren Bindungsgruppe befanden sich dagegen in einer emotional belasteten Situation mit 17 und 30 Lebensmonaten signifikant länger im neutralen hedonischen Ton, und sie drückten mit 23 Lebensmonaten längere Zeit positive Affekte aus als Kinder der unsicheren Bindungsgruppe. Diese Unterschiede waren im 36. Lebensmonat jedoch nicht mehr festzustellen. Im 23. Lebensmonat zeigten sich bei den beiden Hauptbindungsgruppen allerdings wieder Unterschiede im emotionalen Ausdrucksverhalten. Genauso wie in einer streßbelasteten Spielsituation äußerten auch während der Separation die Kinder der unsicheren Bindungsgruppe längere Zeit negative Emotionen als sicher gebundene Kinder. Diese Ergebnisse ergänzen die Befunde anderer empirischer Studien, die die Affektorganisation unter Gleichaltrigen (vgl. Waters et al. 1979) oder in der Interaktion mit Vorschulerzieherinnen (vgl. Sroufe et al. 1983) untersucht haben. In allen hier angeführten Untersuchungen wurde gleichermaßen beobachtet, daß Kinder mit einer unsicheren Bindungsorganisation in sozialen Beziehungen und im Zusammenhang mit streßbelasteten Situationen häufiger negative Affekte äußerten als Kinder mit einer sicheren Bindungserfahrung.

Die genannten empirischen Befunde, mit Einbeziehung der vorliegenden Untersuchung, untermauern die bindungstheoretische Annahme, wonach Bindungssicherheit eng mit der Affektregulierung im Zusammenhang steht (vgl. Kobak & Sceery 1988). In der "Fremde Situation" äußern unsicher gebundene Kinder ihren Unmut über die Beeinträchtigung der Situation durch den Weggang der Mutter, indem sie eine direkte Interaktion oder Kommunikation mit der Mutter nach ihrer Rückkehr vermeiden und alleine weiterspielen. In einer vertrauten Umgebung wiederum, wie es in der vorliegenden Studie der Fall war, signalisierten unsicher gebundene Kinder ihren Unmut über die zweiminütige Separation zeitlich länger durch negatives Ausdrucksverhalten als Kinder der sicheren Bindungsgruppe. Bindungstheoretischen und psychoanalytischen Annahmen zufolge spielt die Mutter als wichtige Bezugsperson des Kindes für die Regulierung des emotionalen Sicherheitsgefühls eine unverzichtbare Rolle. Die Ergebnisse der vorliegenden Studie zeigen, daß Kinder mit einer unsicheren Bindungsorganisation ihre Mütter nicht in jeder hier untersuchten Altersstufe zur Regulierung des emotionalen Sicherheitsgefühls benutzen.[32] Das zeitlich längere negative emotionale Ausdrucksverhalten der unsicher gebundenen Kinder nach der Ankündigung der Separation könnte auch ihr Unbehagen über die unsichere Bindungsbeziehung zur Mutter signalisieren und als Wunsch nach einer Veränderung der Bindungsbeziehung interpretiert werden (vgl. Krause 1992, Steimer-Krause & Krause 1993).

Über Veränderungen im emotionalen Ausdrucksverhalten von Kindern unter drei Jahren im Entwicklungsverlauf existieren kaum empirische Daten im allgemeinen und auf Meßwiederholung beruhende Untersuchungen im besonderen. Insofern können die Resultate der vorliegenden Studie als Ergänzung zu den vorliegenden Erkenntnissen im Bereich der Grundlagenforschung hinsichtlich affektiver Austauschprozesse zwischen Mutter und Kind betrachtet werden.

Die Ergebnisse unserer Untersuchung zeigen, daß im Entwicklungsverlauf der Anteil des negativen Affektausdrucks aller Kinder unabhängig von der Bindung sowohl während der zweiminütigen Separation als auch während der fünfminütigen Beobachtungszeit nach der Ankündigung der Separation abnahm. Zugleich nahm der Anteil an neutralem Affektausdruck

---

[32] Spangler und Grossmann (1993) haben in ihrer Studie physiologische Messungen der Herzfrequenz während der "Fremde Situation" und des Kortisonspiegels vor und nach Ablauf der Untersuchung durchgeführt. Während der Separationsepisoden wurden bei allen Kindern unabhängig von ihrer indungssicherheit erhöhte Herzfrequenzen festgestellt, was darauf hinweist, daß auch bindungsunsichere Kinder Streß erleben, allerdings zeigen sie ihre echten Gefühle auf der Verhaltensebene nicht. Es wurde weiterhin gefunden, daß der Kortisonspiegel 15 bzw. 30 Minuten nach Ablauf der "Fremde Situation" bei den sicher gebundenen Kindern sank, wohingegen er bei den Kindern der unsicheren Bindungsgruppen weiterhin hoch blieb, was darauf hindeutet, daß nach einer emotional belastenden Streßsituation sich die unsicher gebundenen Kinder langsamer regulieren als Kinder mit einer sicheren Bindungsbeziehung.

zu. Die Einzelvergleiche der vier Meßzeitpunkte bezogen auf das emotionale Ausdrucksverhalten der Kinder für die Gesamtgruppe, d. h. unabhängig von der Bindungssicherheit, ergaben gravierende und signifikante Veränderungen nach der Ankündigung der Separation. Die Unterschiede lagen insbesondere zwischen den Altersstufen 30. und 17., 23. sowie zwischen dem 36. und allen drei früheren Erhebungszeitpunkten.

Während der Separation waren die Unterschiede nur zwischen dem 30. und den zwei früheren Altersstufen signifikant. Zwischen dem 23. und dem 17. Lebensmonat fanden wir im emotionalen Ausdrucksverhalten der Kinder statistisch keine signifikanten Veränderungen.

Diese Resultate deuten darauf hin, daß in einer emotional belasteten Situation die Affektorganisation der Kinder unabhängig von der Bindung im zweiten Lebensjahr relativ stabil bleibt und statistisch signifikante Veränderungen etwa ab Mitte des dritten Lebensjahres zu verzeichnen sind. In Abhängigkeit von der Bindungsorganisation war festzustellen, daß sicher gebundene Kinder in einem jüngeren Alter (mit 30 Monaten) soviel innere Sicherheit erlangten, daß eine äußere Irritation nicht mehr zur negativen Beeinträchtigung der Spielinteraktion mit der Mutter im emotionalen Bereich führte. Bei den Kindern der unsicheren Bindungsgruppe dagegen war diese Entwicklung erst im 36. Lebensmonat zu beobachten. Eine mögliche Interpretation dieser Befunde könnte dahingehend formuliert werden, daß eine sichere Bindungsorganisation zu einem früheren Zeitpunkt der kindlichen Entwicklung mit soviel innerpsychischer Stabilität einhergeht, daß eine äußere Irritation nicht mehr zur negativen Beeinträchtigung des Affektausdrucksverhaltens der Kinder in der Spielinteraktion mit der Mutter führt. Unsicher gebundene Kinder scheinen gegenüber einer äußeren Irritation insgesamt empfindlicher zu sein, und sie scheinen in einem späteren Alter soviel Frustrationsresistenz entwickelt zu haben, daß eine Störung von außen das interaktive Geschehen mit der Mutter nur noch geringfügig beeinflußt.

Es ist denkbar, daß das emotionale Ausdrucksverhalten in einer streßbelasteten Situation einem ähnlichen Wandel unterliegt wie das Bindungsverhalten der Kinder ab Ende des zweiten Lebensjahres. Mit der wachsenden kognitiven Fähigkeit der Objektpermanenz und mit dem Erreichen der symbolischen Entwicklungsphase scheint eine äußere Irritation das emotionale Wohlbefinden der Kinder im dritten Lebensjahr insgesamt weniger zu erschüttern als im zweiten Lebensjahr. Dies korrespondiert u. U. mit der wachsenden Fähigkeit von Kindern am Ende des dritten Lebensjahres mit einer neu integrierten Umweltsituation umgehen zu können. Über diese Fähigkeit verfügen auch unsicher gebundene Kinder, wenn auch zu einem geringeren Maße und in einem späteren Alter.

Zusammenfassend kann festgehalten werden, daß unsicher gebundene Kinder sich in einer Separationssituation für längere Zeit in einem negativen Affektzustand befinden. Negative Affektzustände werden dabei zunächst eher in Abwesenheit der Mutter ausgedrückt; sie werden weniger direkt kommuniziert. Die mit 12 Monaten gemessene Bindungsqualität kovariiert mit Unterschieden in der Qualität des Affektausdrucksverhaltens der Kinder in streßbelasteten Situationen zu späteren Entwicklungszeitpunkten, wobei ein höherer Grad an Irritiertheit durch die Separation bei gleichzeitig geringerem Grad an direkter Kommunikation des Affektzustandes für die unsicher gebundenen Kinder charakteristisch ist. Es zeichnet sich als Tendenz ab, daß Bindungsqualität einen großen Teil interindividueller Unterschiede in der Qualität affektiver Austauschprozesse auch in dem hier untersuchten Entwicklungszeitraum mit erklären kann. Die berichteten Ergebnisse können als Hinweis darauf interpretiert werden, daß die mit 12 Monaten gemessenen Unterschiede in der emotionalen Qualität der Bindungsbeziehung zwischen Mutter und Kind auch in der weiteren Entwicklung Entsprechungen in relevanten Dimensionen affektiver Interaktionsprozesse finden. Sie legen die Vermutung nahe, daß das mit einem Jahr entwickelte "Innere Arbeitsmodell" vom Selbst und vom Anderen in konkreten Interaktionsprozessen im emotionalen Ausdrucksverhalten des Kindes bestätigt wird.

Diese Befunde sind für die Bindungsforschung insofern interessant, als sie an langzeitlich erhobenen Daten Hinweise über das emotionale Ausdrucksverhalten von Kindern in Abhängigkeit der Bindungssicherheit im Entwicklungsverlauf zwischen dem 17. und dem 36. Lebensmonat geliefert haben. Auch für diese Altersstufe, von der nur wenige längsschnittlich erhobene empirische Daten existieren, konnte bestätigt werden, daß Bindungssicherheit mit einem höheren Maß an direkter Kommunikation von Affekten, mit der Fähigkeit sich von Streß schneller zu erholen bzw. mit einer besseren Organisation der Affektregulierung zusammenhängt.

5.1.2 Emotionale Responsivität der Mütter

Bindungstheoretischen Annahmen zufolge kommt in der Gestaltung der Mutter-Kind Interaktion der mütterlichen Responsivität, vor allem aber ihrer Feinfühligkeit gegenüber den Signalen des Kindes, eine bedeutende Rolle zu (vgl. Ainsworth et al. 1971, Ainsworth et al. 1974, Bretherton 1985, Grossmann et al. 1985, Grossmann et al. 1986). Die Qualität der frühen Mutter-Kind Bindung hängt wesentlich von der Feinfühligkeit der Mutter gegenüber den Signalen des Kindes ab (vgl. Ainsworth et al. 1974, 1978, Grossmann 1977). Mütter von sicher gebundenen Kindern zeichnen sich durch ein höheres Maß an Feinfühligkeit gegenüber den Signalen der Kinder aus und unterscheiden sich in dieser Hinsicht von Müttern, deren Kinder eine unsichere Bindungsorganisation aufweisen.

Feinfühligkeit bzw. emotional unterstützende Responsivität der Mutter heißt, auf die Signale und Kommunikationsangebote des Kindes angemessen und prompt zu reagieren. Eine feinfühlige Mutter ist in der Lage, Dinge und Ereignisse vom Standpunkt des Kindes aus wahrzunehmen, ihre Reaktionen zeitlich auf die Signale des Kindes abzustimmen und sich weder ablehnend noch zurückweisend dem Kind gegenüber zu verhalten. Im Gegensatz dazu lenkt eine emotional weniger unterstützende Mutter das Interaktionsgeschehen meistens in Richtung ihrer eigenen Stimmungen, Wünsche und Bedürfnisse. Sie mißversteht die Äußerungen das Kindes häufig, sie interpretiert sie vom eigenen Standpunkt aus und trägt dadurch höchstwahrscheinlich zur Beeinträchtigung des emotionalen Wohlbefinden ihres Kindes bei.

Die Feinfühligkeit der Mutter wird während der präverbalen Entwicklungsphase des Kindes in der Regel als Reaktion der Mutter auf alle Signale des Kindes untersucht. In der vorliegenden Studie ging es wiederum um die Responsivität der Mutter in einem Alter des Kindes, in dem sich der Affektausdruck des Kindes komplexer gestaltet und die Sprache zu einem wichtigen Kommunikationsmittel wird. Neben der Sprache bleibt das emotionale Ausdrucksverhalten (hedonischer Ton) des Kindes weiterhin ein bedeutungsvolles kommunikatives Signal.

Geleitet von diesen theoretischen Überlegungen wurde in der vorliegenden Studie ein eigenes Instrument zur Erfassung der mütterlichen Responsivität entwickelt (Kap. 3.3 dieser Arbeit). Die Qualität der mütterlichen

Responsivität wurde als Reaktion auf das emotionale Affektausdrucksverhalten des Kindes vom 17., 23., 30. und 36. Lebensmonat in freien Spielinteraktionen zwischen Mutter und Kind erfaßt. Die Qualitätsmerkmale der mütterlichen Responsivität betrafen vier "Responsetypen": Unterstützend, nicht unterstützend, neutral und widerprüchlich.

Die empirische Evidenz für den Zusammenhang zwischen der Feinfühligkeit der Mutter als Reaktion auf Signale des Kindes und der Bindungssicherheit ist nicht eindeutig (vgl. Meyer 1985). Amerikanische und deutsche Studien kommen diesbezüglich zu unterschiedlichen Ergebnissen. In der amerikanischen Untersuchung von Ainsworth und ihrem Forschungsteam (1978) konnte ein eindeutiger Zusammenhang zwischen der Feinfühligkeit der Mutter im ersten Lebensjahr des Kindes und der Bindungssicherheit festgestellt werden. Zu einem teilweise anderen Schluß kamen jedoch Grossmanns in ihrer Bielefelder Längsschnittuntersuchung: In der Bielefelder Studie zeigte sich ein Zusammenhang zwischen der Feinfühligkeit der Mutter im Alter von 2 und 6 Monaten des Kindes und der Bindungssicherheit. Dieser Zusammenhang war für das Alter vom 10 Monaten jedoch nicht mehr signifikant (vgl. K. Grossmann 1984, K.E. Grossmann & K. Grossmann 1990).

Die Resultate der vorliegenden Untersuchung zeigen ähnlich wie die Bielefelder Studie nur für einige der untersuchten Altersstufen signifikante Zusammenhänge zwischen der Responsivität der Mutter und der Bindungssicherheit. Den theoretischen Erwartungen entsprechend verhielten sich Mütter von sicher gebundenen Kindern in ihrer emotionalen Responsivität signifikant häufiger unterstützend im Alter von 17 und 23 Lebensmonaten der Kinder als Mütter von unsicher gebundenen Kindern. Mütter der unsicheren Bindungsgruppe wiederum reagierten auf den Affektausdruck der Kinder häufiger nicht unterstützend und häufiger widersprüchlich im 17. Lebensmonat der Kinder als Mütter der sicheren Bindungsgruppe. Für die Altersstufen des 30. und des 36. Lebensmonat der Kinder und in Abhängigkeit von der Bindungssicherheit konnten in der emotionalen Responsivität der Mütter keine signifikanten Unterschiede mehr gefunden werden. Ähnlich wie Kinder sich in Abhängigkeit ihrer Bindungssicherheit eher im jüngeren Alter unterschieden, unterschieden sich auch die Mütter in ihrer emotionalen Responsivität im zweiten, nicht jedoch im dritten Lebensjahr der Kinder.

Die Frage, ob das geringere Maß an emotionaler Responsivität der Mutter zu einem höheren Anteil an negativem Affektausdruck des Kindes führt oder ob das negative Affektausdrucksverhalten des Kindes das Responseverhalten der Mutter negativ beeinflußt, konnte statistisch unmittelbar nicht erfaßt werden. Es ist aber denkbar, daß die Qualität der mütterlichen Responsivität einen stärkeren Einfluß auf das Affektausdrucksverhalten des Kindes ausübt als der Einfluß des Affektausdrucks des Kindes auf die emotionale Responsivität der Mutter. Die elterliche Responsivität bzw. Sensibilität gegenüber den Signalen des Kindes ist als wichtiges Kriterium dafür zu betrachten, wie das Kind seine Emotionen organisiert und sein Sicherheitsgefühl reguliert (vgl. Sroufe & Waters 1977). Eine statistische Überprüfung der Interaktion zwischen der Qualität des hedonischen Tones des Kindes und der emotionalen Responsivität der Mutter würde zur Klärung der hier angeführten Überlegungen beitragen.

Die Analyse der Daten zur emotionalen Responsivität der Mütter in der Entwicklung ergab unabhängig von der Bindung zum Kind einen signifikanten Zusammenhang zwischen der unterstützenden Responsivität der Mütter und dem Alter der Kinder. Die Häufigkeit der unterstützenden Responsivität der Mütter nahm unabhängig von der Bindungsqualität im Entwicklungsverlauf zwischen dem 36. und den drei früheren Lebensmonaten der Kinder statistisch signifikant zu. Der Anstieg der unterstützenden mütterlichen Responsivität für die Gesamtstichprobe könnte wie folgt begründet werden: Das dreijährige Kind wird vermutlich von der Mutter eher als kompetenter Kommunikationspartner wahrgenommen als während der ersten beiden Lebensjahre, was wiederum dazu führt, daß die Mutter eher motiviert ist, das Kind in seinem emotionalen Organisationsverhalten zu unterstützen. Hinzu kommt, daß das Kind nach Bowlby (1975) am Ende des dritten Lebensjahres die letzte Phase in der Entwicklung von Bindung erreicht und in der Lage ist, sein Verhalten nicht mehr vorrangig nach den selbst gesetzten Zielen zu organisieren, sondern die Ziele und Pläne der Mutter mitzuberücksichtigen. Diese Fähigkeit des Kindes mag dazu führen, daß die Mutter das dreijährige Kind stärker als im früheren Alter als einen reiferen Sozialpartner wahrnimmt und sich dem Kind gegenüber emotional unterstützender verhält. Eine weitere Interpretation dieser Befunde könnte im Zusammenhang mit der Veränderung der emotionalen Organisation der Kinder im Entwicklungsverlauf möglich sein. Wie aus der vorherigen Diskussion der Emotionsdaten deutlich wurde, zeigen Kinder unabhängig von der Bindungssicherheit im Laufe ihrer Entwicklung zunehmend weniger negative Affekte. Es könnte sein, daß es den Müttern leichter fällt, auf einen neutralen Affektausdruck der Kinder unterstützend zu reagieren als auf negative Affektäußerungen.

In Abhängigkeit von der Bindungssicherheit wurde festgestellt, daß Mütter von sicher gebundenen Kindern tendenziell häufiger unterstützend und Mütter von Kindern mit einer unsicheren Bindungsorganisation tendenziell häufiger widersprüchlich auf den emotionalen Affektausdruck der Kinder im Entwicklungsverlauf reagierten. Dieser Befund geht mit der theoretischen Erwartung einher, nach der ein Zusammenhang zwischen der Responsivität der Mutter und der Bindungssicherheit zum Kind vorhergesagt wird. Die Befunde bezüglich der Unterschiede in der emotionalen Responsivität der Mütter in Abhängigkeit von der Bindungsqualität könnten dahingehend interpretiert werden, daß Mütter von unsicher gebundenen Kindern einer größeren Schwankung hinsichtlich ihres unterstützenden Responseverhaltens unterliegen, als Mütter von sicher gebundenen Kindern, die mehr Stabilität und Kontinuität in ihrem Responsetyp aufweisen. Dies wiederum könnte mit dem unterschiedlichen Maß an intrapsychischer Sicherheit von Müttern mit sicher und unsicher gebundenen Kindern korrespondieren.

5.2 Verhaltensorganisation von Kindern im Umgang mit kurzen Trennungsepisoden zwischen dem 17. und dem 36. Lebensmonat

Der Längsschnittvergleich der Verhaltensorganisation der 17, 23, 30 und 36 Monate alten Kinder vor, während und nach einer kurzen Trennungsepisode, unabhängig von der Qualität der Mutter-Kind Bindungsbeziehung, bezog sich auf normative oder Entwicklungsapekte der frühkindlichen Sozialisation. Der Querschnittsvergleich der vier hier untersuchten Altersgruppen in Abhängigkeit von der Bindungssicherheit zielte auf die Untersuchung von individuellen Unterschieden hinsichtlich der Bewältigung von emotional belastenden Streßsituationen, bedingt durch kurze Trennungen von der Mutter. Die Trennungssituation setzte sich aus drei Episoden zusammen: 1) aus der Ankündigung der Separation, 2) aus der zweiminütigen Separation, in der das

Kind alleine im Raum zurückblieb, und 3) aus der einminütigen Wiedervereinigungsepisode. Für die Beobachtung des Trennungsverhaltens der Kinder und der Mütter wurde ein eigenes Beobachtungsinstrument entwickelt (vgl. Anhang). Im folgenden werden nun die statistischen Ergebnisse der Separationsdaten in Anlehnung an die drei Trennungsepisoden (Ankündigung der Separation, Separation und Wiedervereinigung) diskutiert. Abschließend erfolgt dann die Diskussion des Trennungsverhaltens der Mütter.

5.2.1 Reaktion der Kinder auf die Ankündigung der Separation sowie auf den Vollzug der Separation im Zusammenhang mit der Bindungssicherheit

Die empirischen Befunde der vorliegenden Untersuchung zum Trennungsverhalten von Kleinkindern erlauben eine differenziertere Auseinandersetzung mit Mahlers Theorie zur Loslösung und Individuation (vgl. Mahler et al. 1975). Die kritische Betrachtung der Mahlerschen Theorie bezieht sich vor allem auf die zwei letzten Subphasen des Loslösungs- und Individuationsprozesses, auf die "Wiederannäherungsphase" und auf die "Phase der Konsolidierung der Individualität und die Anfänge der emotionalen Objektkonstanz" (vgl. Mahler et al. 1975). Dies sind die Phasen, die sich auf die Entwicklung des Kindes etwa zwischen dem 16. und dem 36. Lebensmonat beziehen, mithin auf diejenigen Altersstufen, die in der hier dokumentierten Studie untersucht wurden. Nach Mahler ist als besonderes Charakteristikum der "Wiederannäherungsphase" (ca. zwischen dem 16. und dem 22. Lebensmonat) zu beobachten, daß das Kind eine überdurchschnittliche Trennungsangst und ein "Beschatten" der Mutter offenbart. Insbesondere zwischen dem 18. und dem 21. Lebensmonat reagieren nach Mahlers Beobachtungen die meisten Kinder sehr empfindlich, wenn sich die Mutter von ihnen entfernt bzw. sie im Raum zurückläßt. Mahler weist darauf hin, daß das Maß, in dem das Kind die Mutter beschattet, von der emotionalen Verfügbarkeit der Mutter abhängt. Für diese Betrachtung konnte Mahler noch keine eindeutigen und methodisch abgesicherten empirischen Befunde liefern. Hier trägt das bindungstheoretische Konzept mit seiner empirischen Evidenz über die

Funktion der Mutter als einer Sicherheitsbasis für das Kind zur differenzierteren Betrachtung der zwei letzten Subphasen des Loslösungs- und Individuationsprozesses bei. Nach bindungstheoretischen Erkenntnissen hängt das Sicherheitsgefühl des Kindes, sich in streßbelastenden Situationen zurechtzufinden, stark von dem Gefühl über die emotionale Verfügbarkeit der Mutter ab. Die emotionale Verfügbarkeit der Mutter steht wiederum eng im Zusammenhang mit dem inneren Arbeitsmodell des Kindes bzw. mit der Art und Weise, wie das Kind die Mutter und die Bindungsbeziehung zu ihr repräsentiert. Sichere Bindung bedeutet in dem Sinne eine innere Sicherheit, unsichere Bindung dagegen eine innere Unsicherheit über die emotionale Verfügbarkeit der Mutter. Die Ergebnisse der vorliegenden Studie werden im Sinne dieser theoretischen Vorüberlegungen diskutiert.

Als Reaktion auf die Ankündigung der Separation wurde in dieser Studie beobachtet, daß Kinder mit einer sicheren Bindungsorganisation im 17. Lebensmonat signifikant häufiger mit Verstörung auf die Ankündigung der Separation reagiert haben als Kinder der unsicheren Bindungsgruppe und auch als Kinder anderer Altersstufen. Kinder der unsicheren Bindungsgruppe dagegen reagierten im 17. Lebensmonat überhaupt nicht mit Verstörung auf die Ankündigung der Separation, sondern erst mit 23 Lebensmonaten. Erwähnenswert ist in diesem Zusammenhang - auch wenn die vorliegenden Ergebnisse keine signifikanten Aussagen zulassen -. daß die Prozentzahl der verstört reagierenden Kinder der unsicheren Bindungsgruppe im Entwicklungsverlauf weniger abnahm als bei den Kindern mit einer sicheren Bindungserfahrung. Diese Ergebnisse weisen darauf hin, daß sicher gebundene Kinder in der Mitte des zweiten Lebensjahres häufiger versuchten, durch das Zeigen von Verstörung eine bevorstehende Separation zu verhindern, als am Ende des zweiten und in der Mitte und am Ende des dritten Lebensjahres. Wenn sicher gebundene Kinder aber den Weggang der Mutter zugelassen haben, waren sie während des Alleinseins im Raum weniger verstört und waren signifikant häufiger mit
der Erkundung der physischen Umwelt beschäftigt als unsicher gebundene Kinder.

Diese Befunde legen die Vermutung nahe, daß sicher gebundene Kinder etwa ab Ende des zweiten Lebensjahres über genügend innere Sicherheit und Vertrauen in die Mutter verfügen, was sie in die Lage versetzt, in einer vertrauten Umgebung für eine kurze Zeit auch ohne die Anwesenheit der Mutter ihr emotionales Gleichgewicht und das Interesse an der physischen Umwelt zu bewahren. Unsicher gebundene Kinder wiederum scheinen bis Ende des dritten Lebensjahres diese Art Selbstvertrauen und innere Sicherheit über die emotionale Verfügbarkeit der Mutter nicht hinreichend entwickeln zu können. Unsicher gebundene Kinder zeigten in dieser Untersuchung bis zum Ende des dritten Lebensjahres eine überdurchschnittliche Trennungsangst und haben in einem stärkeren Maß die Mutter "beschattet" als bindungssichere Kinder. Die Unsicherheit bezüglich der Trennungssituation äußerte sich bei den bindungsunsicheren Kindern derart, daß sie während der Separation signifikant seltener spielten und signifikant häufiger verstört waren als sicher gebundene Kinder (vgl. Fish & Belsky 1991). Entgegen unseren Erwartungen tolerierten unsicher gebundene Kinder im 36. Lebensmonat signifikant am häufigsten die Trennung von der Mutter nicht. Wenn sie aber die Separation zuließen, signalisierten unsicher gebundene Kinder signifikant häufiger den Wunsch nach der Rückkehr der Mutter als im Alter von 17, 23, und 30 Lebensmonaten und als Kinder der sicheren Bindungsgruppe. Eine offene Kommunikation von Gefühlen der unsicher gebundenen Kindern erfolgte im 17. Lebensmonat erst, wenn ihre Mütter bereits den Raum verlassen hatten.

Die auf emotionaler Unsicherheit basierende intrapsychische Repräsentanz des unsicher gebundenen Kindes von der Mutter und von der Bindungsbeziehung zu ihr führt vermutlich dazu, daß das Kind der physischen Anwesenheit der Mutter bedarf, um die notwendige Balance zwischen Bindungsverhaltenssystem und Exploration der Umwelt aufrecht zu halten. Das verfügbare innere Arbeitsmodell bzw. die unsichere intrapsychische Repräsentanz von der Mutter verhindert das Funktionieren eines auf Sicherheit basierenden autonomen "Ich", was dazu führt, daß das unsicher gebundene Kind viel Zeit mit der "Überwachung" seiner Mutter verbringen wird (vgl. Cassidy 1986). Eine sichere Bindungsorganisation dagegen führt dazu, daß das Kind am Ende des dritten Lebensjahres oder früher sich emotional frei genug fühlt, um auf die physische Nähe zur Mutter verzichten zu können und neue Aspekte der Umwelt zu beachten. Die hier diskutierten Ergebnisse liefern auch den Beweis dafür, daß sicher gebundene Kinder ein inneres Arbeitsmodell von der Mutter aufgebaut haben, das sowohl die physische als auch die emotionale Verfügbarkeit der Mutter garantiert. Können Kinder in den ersten beiden Lebensjahren die Mutter als eine sichere Basis (Ainsworth 1979) oder als Unterstützung in der Regulierung von Affekten (Sroufe & Waters 1977, Sroufe et al. 1984) nutzen, so gelangen sie im Vorschulalter eher zur Autonomie und zur Selbstregulierung von Affekten.

Eine weitere Interpretation der bislang dargestellten Ergebnisse der Separationsdaten könnte auch dahingehend formuliert werden, daß die Reaktion der Kinder auf eine kurze Separation im zweiten und vor allem im dritten Lebensjahr eng mit der Organisation des "zielkorrigierten Verhaltens" im Zusammenhang steht (Bowlby 1975, S. 320). Der Grad der Komplexität eines Verhaltensplans hängt nach Bowlbys Auffassung von verschiedenen Faktoren ab. Dazu gehören: das gewählte Ziel, die Einschätzung der Situation und das Geschick des Kindes, einen Plan zu finden, dem die jeweilige Situation entspricht. Übertragen auf die Separation scheinen die unsicher gebundenen Kinder einen niedrigeren Komplexitätsgrad ihres Plans aufzuweisen, mit dem sie den Weggang der Mutter zu verhindern versuchen, als Kinder der sicheren Bindungsgruppe. Die empirischen Daten unserer Studie legen die Vermutung nahe, daß die "Bindungspläne" (Bowlby 1975, S. 320) der unsicher gebundenen Kinder, das Verhalten der Mutter zu beeinflussen, erst zu einem späteren Zeitpunkt der Entwicklung (um das dritte Lebensjahr herum) erscheinen im Gegensatz zu den Kindern mit einer sicheren Bindungsorganisation, die bereits mit 17 Monaten über diese Komplexität verfügen.

Zu erwähnen ist in diesem Zusammenhang, daß bei den Mutter-Kind Paaren der unsicheren Bindungsgruppe in den ersten drei Erhebungszeiten (mit 17, 23 und 30 Monaten) ohne eine Ausnahme die Separation stattgefunden hat. Im Gegensatz hierzu haben im Alter von 36 Monaten unerwartet 38 % der unsicher gebundenen Kinder den Weggang der Mutter erfolgreich verhindern können. Dieses Resultat ist ein Hinweis darauf, daß unsicher gebundene Kinder zu einem viel späteren Zeitpunkt als die Kinder der sicheren Bindungsgruppe und vermutlich nur in einer vertrauten Umgebung über ihre eigenen Wünsche, Motive und Gefühle offen kommunizieren. Bindungssichere Kinder blieben dagegen in ihrer Toleranz gegenüber einer kurzen Separation im Laufe der Entwicklung relativ stabil. Die Streuung in den vier Erhebungszeiten beträgt bei der sicheren (B) Bindungsgruppe 18-32 %. Eine mögliche Interpretation könnte dahingehend lauten, daß sich in den Verhaltensänderungen der unsicher gebundenen Kinder im Laufe der Entwicklung keine funktionalen Veränderungen ausdrücken, sondern daß das Ausdrucksmuster für Bindungsunsicherheit sich bei gleichbleibender Funktion in Abhängigkeit von den entwicklungsbedingten Zuwächsen in kognitiven und sprachlichen Fähigkeiten verändert hat.

Aufschlußreich ist in diesem Kontext eine neuere Untersuchung von Fish und Belsky (1991), die sich unter anderem mit der Frage der Toleranz von dreijährigen Kindern gegenüber einer längeren (23-minütigen) Separation von der Mutter befaßten. Die Autoren der amerikanischen Studie weisen darauf hin, daß Verstörung als Reaktion auf kurze Trennungen bei Kleinkindern möglicherweise durch das Temperament determiniert ist, wogegen Intoleranz von älteren Kindern gegenüber einer Trennung mehr auf der Beziehungsebene zu erklären ist. Sie fanden heraus, daß ca. 25% der untersuchten dreijährigen Kinder eine längere (23 Minuten) Trennung von der Mutter in einer Laborsituation nicht toleriert haben. Diese Prozentzahl entspricht etwa dem prozentualen Anteil (26 %), den wir in unserer Studie auch gefunden haben. Die Frage in der amerikanische Studie war, ob die Bindungssicherheit im Sinne der traditionellen Klassifizierungsverfahren (Bindungsgruppe B im Vergleich zur Bindungsgruppe A/C) oder ob die Bindungssubklassifizierung (A_1-B_2 im Vergleich von B_3-C_2 Bindungsgruppen) im Zusammenhang mit dem Temperament die bessere Vorhersage auf Intoleranz von dreijährigen Kindern in Trennungsepisoden erlaubt. Fish und Belsky fanden keine signifikanten Zusammenhänge zwischen der Bindungssicherheit nach dem traditionellen Klassifizierungsverfahren (A/C versus B) und der Intoleranz gegenüber einer Trennung von der Mutter mit drei Jahren. Eine bessere Vorhersage hatten die Temperamentsmaße im Zusammenhang mit der Bindungssubklassifizierung (A_1-B_2 versus B_3-C_2). Kinder, die in ihrer Bindungsbeziehung zur Mutter im 12. Lebensmonat als B_3-C_2 klassifiziert wurden, waren mit drei Jahren gegenüber einer Separation von der Mutter signifikant häufiger intolerant als Kinder der A_1-B_2 Gruppen. Der größte Anteil von "trennungsintoleranten" Kindern mit drei Jahren befand sich unter den als B_3 klassifizierten Kindern.

Durch unsere Ergebnisse konnten die Befunde der amerikanischen Studie nicht bestätigt werden. Wie bereits oben erwähnt, blieb die Intoleranz gegenüber einer kurzen Trennung von der Mutter bei der sicheren Bindungsgruppe relativ unverändert, wohingegen Kinder mit einer unsicheren Bindungsorganisation erst mit drei Jahren eine Trennung signifikant häufiger nicht tolerierten als theoretisch erwartet. Die unterschiedlichen Befunde der beiden Studien könnten mit der unterschiedlichen Erhebungssituation zusammenhängen. In unserer Studie war den Kindern der Untersuchungsraum wegen der dichten Erhebungszeitpunkte vertraut im Gegensatz zu der amerikanischen Studie, in der die Kinder mit 12 Monaten in der "Fremde Situation" und erst zwei Jahre später nochmals untersucht wurden.[33] Daß die Vertrautheit der Umgebung bei der Reaktion des Kindes auf eine kurze Trennung von der Mutter eine Rolle spielt, ist aus der Untersuchung von Ainsworth et al. (1978) bekannt: In einer vertrauten Umgebung haben auch unsicher gebundene Kinder protestiert, wenn ihre Mütter den Raum verließen.

Die Intoleranz gegenüber einer Trennung von der Mutter wirft die Frage nach dem entwicklungspsychologischen Nutzen auf, die im Zusammenhang mit der Selbstregulation und dem Aufbau von Copingstrategien sinnvoll erscheint. Die Autoren der amerikanischen Studie interpretieren die Intoleranz gegenüber einer Separation von der Mutter als eine Strategie für Bewältigungskompetenz. In ihrer Untersuchung traf diese Interpretation in erster Linie für Kinder mit einer sicheren Bindungsorganisation zu, und zwar hauptsächlich für die Subgruppen B$_3$ und B$_4$. Entgegengesetzt dazu lassen unsere Befunde die Alternativerklärung zu, daß eine unsichere Bindung mit einer zeitlich verzögerten Entwicklung von effektiven Bewältigungsstrategien korrespondiert und vermutlich eher in einer vertrauten Umgebung als in einer unbekannten Situation eingesetzt wird. Ein offener Ausdruck von inneren Konflikten und Gefühlen wird ebenfalls vorrangig in einer vertrauten Umgebung kommuniziert. Diese Interpretation erscheint auch durch eine Untersuchung von Sroufe et al. (1983) mit Vorschulkindern bestätigt zu werden: Die theoretische Annahme von Sroufe und seinen Mitarbeitern, daß die unsicher vermeidenden Vorschulkinder emotionale Abhängigkeit eher indirekt äußern, konnte in ihrer Studie statistisch nicht bestätigt werden. Die Erklärung dafür wird im Wechsel des Ausdrucksverhaltens von unsicher

---

33 Das Labor der FU wurde für die Kinder aufgrund der dichten Erhebungszeit - im zweiten Lebensjahr vierwöchentliche und im dritten Lebensjahr achtwöchentliche Besuche - zu einer vertrauten Umgebung.

gebundenen Kindern im Vorschulalter gesucht. Kinder mit einer unsicher vermeidenden Bindungsqualität scheinen nur während der Anfangszeit ihres Vorschulaufenthaltes indirektes Verhalten an den Tag zu legen. Fühlen sie sich in der neuen Umgebung sicherer, so drücken sie ihre Abhängigkeit viel direkter aus als in der Anfangszeit ihres Vorschulaufenthaltes. Diese Argumentation unterstützt die Befunde der hier vorgelegten Studie im Hinblick auf den Wechsel in der Verhaltensorganisation der unsicher gebundenen Kinder in Trennungssituationen im Laufe der zweijährigen Untersuchung. Wie bereits erwähnt, scheint eine sichere Bindung mit einem stärkeren Maß an Verhaltensstabilität einherzugehen als eine unsichere Bindung.

Eine weitere Interpretation des Befundes, daß unsicher gebundene Kinder erst am Ende des dritten Lebensjahres ihre Wünsche und Gefühle hinsichtlich einer bevorstehende Trennung von der Mutter offen kommunizieren, könnte in Zusammenhang mit dem Erwerb der Sprache gebracht werden: Es könnte sein, daß unsicher gebundene Kinder, erst wenn sie sich auf das patente Kommunikationsmittel, d. h. auf die Sprache, verlassen können, offen ihre Wünsche und Bedürfnisse ausdrücken. Insofern "paßt" die Sprache als recht distanziertes Kommunikationsmittel in die Verhaltensstruktur der unsicher gebundenen Kinder, d. h. in eine Verhaltensstruktur, die bereits im ersten Lebensjahr durch das Bestreben von körperlichen Distanz zu der Bindungsperson in einer Streßsituation charakterisiert ist.

5.2.2 Zusammenhang zwischen der Bindungssicherheit und der Verhaltensorganisation der Kinder in den Wiedervereinigungsepisoden

Mit Einbeziehung der vier Verhaltensskalen von Ainsworth et al. (1978) sollte erfaßt werden, ob und wenn ja, wie Kinder die Organisation bindungsrelevanten Verhaltens im Alter zwischen dem 17. und 36. Lebensmonat nach einer zweiminütigen Separation von der Mutter verändern. Die Analyse der Daten in der Wiedervereinigungsepisode erbrachte keine statistisch signifikanten Unterschiede im bindungsrelevanten Verhalten zwischen den Bindungsgruppen. Eine mögliche Interpretation dieser Befunde könnte in der hier gewählten Beobachtungsmethode und dem Alter der Kinder begründet sein. In unserer Studie wurde ein für die Bindungsforschung kritisches Alter untersucht. Kritisch insofern, als das Bindungsverhaltenssystem der Kinder etwa ab Ende des zweiten Lebensjahres einem Veränderungsprozeß unterliegt. Bindungsverhaltensmuster, die bis Ende des zweiten Lebensjahres als eindeutige Indikatoren für die Bindungssicherheit eine Gültigkeit hatten, verlieren im Vorschulalter ihre Validität (vgl. Crittenden 1992a). Die Altersstufe zwischen dem zweiten und dem dritten Lebensjahr scheint ein Übergangsstadium in der Umstrukturierung des Bindungsverhaltenssystems zu sein, in dem sich Verhaltensstrategien des Kleinkindes mit Verhaltensstrategien des Vorschulkindes vermischen. Dies führt zu der methodischen Schwierigkeit, ein angemessenes Beobachtungsinstrument für Langzeitstudien zu entwickeln, das ausreichend sowohl für die im Kleinkindalter relevante, konkret beobachtbare Verhaltensebene als auch für die das Vorschulalter charakteristische psychologische Ebene des Verhaltens berücksichtigt. Mit dem für die vorliegende Studie entwickelten Beobachtungsinstrument konnte anscheinend die oben geschilderte Problematik nicht ausreichend erfaßt werden. Dieses Instrument wurde unter der Annahme entwickelt, daß Veränderungsprozesse in der Bindungsorganisation wahrscheinlich erst ab Ende des dritten Lebensjahres deutlich in Erscheinung treten und nicht, wie die Beobachtungen der vorliegenden Untersuchung gezeigt haben, bereits zu Beginn des dritten Lebensjahres.

Während der einminütigen Wiedervereinigungsepisoden wurden statistisch signifikante Unterschiede zwischen den Mutter-Kind Paaren in Abhängigkeit von ihrer Bindungssicherheit nur hinsichtlich der emotionalen Atmosphäre gefunden. Unsichere Bindung ging statistisch häufiger, und dies während aller vier Erhebungszeitpunkte mit negativer emotionaler Atmosphäre einher. Das stärkere Maß an negativer Emotionalität der unsicher gebundenen Kinder könnte als ein Produkt von frustrierten Bindungswünschen angesehen werden. Die verinnerlichte Erwartung der unsicher gebundenen Kinder, von der Bindungsfigur zurückgewiesen zu werden, verhindert anscheinend auch im zweiten und im dritten Lebensjahr, daß nach der Streßsituation eine baldige (innerhalb einer Minute) Affektregulierung erfolgt. Das Ergebnis in bezug auf die emotionale Atmosphäre nach der Separation könnte auch dahingehend interpretiert werden, daß unsicher gebundene Kinder ihren Ärger über die Separation zeitlich abspalten und ihren Unmut in erster Linie nicht zeigen, wenn die Mutter weggeht, sondern wenn sie wiederkommt (vgl. Sroufe 1981).

Zusammenfassend lassen die Ergebnisse der Separationsdaten die Aussage zu, daß Kinder unter drei Jahren ihr Verhalten in Trennungsepisoden in Abhängigkeit von ihrer Bindungssicherheit in einer charakteristischen Art und Weise organisieren. Kinder der unsicheren Bindungsgruppe zeigen eine insgesamt verlangsamte Entwicklung in ihrer sozialen Kompetenz. Sie sind weniger in der Lage, Einfluß auf die Mutter und somit auf die Situation auszuüben, und sie scheinen über weniger Selbstsicherheit und Flexibilität in bezug auf Streßbewältigung zu verfügen als Kinder mit einer sicheren Bindungsorganisation. Unsicher gebundene Kinder scheinen ihre Gefühle nur in einer für sie vertrauten Umgebung offen kommunizieren zu können. In der frühen Kindheit vermeiden unsicher gebundene Kinder nach einer kurzen Trennungsepisode den Kontakt zur Mutter, oder sie sind nicht dazu in der Lage, ihre Gefühle in einer Streßsituation und in einer fremden Umgebung offen zu kommunizieren. Im Gegensatz dazu sind diese Kinder (wie bereits Ainsworth und ihre Mitarbeiterinnen (1978) zeigten) in einer vertrauten Umgebung stärker irritiert, wenn sie für eine kurze Zeit von der Mutter allein gelassen werden, als Kinder der sicheren Bindungsgruppe. D. h. sie kommunizieren ihre Affekte in einer vertrauten Umgebung ähnlich offen, wie es die sicher gebundenen Kinder auch tun. Die Ergebnisse unserer Untersuchung bestätigen diese Aussagen und lassen darüber hinaus erkennen, daß die unsicher gebundenen Kinder im dritten Lebensjahr leichter irritierbar sind als Kinder mit einer sicheren Bindungsorganisation. Die empirische Evidenz für den Zusamenhang zwischen der unsicheren Bindung und dem geringeren Maß an sozialer Kompetenz Streß zu bewältigen, zeigt sich auch in unseren Ergebnissen.

5.2.3 Verhaltensorganisation von Kindern im Umgang mit kurzen Trennungsepisoden für die Gesamtgruppe im Entwicklungsverlauf

Ankündigung der Separation und Separation
Die Analyse der Separationsdaten unabhängig von der Bindungsorganisation der Kinder erbrachte keine überraschenden Ergebnisse. Die Kinder nah-

men im Entwicklungsverlauf zunehmend - in einem linearen Anstieg - häufiger verbalen Bezug auf die Ankündigung der Separation, d. h. mit 36 Monaten verhandelten signifikant mehr Kinder mit der Mutter über die bevorstehende Separation als mit 17 Monaten. Mit den wachsenden sprachlichen Kompetenzen scheinen Kinder unabhängig von der Bindungsqualität am Ende des dritten Lebensjahres eher in der Lage zu sein, sich mit den Absichten der Mutter auseinanderzusetzen als im früheren Alter.

Interessanter erscheint der Befund, daß Kinder im 23. Lebensmonat signifikant häufiger mit Verstörung auf die Ankündigung der Separation reagiert haben als Kinder der anderen Altersstufen. Während der Separation waren die Kinder mit 17 und mit 23 Monaten signifikant häufiger und im 36. Lebensmonat signifikant seltener verstört als erwartet. Dieses Ergebnis unterstützt die Beobachtungen von Mahler, daß Kinder zwischen dem 18. und dem 21. Lebensmonat in einem stärkerem Maß auf die Trennung von der Mutter reagieren. Es erhebt sich jedoch die Frage, im Vergleich zu welcher Altersstufe die Kinder überdurchschnittliche Trennungsangst und "Beschatten" der Mutter zeigen? Unsere Daten beziehen sich auf den Vergleich zwischen dem zweiten und dem dritten Lebensjahr, und die Resultate zeigen, daß Kinder im zweiten Lebensjahr häufiger verunsichert sind, wenn sich ihre Mütter entfernen als dreijährige Kinder. Das heißt aber noch nicht, daß Kinder in der Mitte oder am Ende des zweiten Lebensjahres häufiger überdurchschnittliche Trennungsangst zeigen als am Anfang des zweiten Lebensjahres. Die Beobachtungen in der "Fremden Situation" weisen darauf hin, daß bereits am Anfang des zweiten Lebensjahres in einem stärkeren Maß Trennungskummer bei den Kindern zu beobachten ist als im Vergleich zu früheren oder zu späteren Altersabschnitten. Daraus folgt, daß die von Mahler postulierte überdurchschnittliche Trennungsangst in der "Wiederannäherungskrise" zwischen dem 18. und dem 21. Lebensmonat nur ein Bestandteil eines kontinuierlichen Enwicklungsprozesses ist. Generell betrachtet bedeutet dies, daß das allmähliche Ansteigen von Bewältigungskompetenz der Kinder im Umgang mit kurzen Trennungen von der Mutter mit mehr innerer emotionaler Sicherheit und weniger Trennungsangst korrespondiert.

Wiedervereinigungsepisode

In der Wiedervereinigungsepisode wurden zweierlei signifikante Ergebnisse gefunden: Zum einen wurde beobachtet, daß im Alter von 36 Lebensmonaten die Kinder signifikant häufiger ihre Mütter begrüßten als im Alter von 17, 23 und 30 Lebensmonaten. Zum anderen ergab die Datenanalyse, daß die Kinder im 17. Lebensmonat signifikant häufiger Widerstand gegen Kontakt und Interaktion mit der Mutter zeigten als im späteren Alter. Eine mögliche Interpretation dieser Erkenntnisse könnte dahingehend lauten, daß jüngere Kinder eher verärgert über eine Separation von der Mutter sind und ihren Ärger zeigen, wenn die Mutter wiederkommt. Am Ende des dritten Lebensjahres, wenn nach Bowlby in der Entwicklung der Bindung die "zielkorrigierte Partnerschaft" erreicht ist, sind die Kinder eher kooperativ als im früheren Alter.

Zusammenfassend kann festgehalten werden, daß sich die Reaktion der Kinder auf Trennung von der Mutter im zweiten Lebensjahr von denen des dritten Lebensjahres unterscheidet. Auch die Ergebnisse des emotionalen Ausdrucksverhaltens der Kinder, die im vorherigen Kapitel (5.1) dieser Arbeit diskutiert wurden, sprechen für diese Argumentation. Unabhängig von ihrer Bindungsorganisation äußerten die hier untersuchten Kinder im dritten Lebensjahr häufiger neutrale und seltener negative Affekte, was auch dafür spricht, daß sie im dritten Lebensjahr in stärkeren Maße über die Fähigkeit zur Selbstregulierung verfügen als im zweiten Lebensjahr.

5.2.4   Verhalten von Müttern in Trennungsepisoden

Die Untersuchung des mütterlichen Verhaltens im Umgang mit Trennungsepisoden sollte Anhaltspunkte dafür liefern, ob sich die Mütter in ihrem Verhalten in Abhängigkeit von der Bindung zum Kind im Laufe der kindlichen Entwicklung unterscheiden. Die Verhaltenskategorien bezogen sich auf die Art und Weise, wie die Mutter die Separation ankündigt, inwiefern sie bei ihrer Entscheidung für oder gegen eine Separation die Signale und Wünsche des Kindes berücksichtigt, und wie sie sich in der Wiedervereinigungsepisode dem Kind gegenüber verhält.

Die Analyse der Daten erbrachte in zweierlei Hinsicht statistisch signifikante Ergebnisse. In Abhängigkeit von der Bindung wurde festgestellt, daß Mütter der unsicheren Bindungsgruppe im 36. Lebensmonat der Kinder signifikant häufiger den Raum nicht verließen als erwartet. Dieser Befund wurde im Zusammenhang mit der Toleranz bzw. Intoleranz des Kindes gegenüber einer Trennung diskutiert. Es liegt die Vermutung nahe, daß sich Mütter von unsicher gebundenen Kindern im Laufe der kindlichen Entwicklung in ihrer Responsivität unterstützender verhalten. Daraus folgt, daß die Mütter die Signale der Kinder hinsichtlich einer bevorstehenden Trennung eher wahrnehmen. Eine andere Erklärungsmöglichkeit wäre, daß die Kinder deutlichere Signale senden, und es den Müttern somit leichter fällt, diese Signale adäquat zu beantworten.

Unabhängig von der Bindung zwischen Mutter und Kind konnte festgestellt werden, daß Mütter in der Wiedervereinigungsepisode statistisch häufiger Körperkontakt zu den Kindern aufnahmen, wenn die Kinder 17 Monate alt waren, als im späteren Alter. Wenn bedacht wird, daß Kinder während der Separation im 17. Lebensmonat am häufigsten verstört waren, ist dieser Befund nicht überraschend. Hinzu kommt, daß davon ausgegangen werden kann, daß Mütter oder auch andere Erwachsene jüngere Kinder wahrscheinlich eher durch Körperkontakt beruhigen, als sie es mit älteren Kindern tun. Interessant ist in diesem Zusammenhang zu erwähnen, daß Kinder im 36. Lebensmonat ihre Mütter statistisch signifikant häufiger begrüßten als im früheren Alter. Daraus könnte die Schlußfolgerung gezogen werden, daß Mütter zu ihren jüngeren Kindern nach einer Separation eher Körperkontakt aufnehmen als im späteren Lebensalter. Die Kinder wiederum begrüßen ihre Mütter nach einer Separation häufiger am Ende des dritten Lebensjahres gegenüber früheren Altersstufen.

5.3 Bewältigungsstrategien als Kompetenz der Kinder im Umgang mit kurzen Trennungen von der Mutter

Die empirische Evidenz für den Zusammenhang zwischen der sozialen Kompetenz und der Bindungssicherheit im Kleinkind- und im Vorschulalter ist mehrfach bestätigt worden (vgl. Ainsworth & Bell 1974, Malatesta 1990, Sroufe et al. 1984). In Abhängigkeit von ihrer Bindungssicherheit verfügen Kleinkinder und Kinder im Vorschulalter über ein unterschiedliches Maß an sozialer Kompetenz. Eine sichere Bindungserfahrung führt zu mehr sozialer Kompetenz und emotionaler Stabilität als eine unsichere Bindungserfahrung (vgl. Malatesta 1990). Ein kompetentes Kind ist in der Lage, Einfluß auf das Verhalten der Mutter zu nehmen und sie zum kooperativen Handeln zu bewegen, um eigene Ziele und Wünsche zu verwirklichen (vgl. Ainsworth & Bell 1974). Wesentlich dabei ist die Fähigkeit des Kindes, eigene Wünsche und Gefühle offen und effektiv zu kommunizieren und somit auf eine aktive Art und Weise die Kooperation mit Anderen zu sichern.

Die "Bewältigungsstrategie" des Kindes im Umgang mit der Ankündigung der Separation von der Mutter während einer freien Spielinteraktion sowie während einer zweiminütigen Separation wurde in der vorliegenden Studie als Maß seiner sozialen Kompetenz herangezogen. Die relevanten Verhaltensweisen, die die Art der "Bewältigungsstrategie" des Kindes ausmachten, betreffen die Verstörung des Kindes, den verbalen Bezug auf die Separation sowie das Explorations- und Suchverhalten. Auf der Ebene dieser Verhaltensbereiche konnte eine passive, aktive oder eine neutrale Bewältigungsstrategie der Kinder identifiziert werden (vgl. Kap. 3.4 dieser Arbeit). Kompetentes Verhalten äußert sich nach den hier untersuchten Verhaltenskategorien entweder in einer aktiven oder in einer neutralen "Bewältigungsstrategie". Beide Verhaltensorganisationen zeigen, daß das Kind, im Sinne der Definition von sozialer Kompetenz nach White (1959), in der Lage ist, nach eigenen Wünschen und Bedürfnissen zu handeln. Die passive "Bewältigungsstrategie" wiederum deutet auf ein mangelndes Kompetenzverhalten des Kindes hin. Das Kind signalisiert zwar durch seine passive Haltung, daß es irritiert ist, es unternimmt jedoch keine Initiative, die Situation zu beeinflussen und die Kooperation der Mutter zu sichern.

Die Ergebnisse der hier dokumentierten Studie liefern empirische Belege für den Zusammenhang zwischen der sozialen Kompetenz und der Bindungssicherheit für die Altersstufen des 17., 30. und des 36. Lebensmonats, nicht jedoch im 23. Lebensmonat. Die signifikanten Unterschiede in der sozialen Kompetenz der Kinder in Abhängigkeit von der Bindungssicherheit verlaufen in die theoretisch erwartete Richtung. Im folgenden sollen die Resultate unserer Untersuchung zuerst bezüglich der Reaktion der Kinder auf die Ankündigung der Separation und anschließend auf die Separation diskutiert werden.

Kinder der beiden Hauptbindungsgruppen unterschieden sich im 17. Lebensmonat signifikant in ihrer Reaktion auf die Ankündigung der Separation. Unsicher gebundene Kinder reagierten mit 17 Monaten signifikant häufiger passiv und signifikant seltener aktiv auf die Ankündigung der Separation als Kinder mit einer sicheren Bindungsorganisation. Die passive "Bewältigungsstrategie" der Kinder der unsicheren Bindungsgruppe war daran zu erkennen, daß sie auf die Ankündigung der Separation hin zwar aufhörten zu explorieren, d. h. daß sie irritiert waren, sie ergriffen jedoch keine Initiative, die Situation aktiv zu beeinflussen (durch Weinen, Vokalisieren oder durch Suchverhalten). Demgegenüber reagierten sicher gebundene Kinder im 17. Lebensmonat signifikant häufiger aktiv entweder durch Verstörung und/oder durch Suchverhalten oder in Form von verbaler Bezugnahme auf die Ankündigung der Separation als Kinder der unsicheren Bindungsgruppe. Im 23., 30. und 36. Lebensmonat konnten diese Befunde nicht mehr bestätigt werden. Die hier angeführten Resultate unterstützen nicht eindeutig die theoretische Annahme, nach der unsichere Bindungsorganisation mit fehlender sozialer Kompetenz einhergeht. Es ist anzunehmen, daß unsicher gebundene Kinder zu einem späteren Lebensalter, d. h. am Ende des zweiten Lebensjahres gewisse soziale Kompetenzen erlangen, die es ihnen erlauben, zumindest in einer vertrauten Umgebung, aktiv mit einer Streßsituation umzugehen. Ihre Aktivität äußert sich ähnlich wie bei den Kindern der sicheren Bindungsgruppe in einer komplexen Verhaltensorganisation, bestehend aus einer Kombination von Suchverhalten, und/oder verbalem Bezug auf die Separation und/oder in Form von Verstörung. Zu einem ähnlichen Schluß kam Grossmann (1984) in der Regensburger Studie, in der ein Zusammenhang zwischen sozialer Kompetenz von zweijährigen Kindern und der Bindungssicherheit nicht nachgewiesen werden konnte.

Das passive Verhalten der Kinder der unsicheren Bindungsgruppe im 17. Lebensmonat weist darauf hin, daß sie mit 17 Monaten die vermeidende Strategie verfolgten. Sie haben ihre inneren Konflikte und Wünsche nicht offen kommunizieren können, um einer möglichen Zurückweisung von Seiten der Mutter zu entgehen. Diese Strategie könnte als Abwehrmaßnahme interpretiert werden, als "Vermeiden im Dienst von Nähe", wie Main (1982) dieses Phänomen beschreibt. Kinder mit einer sicheren Bindungsorganisation kommunizierten, wie theoretisch erwartet, offen ihre Gefühle und Wünsche im Hinblick auf eine bevorstehende Separation. Dieser Befund bestätigt die Ergebnisse von amerikanischen Untersuchungen, daß sicher gebundene Kinder über ein höheres Maß an sozialer Kompetenz verfügen als Kinder mit einer unsicheren Bindungsorganisation - allerdings nur für den 17. Lebensmonat (vgl. Ainsworth & Bell 1974, Malatesta 1990, Sroufe et al. 1984). Während einer zweiminütigen Separation wurden statistisch tendenzielle Unterschiede zwischen den Kindern der beiden Hauptbindungsgruppen bezüglich der "Bewältigungsstrategie" im 30. Lebensmonat und signifikante Unterschiede für die Altersstufe des 36. Lebensmonats gefunden. Mit 30 Lebensmonaten waren unsicher gebundene Kinder während der Separation tendenziell häufiger verstört als sicher gebundene Kinder. Kinder mit einer sicheren Bindungsbeziehung verhielten sich mit 36 Lebensmonaten während einer zweiminütigen Separation signifikant häufiger neutral, d. h. sie spielten weiter und nahmen keinen Bezug auf die Separation, während sie sich alleine im Raum befanden, als Kinder der unsicheren Bindungsgruppe. Sicher gebundene Kinder fühlten sich anscheinend sicher und zuversichtlich über den Verbleib der Mutter und konnten daher unbekümmert ihre Spielaktivitäten weiter fortführen. Die neutrale Haltung eines Dreijährigen während einer kurzen Separation von der Mutter weist nicht auf Gleichgültigkeit, sondern auf ein höheres Maß an sozialer Kompetenz hin.

Die Befunde der vorliegenden Studie bestätigen die bindungstheoretische Annahmen daß die sichere Bindungsorganisation bis zum Ende des dritten Lebensjahres zu einem höheren Maß an Autonomie, Selbstsicherheit und sozialer Kompetenz führt. Ein sicher gebundenes Kind kann über seine Wünsche, Bedürfnisse und Affekte vom frühen Alter an offen kommunizieren und somit eigene Absichten in Einklang mit dem inneren emotionalen Zustand realisieren. Ein unsicher gebundenes Kind scheint demgegenüber weniger in der Lage zu sein, vom frühen Alter an effektive Copingstrategien anzuwenden, um im richtigen Augenblick nach eigenen inneren emotionalen Zuständen zu handeln. Am Ende des dritten Lebensjahres führt die unsichere Bindung zu mehr Abhängigkeit und zu weniger sozialer Kompetenz, ein frustrationsauslösendes Ereignis alleine zu bewältigen (vgl. Sroufe et al. 1983). Auch der Befund der vorliegenden Studie weist darauf hin, daß im 36. Lebensmonat bei den unsicher gebundenen Kindern während der Separation signifikant häufiger eine aktive "Bewältigungsstrategie" zu beobachten war als bei den bindungssicheren Kindern. Aktive "Bewältigungsstrategie" heißt in diesem Zusammenhang, daß das Kind sein Unbehagen über die kurze

Separation von der Mutter durch Verstörung, durch Suchverhalten oder durch verbalen Bezug auf die Separation signalisiert.

5.4 Trennungsangst der Mütter

Das Hauptziel der Datenanalyse zur Trennungsangst der Mutter bestand darin, zu untersuchen, ob ein Zusammenhang zwischen der Einstellung der Mutter zu Trennungsfragen, der Bindungssicherheit zwischen Mutter und Kind ermittelt im 12. Lebensmonat des Kindes in der "Fremde Situation" und der Berufstätigkeit der Mutter besteht. Die Resultate dieser Untersuchung, die ich nachfolgend darstellen werde, unterstützen den Stand der Forschung, daß individuelle Unterschiede in der Trennungsangst von Müttern mit multivariaten Faktoren wie beispielsweise Berufssituation der Mutter oder Qualität der Mutter-Kind Bindungsbeziehung korrellieren (vgl. McBride und Belsky, 1988). In einer in Berlin durchgeführten Studie (vgl. Laewen 1994) im Hinblick auf Risiken und Chancen von Tagesbetreuung im frühkindlichen Alter wurde ein Zusammenhang zwischen dem Verhalten und Wohlbefinden von Krippenkindern und der allgemeinen Trennungsangst der Mutter gefunden. Kinder von Müttern mit einem höherem Maß an allgemeiner Trennungsangst zeigten in der Krippe mehr negatives Verhalten (Ängstlichkeit, Scheu und Irritierbarkeit) als Kinder von Müttern mit weniger Trennungsangst. Diese Befunde weisen auf eine direkte Verbindung des kindlichen Verhaltens bzw. Wohlbefindens und der mütterlichen Einstellung zu Trennungssituationen hin.

Die Resultate der hier vorgelegten Arbeit bestätigen die Vermutung, daß ein Zusammenhang zwischen der Trennungsangst der Mutter und der Bindungssicherheit besteht. Es wurde gefunden, daß Mütter von unsicher gebundenen Kindern mehr allgemeine (Subskala 1) und berufsbedingte (Subskala 3) Trennungsangst äußerten als Mütter mit sicher gebundenen Kindern. Sie äußerten mehr Kummer, Traurigkeit und Schuldgefühle, wenn sie vom Kind getrennt wären. McBride und Belsky (1988) haben in ihrer Studie nur einen tendenziellen Zusammenhang zwischen der Qualität von Bindung und der "allgemeinen Trennungsangst" der Mutter feststellen können. Die amerikanische Studie ergab, daß Mütter von sicher gebundenen Kindern weniger allgemeine Trennungsangst äußerten als Mütter von unsicher vermeidend und mehr als Mütter von unsicher ambivalent gebundenen Kindern. Mütter der unsicher vermeidenden Bindungsgruppe äußerten die meiste "allgemeine Trennungsangst".

Eine Antwort auf die Frage, ob die Einstellung von Müttern zu Trennungsfragen im Laufe der kindlichen Entwicklung stabil bleibt oder aber sich verändert, geht aus der bisherigen Forschungsliteratur nicht eindeutig hervor. Untersuchungen zum Thema Trennungsangst der Mutter vor dem ersten Lebensjahr des Kindes weisen auf eine Stabilität der Einstellung der Mutter zu Trennungsfragen hin, und zwar bei den Erhebungszeitpunkten im 3. und 9. Lebensmonat des Kindes (vgl. McBride & Belsky 1988). In einer weiteren Untersuchung (vgl. DeMeis et al. 1986) wurde der "Trennungsfragebogen" an vier Erhebungszeitpunkten eingesetzt: Im Alter der Kinder von 2 Tagen, 7 Wochen, 8- und 13 $1/2$ Monaten. Die Ergebnisse dieser Studie weisen aber eher auf eine Instabilität in der Einstellung der Mutter zu Trennungsfragen in Abhängigkeit von ihrer Einstellung zur Berufstätigkeit hin. Die Daten wurden zwischen zwei Gruppen von Müttern mit ihren erstgeborenen Kindern zueinander in Beziehung gesetzt in Abhängigkeit davon, ob sie eine Berufstätigkeit bevorzugen oder lieber bei ihrem Kind zu Hause bleiben möchten. Die Ergebnisse zeigen, daß die "allgemeine Trennungsangst" der Mütter im Laufe der vier Erhebungzeitpunkte bei beiden Gruppen abnahm, stärker jedoch bei Müttern, die eine Berufstätigkeit bevorzugten. Im Hinblick auf "berufsbedingte Trennungsangst" nahm die Trennungsangst der Mütter, die sich gegen eine Berufstätigkeit ausgesprochen haben, zu im Vergleich des 1. mit dem 4. Erhebungszeitpunkt. Im Gegensatz dazu blieben Mütter, die eine Berufstätigkeit bevorzugten, in ihrer Einstellung zur "berufsbedingten Trennungsangst" unverändert. Die Trennungsangst der Mutter erscheint vermutlich nicht als ein statischer, sondern als ein sich wandelnder Gefühlszustand, der sich mit dem Heranwachsen des Kindes, mit der zunehmenden Erfahrung der Frau mit ihrer Mutterrolle (vgl. DeMeis, Hock & McBride 1986) und in Abhängigkeit von ihrem Gesundheitszustand (vgl. Hock & Schirtzinger, 1992) oder ihrer Zufriedenheit in der Partnerbeziehung (vgl Gloger-Tippelt 1993) verändern kann.

Was die multivariaten Faktoren, die das Ausmaß der Trennungsangst der Mutter beeinflussen, anbelangt, so scheint die Qualität der Bindungsbeziehung eine bedeutende Rolle zu spielen. Darauf deuten sowohl die Ergebnisse der hier vorgelegten Arbeit als auch die Ergebnisse der Studie von McBride und Belsky (1988). Neuere bindungstheoretische Erkenntnisse bieten meiner Ansicht nach Anhaltspunkte für eine Interpretation dieses Zusammenhangs (vgl. Main et al. 1985, Grossmann et al. 1988).

Bindungsforscher, die sich mit dem Wesen und dem Ursprung von Bindungsbeziehungen zwischen Mutter oder Vater und Kind beschäftigen, liefern empirische Belege dafür, daß individuelle Unterschiede in der Bindungsorganisation zwischen einem Kind und seiner primären Bindungsperson von der inneren Repräsentanz der Mutter hinsichtlich früher Beziehungsmuster aus ihrer Kindheit mitbeeinflußt sind. Es stellt sich die Frage, inwiefern die höheren Scores in "allgemeiner Trennungsangst der Mutter" mit ihren inneren Repräsentanzen von früheren Bindungsbeziehungen in Zusammenhang gebracht werden können. Mütter, die zu ihren eigenen Müttern eine auf Unsicherheit und Angst basierende Bindungsbeziehung verinnerlicht haben, tragen dieses Muster mit sich und geben es mit großer Wahrscheinlichkeit an ihre eigenen Kindern weiter. Da sie, bedingt durch die negative Bindungserfahrung, wenig Vertrauen in die emotionale Verfügbarkeit der primären Bindungsperson erfahren haben, bleiben sie vermutlich auch im Erwachsenenalter mißtrauisch, emotional abhängig und ängstlich. Sie könnten eher den Glauben an einen höheren Wert der mütterlichen Fürsorge entwickelt haben als Mütter, die in ihrer Kindheit aufgrund von positiven Bindungserfahrungen mehr emotionale Sicherheit, Vertrauen und Unabhängigkeit erlangt haben. Mütter von Kindern mit einer unsicheren Bindungsbeziehung fühlen sich aufgrund eigener negativer Bindungserfahrungen eher einsam, wenn sie von ihren Kindern getrennt werden, und sie betrachten sich in ihrer Mutterrolle mit größerer Wahrscheinlichkeit als unersetzbarer als Mütter von sicher gebundenen Kindern. Tiefpsychologisch gesehen könnten Mütter mit einer unsicheren Bindungserfahrung die unbewußte Vorstellung und den Wunsch entwickelt haben, durch die Fürsorge des Kindes die emotionalen Defizite aus der eigenen Kindheit zu kompensieren. Die Vorstellung, ihr Kind würde durch andere Personen als sie betreut, ist von Angst und Schuldgefühlen begleitet, das Kind zu vernachlässigen.

Die in der hier vorgelegten Studie gefundenen Ergebnisse bestätigen die von DeMeis, Hock & McBride (1986) dokumentierten Zusammenhänge, wenn die Mütter berufstätig und die Kinder 30 Monate alt sind. Wir fanden statistisch signifikante Zusammenhänge zwischen der Trennungsangst der Mutter und ihrer tatsächlichen Berufstätigkeit sowie der Bindungssicherheit. Berufstätige Mütter äußerten weniger berufsbedingte Trennungsangst (Subskala 3) als nicht berufstätige Mütter. Es ist denkbar, daß die Mütter, die aus eigener Überzeugung und trotz gesellschaftlicher Vorbehalte (in den ersten drei Lebensjahren gehöre das Kind in die Obhut der Mutter) einer Berufstätigkeit nachgehen, weniger Trennungsangt mobilisieren und weniger Bedenken haben, das Kind für einige Stunden am Tag durch andere Personen betreuen zu lassen als Mütter, die wegen des Kindes auf eine Berufstätigkeit verzichten und das Kind in den ersten drei Lebensjahren zu Hause selber versorgen oder als Mütter, die aus ökonomischen Gründen einer außerfamiliären Berufstätigkeit nachgehen (vgl. Stifter et al. 1993). Die Diskrepanz zwischen dem Wunsch einer Mutter nach Berufstätigkeit und dem Wunsch, das Kind zu Hause zu betreuen, beeinträchtigt die emotionale Befindlichkeit der Mutter negativ und erhöht das Risiko, an leichter Depression zu erkranken (vgl. Hock & DeMeis 1990). Hierbei spielt sicherlich auch die gesellschaftliche Erwartung an die Mutter eine Rolle, während der ersten drei Lebensjahre des Kindes auf eine Berufstätigkeit zu verzichten und das Kind selbst zu betreuen. Diese Auffassung ist nach empirischen Forschungserkenntnissen über die außerfamiliäre Kleinkindbetreuung nicht länger zu vertreten (vgl. Beller et al. 1987, Belsky 1984, Laewen 1989). Historisch betrachtet ist die Erwartung an die Frauen, auf eine Berufstätigkeit zu verzichten und ihr Kind unter drei Jahren selbst zu betreuen, relativ neu. Erst seit etwa Ende des neunzehnten Jahrhunderts erhielten die Mütter die Aufgabe, ausschließlich für die Kinder zu sorgen (vgl. Scarr 1987). Bemerkenswert bei dieser Entwicklung ist, daß eine spezifische emotionale Bindungsbeziehung zwischen einem Säugling und seiner Mutter oder anderen vertrauten Bezugspersonen bis in die dreißiger Jahre nicht hervorgehoben wurde. Beachtenswert ist dies deshalb, weil gerade darin heute die wichtigste Funktion von Müttern mit Kleinkindern gesehen wird. Kinder großzuziehen, ist in unserer Gesellschaft nach wie vor ein in erster Linie mit persönlichen Opfern verbundenes "Privatvergnügen", vor allem aber ein "Privatvergnügen" von Frauen. Frauen mit kleinen Kindern werden gesellschaftlich in der Regel verurteilt, wenn sie versuchen, Berufstätigkeit und Familie miteinander in Einklang zu bringen. Um den gesellschaftlichen Erwartungen zu entsprechen und dadurch mögliche Schuldgefühle zu vermeiden, verzichten tatsächlich viele Frauen auf ihren Wunsch nach Berufstätigkeit (vgl. DJI 1993). Daher ist es nicht verwunderlich, wenn nichtberufstätige Frauen die gesellschaftlichen Anforderungen an ihre "Unersetzbarkeit" als Mutter verinnerlichen und in einem stärkeren Maß Trennungsängste entwickeln als Mütter, die Berufstätigkeit und Familie miteinander in Einklang bringen.

Ein weiterer statistisch signifikanter Zusammenhang wurde in der hier vorgelegten Studie zwischen der Qualität der Bindungsbeziehung und der berufsbedingten Trennungsangst der Mutter (Subskala 3) gefunden. Mütter mit unsicher gebundenen Kindern äußerten mehr Angst, das Kind während ihrer Berufstätigkeit von anderen Personen betreuen zu lassen, als Mütter der sicheren Bindungsgruppe. Die Berufstätigkeit der Mutter bedeutet, wenn auch nur für einige Stunden des Tages, eine regelmäßige Trennungssituation. Mütter mit unsicher gebundenen Kindern haben bindungstheoretisch betrachtet mit großer Wahrscheinlichkeit ein emotional eher unsicheres Beziehungsmuster zu dem eigenen Kind verinnerlicht, was in ihrem "inner working model" als Angst, Unsicherheit und dem Fehlen von emotionalem Vertrauen mental repräsentiert wird. Ähnlich wie die Mutter für ein unsicher gebundenes Kind emotional wenig erreichbar und zugänglich erscheint, erscheint auch ein unsicher gebundenes Kind für die Mutter emotional wenig zugänglich. Diese Unsicherheit in der Bindungsbeziehung zum Kind könnte zu ihrer berufsbedingten Trennungsangst beitragen.

Die meisten berufsbedingten Trennungsängste (Subskala 3) äußerten nicht berufstätige Mütter mit unsicher gebundenen Kindern, und die geringste Angst wurde von berufstätigen Müttern mit sicher gebundenen Kindern geäußert. Nicht berufstätige Mütter mit unsicher gebundenen Kindern äußerten mehr berufsbedingte Trennungsangst als berufstätige Mütter dieser Bindungsgruppe und nicht berufstätige Mütter mit sicher gebundenen Kindern.

Hock & Schirtzinger (1992) interessierten sich für die klinische Frage, inwiefern eine depressive Symptomatik der Mutter Einfluß auf ihre Trennungsangst nimmt. Der Trennungsfragebogen wurde im Alter der Kinder von 8 Monaten, 3 1/2 und von 6 Jahren erhoben. Depression und Trennungsangst der Mutter haben nur im sechsten Lebensjahr des Kindes miteinander korreliert. Höhere Skalenwerte im Trennungsfragebogen gingen einher mit einem stärkeren Maß an depressiver Symptomatik der Mutter.

Die höheren Skalenwerte im Hinblick auf die allgemeine und berufsbedingte Trennungsangst der Mütter von Kindern der unsicheren Bindungsgruppen in der hier vorgelegten Studie könnten aus den latent vorhandenen Schuldgefühlen dieser Mütter, nämlich als Mutter nicht feinfühlig genug zu sein, resultieren. Die Unsensibilität der Mutter, d. h. ihr ablehnendes und wenig ausgeprägtes feinfühliges Verhalten gegenüber den Signalen des Kindes, führt dann häufiger zur Entgleisung von Interaktionen und zum gegenseitigen dialogischen Unverständnis zwischen Mutter und Kind. Diese Zusammenhänge sind den Müttern mental kaum zugänglich, es sei denn, sie werden durch therapeutische oder beraterische Hilfsmaßnahmen mit ihren eigenen Unzulänglichkeiten konfrontiert.[34] Die auch durch eine Tagesbetreuung bedingte kurze Trennung zwischen einem Kleinkind und der Mutter wird gesellschaftlich nach wie vor mißbilligt. Die Mutter, die nach der Geburt die ersten Jahre mit ihrem Kind zu Hause verbringt, wird in unserer Gesellschaft als die "bessere Mutter" anerkannt. Mütter von unsicher gebundenen Kindern scheinen sich von diesen gesellschaftlichen Erwartungen mehr abhängig zu fühlen als Mütter von sicher gebundenen Kindern. Da die Mütter sich in ihrer Beziehung zum Kind aufgrund eigener Bindungsstrukturen aus der Kindheit selbst unsicher fühlen (vgl. Grossmann et al. 1988, Main et al. 1985), orientieren sie sich vermutlich stärker an den von außen auferlegten Erwartungen als Mütter mit einer sicheren Bindungserfahrung. Mütter mit sicher gebundenen Kindern scheinen in ihren Wertvorstellungen autonomer zu funktionieren und in ihren Entscheidungen, das Kind für einige Stunden des Tages durch andere Personen betreuen zu lassen, weniger ängstlich zu sein als Mütter mit unsicher gebundenen Kindern.

Ein Zusammenhang zwischen der Bindungssicherheit und der Berufstätigkeit der Mutter als unabhängige Variablen und zwischen der Einschätzung der Mutter von Trennungseffekten auf das Kind (Subskala 2) konnten

---

[34] Die unter anderem von Cramer et al. (1990) praktizierte dynamische Kurzzeittherapie zielt genau darauf ab, Eltern ihr Verhalten gegenüber dem Kind bewußt werden zu lassen, um mit Hilfe dieser therapeutischen Unterstützung zu lernen, ihr Verhalten im Umgang mit dem Kind zu modifizieren.

nicht nachgewiesen werden. Keine der in diesem Kontext erwähnte, Autoren (vgl. DeMeis et al. 1986; McBride und Belsky, 1988) fanden einen Assoziation zwischen der Subskala 2 und zwischen der Berufstätigkeit der Mutter. Die amerikanischen Studien haben die Mütter hinsichtlich ihrer Einstellung zur Berufstätigkeit zusätzlich befragt und konnten auch in diesem Zusammenhang keine Korrelation feststellen. Die Trennungsangst der Mutter scheint somit weniger mit den Trennungsreaktionen des Kindes im Einklang zu stehen als vielmehr mit Faktoren, die mit den inneren Repräsentanzen des eigenen Selbst, von anderen und von Bindungsmustern in Beziehungen zu anderen.

5.5 Zusammenfassung und Ausblick

Seit Bowlby (1975, 1976, 1983) Anfang der fünfziger Jahre die Grundlage der ethologischen Bindungstheorie entwickelte, abgeleitet von der Psychoanalyse, der Systemtheorie und vor allem der Ethologie, wurde die Aufmerksamkeit von Wissenschaftlern zunehmend verstärkt auf die Untersuchung von zwischenmenschlichen Beziehungen, vor allem aber auf die Untersuchung der Mutter-Kind Bindung gelenkt. Von der Erforschung des Ursprungs und des Wesens der frühen Mutter-Kind Bindung ausgehend, erweiterte sich das Interesse von Bindungsforschern auf die Untersuchung von Bindungsbeziehungen im Vorschulalter und bei Erwachsenen (vgl. Kapitel 2.2.1.3 dieser Arbeit) und in jüngster Zeit auch bei Jugendlichen (vgl. Jacobsen et al. 1994, Kobak et al. 1988). Neben den bindungstheoretisch orientierten Studien existieren zahlreiche andere Untersuchungen über zwischenmenschliche Beziehungen, deren ganze Bandbreite in einer neueren Publikation, herausgegeben von Auhagen und von Salisch (1993), deutlich wird.

Die vorliegende Arbeit befaßte sich ausschließlich mit der Mutter-Kind Bindung und deren Konsequenzen auf das emotionale Ausdrucksverhalten und Trennungsverhalten des Kindes vom 12. bis zum 36. Lebensmonat. Als mütterliche Verhaltensmerkmale wurden ihre emotionale Responsivität, ihr Tennungsverhalten und ihre Trennungsangst untersucht. Die Studie wurde durchgeführt im Rahmen des DFG Längsschnittuntersuchung, die 1989 unter der Projektleitung von Frau Prof. Klann-Delius am Fachbereich Germanistik der Freien Universität Berlin begonnen wurde. Die Datenerhebungen erstreckten sich auf einen Zeitraum von zwei Jahren. An der Längsschnittstudie nahmen insgesamt 39 Mutter-Kind Paare teil, von denen für diesen Teil der Untersuchung die Daten von 36 Mutter-Kind Paaren berücksichtigt wurden.

Im Alter vom 12 Monaten wurde die Qualität der Mutter-Kind Bindungsbeziehung in der "Fremden Situation" (vgl. Ainsworth & Witting 1969) ermittelt. Als die Kinder 17, 23, 30 und 36. Monate alt waren, wurden sie mit ihren Müttern in einem Labor der Freien Universität Berlin während 30-minütiger Spielinteraktionen videografiert. Die Besonderheit dieser Erhebungen bestand darin, daß nach 20 Minuten streßfreier Spielinteraktion zwischen Mutter und Kind eine Beeinträchtigung der Spielsituation erfolgte, die durch eine zweiminütige Separation von der Mutter charakterisiert war. Diese Daten dienten zur Beobachtung des emotionalen Ausdrucksverhaltens der Kinder in streßfreien und in streßbelasteten Situationen, zur Beobachtung der emotionalen Responsivität der Mütter sowie zur Beobachtung des Trennungsverhaltens der Kinder und ihren Müttern. Die Einstellung der Mütter zu Trennungsfragen, d. h. ihre Trennungsangst, wurde mit Hilfe eines Fragebogens untersucht (vgl. Hock et al. 1989). Zusammenfassend lassen sich folgende Dimensionen, die für die Fragestellung der vorliegenden Arbeit relevant waren, ermitteln:

- Bindungssicherheit,
- Qualität des emotionalen Ausdrucksverhaltens der Kinder,
- Qualität der emotionalen Responsivität der Mütter,
- Trennungsverhalten der Kinder,
- Trennungsverhalten der Mütter,
- Bewältigungsstrategie als Kompetenz der Kinder im Umgang mit kurzen Trennungen von ihren Müttern,
- Trennungsangst der Mütter.

Die Analyse der Daten zielte darauf ab zu untersuchen, inwiefern die Bindungssicherheit des Kindes zur Mutter als eine Einflußgröße gewertet werden kann hinsichtlich der Affektorganisation des Kindes, der emotionalen Responsivität der Mutter, dem Trennungsverhalten des Kindes und der Mutter, der Bewältigungsstrategie des Kindes im Zusammenhang mit Trennung und der Trennungsangst der Mutter. Die Untersuchung der oben angeführten Dimensionen erfolgte nach normativen oder Entwicklungsaspekten und nach individuellen Faktoren in Abhängigkeit von der Bindungssicherheit im Querschnitt- und im Längsschnittvergleich.

Mit verschiedenen Meßinstrumenten wurden sowohl konkret beobachtbare Verhaltensweisen als auch die daraus abgeleitete intrapsychische Verhaltensebene bei Kleinkindern und deren Müttern erfaßt. Somit konnten bindungsrelevante und das Affektleben betreffende Verhaltensorganisationen im frühen Kindesalter mit Hilfe verschiedener Meßinstrumenten untersucht werden (vgl. Kapitel 3 dieser Arbeit). Eine methodische Schwierigkeit dieser Studie zeigte sich darin, daß das Verhalten der Kinder in einem Alter, in dem ein qualitativer Wandel bindungsrelevanter Verhaltensweisen sichtbar wird, untersucht wurde. Eine gravierende Veränderung von bindungsrelevantem Verhalten wurde allerdings erst ca. am Ende des dritten Lebensjahres erwartet und nicht, wie diese Studie zeigte, bereits am Ende des zweiten Lebensjahres. In der Forschungsliteratur wird zwar diese Vermutung ausgesprochen, es gibt aber kaum längsschnittliche Daten, die in dichter Reihenfolge gerade diese für die Forschung kritische Altersspanne zwischen dem 24. und dem 36. Lebensmonat erfaßt haben. Insofern bietet die vorliegende Studie neue Erkenntnisse über eine Altersstufe, die in der Bindungsforschung als unterrepräsentiert betrachtet werden kann. Die meisten Untersuchungen befassen sich vorrangig mit dem Kleinkind bis zum 24. Lebensmonat oder mit Kindern im Vorschulalter.

Mit unserer Studie wurden auf der Grundlage von längsschnittlich erhobenem empirischem Material neue Kenntnisse über Stabilität und Veränderungen auf der Ebene affektiven Ausdrucksverhaltens und Trennungsverhaltens von Kindern zwischen dem 17. und dem 36. Lebensmonat gewonnen. Es kann bestätigt werden, daß die Qualität der emotionalen Bindungsbeziehung zwischen Mutter und Kind, ermittelt im 12. Lebensmonat des Kindes in der "Fremde Situation", helfen kann, die individuellen Unterschiede im Affektausdrucksverhalten und im Trennungsverhalten von Kindern in streßbelasteten Trennungssituationen im zweiten und im dritten Lebensjahr sowie individuelle Unterschiede in der Einstellung der Mütter zu Trennungsfragen zu erklären. Im Hinblick auf die Bewältigungsstrategie als Kompetenzmaß der Kinder in Trennungssituationen und auf die emotionale Responsivität der Mütter scheint die Bindung als eine erklärende Größe für individuelle Unterschiede zwischen den Hauptbindungsgruppen weniger eindeutig, d. h. nur für einige der hier untersuchten Altersstufen relevant zu sein. Im folgenden sollen die wichtigsten Ergebnisse der vorliegenden Arbeit dargestellt werden.

Die emotionale Verhaltensorganisation der Kinder blieb in streßfreien Spielsituationen zwischen dem 17. und 36. Lebensmonat stabil. Unabhängig von der Bindungsorganisation verhielten sich Kinder in ihrem emotionalen Ausdrucksverhalten mit 17, 23, 30 und 36 Lebensmonaten überwiegend (91-94%) neutral, selten (2-6%) positiv sowie negativ (2-11%) und noch seltener (0-2%) widersprüchlich (mixed). Die emotionale Reaktion der Kinder auf eine Streßbelastung wiederum veränderte sich im Laufe der Entwicklung sowohl unabhängig als auch in Abhängigkeit von der Bindungssicherheit. Unabhängig von der Bindungsqualität zeichnete sich ab, daß in einer emotional belasteten Situation die Affektorganisation der Kinder im zweiten Lebensjahr relativ stabil blieb und statistisch signifikante Veränderungen erst ca. ab Mitte des dritten Lebensjahres festzustellen waren. Der Anteil des negativen Affektausdrucks der Kinder nahm sowohl während der zweiminütigen Separation als auch nach der Separation im Entwicklungsverlauf statistisch signifikant ab zugunsten einer Zunahme des Anteils an neutralem Affektausdruck. Dieses Resultat ist zwar nicht überraschend und entspricht den Alltagsbeobachtungen, es ist jedoch insofern bemerkenswert, als es zeigt, wie sich emotionales Ausdrucksverhalten im Entwicklungsverlauf in streßbelasteten Situationen verändert. In Abhängigkeit von der Bindung wurde gefunden, daß Kinder der unsicheren Bindungsgruppe ihre Affekte weniger direkt kommunizierten, daß sie ab Ende des zweiten Lebensjahres häufiger irritiert auf eine Separation von der Mutter reagierten und sich langsamer von diesem Streßfaktor erholten als bindungssichere Kinder. Diese Befunde unterstützen andere bindungstheoretische Untersuchungsergebnisse und ergänzen sie insofern, als hier anhand längsschnittlich erhobenen Datenmaterials Veränderungsprozesse im Entwicklungsverlauf dokumentiert werden konnten.

Im Hinblick auf die emotionale Responsivität der Mütter und in Abhängigkeit von der Bindungsqualität zum Kind wurden die theoretischen Erwartungen nur teilweise bestätigt. Mütter von bindungssicheren Kindern verhielten sich den Erwartungen entsprechend signifikant häufiger emotional unterstützend im 17. und 23. Lebensmonat der Kinder als Mütter mit unsicher gebundenen Kindern. Mütter der unsicheren Bindungsgruppe wiederum verhielten sich in ihrer emotionalen Responsivität weniger unterstützend, als die Kinder 17 Monate alt waren. Im 30. und 36. Lebensmonat der Kinder konnten diese Unterschiede des mütterlichen Verhaltens nicht mehr bestätigt werden. Es bleibt hier die Frage unbeantwortet, ob die Feinfühligkeit der Mutter im dritten Lebensjahr des Kindes, d. h. in einem Alter, in dem die Sprache zum wesentlichen Kommunikationsmittel wird, nicht anders als im frühkindlichen Alter definiert werden muß. Es ist vorstellbar, daß von diesem Alter an die emotionale Responsivität der Mutter weniger in der Unterstützung von Affektregulierung des Kindes sichtbar wird, als vielmehr in anderen Verhaltenskategorien zu suchen ist, wie z. B. im Aufstellen von entwicklungsfördernden Forderungen, Grenzen etc. Diese Fragen zu beantworten, könnte Gegenstand zukünftiger Forschungen sein.

Unabhängig von der Bindung zeichnete sich ab, daß die Häufigkeit der unterstützenden Responsivität der Mütter zwischen dem 36. und den drei früheren Lebensmonaten der Kinder statistisch signifikant zunahm. Dieses Resultat ist überraschend und wirft viele neue Fragen auf, die Anlaß für weitere Studien bieten könnten. Es drängt sich in diesem Zusammenhang die Frage auf, ob die Zunahme der unterstützenden Responsivität der Mütter mit der Kompetenz der Mütter zu tun haben könnte, die emotionalen Signale der Kinder ca. ab Ende des dritten Lebensjahres leichter zu interpretieren als im frühkindlichen Alter? Wenn dabei beachtet wird, daß neue Erkenntnisse über Kompetenzen und über Fähigkeiten von Säuglingen und Kleinkindern von Wissenschaftlern erst neu entdeckt werden, dann ist es nicht überraschend, wenn Mütter oft überfordert sind, Signale und Verhalten ihrer Kinder in den ersten zwei Lebensjahren richtig zu interpretieren und darauf feinfühlig zu reagieren.

Die Untersuchung des mütterlichen Verhaltens im Umgang mit kurzen Trennungen erbrachte keine bemerkenswerten Unterschiede zwischen den Müttern der beiden Hauptbindungsgruppen. Es ist denkbar, daß Separationsstimuli als streßauslösende Faktoren das mütterliche Verhalten auf eine ähnliche Art und Weise beeinflussen, und zwar unabhängig von der Qualität der Bindungsbeziehung zum Kind. Das Trennungsverhalten der Mütter blieb auch im Entwicklungsverlauf der Kinder stabil. Das einzige statistisch signifikante Ergebnis wurde in der Wiedervereinigungsepisode gefunden, in der Mütter nach der Trennung häufiger Körperkontakt zu den Kindern aufnahmen, als die Kinder 17 Monate alt waren im Vergleich zu späteren Altersstufen. Dies hängt wahrscheinlich damit zusammen, daß die Kinder im 17. Lebensmonat signifikant häufiger verstört waren, wenn ihre Mütter den Raum verließen als im späteren Alter.

Die Vermutung, daß die Trennungsangst der Mütter mit der Bindungsqualität zum Kind und mit ihrer Berufstätigkeit korrespondiert, konnte bestätigt werden. Mütter von unsicher gebundenen Kindern äußerten signifikant mehr "allgemeine- und berufsbedingste Trennungsangst" als Mütter von bindungssicheren Kindern.

Eine zentrale Fragestellung dieser Studie betraf die Art der Verhaltensorganisation von Kindern unter drei Jahren in Trennungssituationen. Wir untersuchten, ob in Abhängigkeit vom Alter und von der Qualität der frühen Mutter-Kind Bindung typische Verhaltensmuster von Kindern zwischen dem 17. und dem 36. Lebensmonat zu erkennen sind und ob Bindung mit Bewältigungsstrategien der Kinder als Kompetenzmaß im Umgang mit Trennung korrespondiert. Die Ergebnisse dieses Teils der Studie können insofern als interessant im Bereich der Bindungsforschung betrachtet werden, als hier Trennungsverhalten von Kindern außerhalb der "Fremden Situation" in relativ dichter Reihenfolge im Entwicklungsverlauf unter Bedingungen untersucht wurde, die einer Alltagssituation durchaus vergleichbar waren. Die Untersuchung von Trennungsverhalten von Kleinkindern in Alltagssituationen sind eher die Ausnahme als die Regel. Die Ergebnisse der Separationsdaten haben den Nachweis erbracht, daß in Abhängigkeit von der Bindungsqualität typische Verhaltensmuster bei Kindern im zweiten und im dritten Lebensjahr zu beobachten sind, die sich jedoch hauptsächlich auf das Verhalten der Kinder während der Separation beziehen.

Die Bindungssicherheit korrespondiert während der Separation mit den Faktoren "Verstörung", "Suchverhalten" und "Erkundungsverhalten". Den Erwartungen entsprechend waren bindungsunssichere Kinder während aller Separationsepisoden hinweg signifikant häufiger verstört als Kinder mit einer sicheren Bindungserfahrung. Sicher gebundene Kinder wiederum beschäftigten sich während aller Separationsepisoden signifikant häufiger mit Spielen und mit Erkundung der Umwelt als Kinder der unsicheren Bindungsgruppe. Im Hinblick auf das aktive Suchverhalten der Kinder, das den Wunsch nach einer Wiederkehr der Mutter signalisiert, zeigten unsicher gebundene Kinder überraschenderweise im 36. Lebensmonat signifikant häufiger den Wunsch nach der Rückkehr der Mutter als im Alter von 17, 23, und 30 Lebensmonaten und als Kinder der sicheren Bindungsgruppe.

Die Untersuchung der Reaktion der Kinder auf die Ankündigung der Separation erbrachte den Nachweis, daß sicher gebundene Kinder im 17. Lebensmonat signifikant häufiger verstört reagierten als bindungsunsichere Kinder, die erst ab dem 23. Lebensmonat verstört waren, wenn ihre Mütter den Raum verlassen wollten. In der Wiedervereinigungsepisode konnte beobachtet werden, daß bei den unsicher gebundenen Mutter-Kind Paaren die emotionale Atmosphäre signifikant häufiger negativ getönt war als bei den sicher gebundenen Mutter-Kind Paaren. Diese Unterschiede waren über alle vier Meßzeitpunkte hinweg signifikant. Die Ergebnisse der Separationsdaten liefern neben den Emotionsdaten weitere Beweise dafür, daß ein scheinbar autonomes, jedoch auf Abwehrreaktion basierendes Verhalten der unsicher gebundenen Kinder mit 12 Monaten in der "Fremden Situation" im Laufe der Entwicklung zu mehr Abhängigkeit, interpsychischer Unsicherheit und Unzufriedenheit führt vor allem in bezug auf Streßbewältigung.

Die Untersuchung der normativen Aspekte im Trennungsverhalten von Kindern im zweiten und im dritten Lebensjahr untermauert die Befunde der Emotionsdaten, daß Verhaltensveränderungen in erster Linie ca. ab Ende des zweiten Lebensjahres empirisch nachweisbar sind. Unabhängig von der Bindung wurde festgestellt, daß die Kinder im Laufe ihrer Entwicklung zunehmend häufiger verbalen Bezug auf die Separation nahmen, daß sie im 23. Lebensmonat signifikant häufiger verstört auf die Ankündigung der Separation reagiert haben als vor und nach diesem Alter. Während der Separation waren die Kinder im zweiten Lebensjahr signifikant häufiger verstört als am Ende des dritten Lebensjahres und mit 17 Monaten waren sie signifikant seltener mit der Erkundung der Umwelt beschäftigt als im späteren Alter. Nach einer Separation zeigten die Kinder im 17. Lebensmonat signifikant häufiger Widerstand gegen Kontakt und Interaktion mit der Mutter als im späteren Alter, und am Ende des dritten Lebensjahres begrüßten sie signifikant häufiger ihre Mütter in der Wiedervereinigungsepisode als im früheren Alter.

Die Daten zum Kompetenzverhalten der Kinder als Reaktion auf die Ankündigung der Separation und während der Separation wurde in Abhängigkeit von der Bindungssicherheit für die vier Meßzeitpunkte unabhängig voneinander im Querschnittvergleich analysiert. Ein Zusammenhang zwischen sozialer Kompetenz und Bindungssicherheit konnte nur teilweise bestätigt werden. Die Art der Reaktion auf die Ankündigung der Separation war nur für die Altersstufe der 17 Monate alten Kinder signifikant. Bindungssichere Kinder verhielten sich diesbezüglich häufiger kompetent, d. h. daß sie aktiv versucht haben, den Weggang der Mutter zu verhindern. Bindungsunsichere Kinder hingegen waren zwar irritiert, als ihre Mütter ankündigten, den Raum zu verlassen, sie unternahmen jedoch keine Initiative, die Mütter an ihrem Weggang zu hindern. Wie bereits die Auswertungen des emotionalen Ausdrucksverhaltens der Kinder gezeigt haben, scheint es so zu sein, daß unsicher gebundene Kinder bestimmte Kompetenzen in einem späteren Entwicklungsalter erwerben als sicher gebundene Kinder. Auch wenn es widersprüchlich scheint, kann die wachsende Kompetenz der bindungsunsicheren Kinder in ihrer Einflußnahme auf die Trennungssituation in gewisser Hinsicht mit einer wachsenden intrapsychischen Unsicherheit und Abhängigkeit einhergehen. Dafür spricht auch das Ergebnis, daß im 36. Lebensmonat die bindungsunsicheren Kinder während der Separation weniger autonom waren als Kinder der sicheren Bindungsgruppe. D. h., daß sie seltener gespielt haben und daß sie häufiger nach der Mutter suchten als bindungssichere Kinder, die in diesem Alter während der Separation unbesorgt weiterspielten. Die Unzufriedenheit der bindungsunsicheren Kinder mit der Separation zeigte sich auch daran, daß sie nach der Rückkehr der Mutter schlecht gelaunt waren.

Eine der Schwierigkeiten hinsichtlich der Untersuchung der emotionalen Bindung und bindungsrelevanter Verhaltensorganisationen nach interaktionistischem Ansatz ist teilweise methodischer Art. Die Qualität von Interaktionen zu erfassen, scheint eine der schwierigsten Aufgabe zu sein im Hinblick auf die qualitativen Aspekte einer Beziehung (vgl. Hinde 1993). Es mangelt an Meßverfahren, die eine direkte Erfassung von "Ursache-Wirkung Phänomenen" im Interaktionsgeschehen erlauben würden, wodurch wiederum das Ausmaß, in dem die Verhaltensweisen der Interaktionspartner ineinandergreifen, sichtbar werden könnte. Es läßt sich dennoch eine Vielzahl von Informationsquellen heranziehen, die beispielsweise das verbale und vokale, das mimische Verhalten sowie die Körperhaltung und die Bewegung der Interaktionspartner berücksichtigen. Dieser Weg wurde auch in unserer Arbeit methodisch verfolgt.

Das Ausmaß, in dem das Ineinandergreifen der Verhaltensweisen von Interaktionspartnern, in unserem Fall von Mutter und Kind, erfaßt werden kann, bietet auch neue Anhaltspunkte in bezug auf die Qualität der Interaktion und der zugrundeliegenden Bindungsbeziehung. Die Entwicklung von Meßinstrumenten, die weniger den Beitrag des Individuums als vielmehr den dyadischen Aspekt des Ineinandergreifens der Verhaltensweisen von Interaktionspartnern berücksichtigt, könnte zur Entdeckung bislang unbekannter Merkmale in frühen Bindungsbeziehungen führen.

Bezogen auf die vorliegende Arbeit wäre es interessant, das vorhandene Datenmaterial auf Interaktionseffekte hin zu analysieren. Die statistische Analyse müßte auf die Untersuchung der Interaktion zwischen dem Affektausdruck des Kindes und der emotionalen Responsivität der Mutter sowie zwischen Trennungsverhalten des Kindes und der emotionalen Responsivität der Mutter ausgedehnt werden. Eine solche Analyse würde die Dynamik des Interaktionsgeschehens zwischen Mutter und Kind genauer erfassen und die Frage beantworten, ob die unterschiedliche Qualität des kindlichen Affektausdrucks und des Trennungsverhaltens mit qualitativ unterschiedlichem Responseverhalten der Mutter in der konkreten Situation korrespondiert. Darüber hinaus wäre es wünschenswert, Studien durchzuführen, die auf der Ebene des Ineinandergreifens des Verhaltens von Mutter und Kind das Interaktionsgeschehen in Abhängigkeit von der Bindungsorganisation untersuchen.

Ein wissenschaftliches Interesse der Grundlagenforschung im Bereich der Frühsozialisation dürfte vielleicht noch mehr als in anderen Forschungsbereichen nicht eine rein theoretisch wissenschaftliche, sondern auch eine für die Praxis relevante sein. Manchmal ist der Einfluß von wissenschaftlichen Erkenntnissen der empirischen Forschung vor allem in bezug auf die pädagogische und klinische Praxis eine zunächst sehr indirekte und nicht explizit beabsichtigte. D. h., daß Untersuchungsergebnisse, über die öffentlich berichtet wird, auch Einfluß auf Eltern, Pädagogen, Mediziner und Therapeuten nehmen und ihre Wahrnehmung über den Säugling und das Kleinkind nachhaltig verändern. Dieser Prozeß hat insofern bereits begonnen, als das "defizitäre Bild" vom Menschenkind in der Frühsozialisation mehr und mehr in den Hintergrund tritt und die Auffassung von einem kompetenten Säugling und Kleinkind immer mehr Verbreitung findet.

Wie in der vorliegenden Arbeit gezeigt werden konnte, weisen sowohl theoretische Überlegungen als auch empirische Daten darauf hin, daß frühe Bindungserfahrungen einen nachhaltigen Einfluß auf Lebensbewältigungsstrategien im späteren Alter nehmen. In einer allgemeinen Betrachtungsweise betreffen diese vor allem die Empfindlichkeit des Individuums gegenüber Streßfaktoren sowie seine Fähigkeit, effektive Copingstrategien zu entwickeln (vgl. Sroufe 1988). Längsschnittlich angelegte empirische Untersuchungen, die gegenwärtig eher die Ausnahme bilden, könnten in Zukunft dazu beitragen, die Wirksamkeit von pädagogischen und klinischen Maßnahmen zu überprüfen, die den Aufbau von auf Sicherheit basierenden Bindungen im frühen Kindesalter fördern. Diesbezügliche Interventionsprogramme könnten sich auf Informationsvermittlung und Aufklärung über frühkindliche Entwicklungsprozesse, auf Früherkennung von unsicheren Bindungen sowie auf therapeutische Maßnahmen, wie diese in der Schweiz und in den USA mit Eltern und ihren Säuglingen und Kleinkindern praktiziert werden, beziehen.

6 Literatur

Ainsworth, M.D.S. 1969. "Object relations, dependency, and attachment: A theoretical review of the infant-mother relationship." *Child Development* 40, S. 966-1022.

Ainsworth, M.D.S., B.A. Witting. 1969. "Attachment and the exploratory behavior of one-year-olds in a strange situation." *Determinants of infant behavior.* Hg. v. B.M. Foss. London: Methuen, S. 111-136.

Ainsworth, M.D.S., S.M. Bell. 1970. "Attachment, exploration and separation: Illustrated by the behavior of one-year-olds in a strange situation." *Child Development* 41, S. 49-67.

Ainsworth, M.D.S., S.M. Bell, D.J. Stayton. 1971. "Individual differences in strange situation behavior of one-year-olds." *The origins of human social relations.* Hg. v. H.R. Schaffer. London & New York: Academic Press, S. 17-57.

Ainsworth, M.D.S. 1973. "The development of infant-mother attachment." *Review of child development research.* Hg. v. B.M. Caldwell, H.N. Riciutti. Chicago: The University of Chicago Press, S. 1-95.

Ainsworth, M.D.S., S.M. Bell. 1974a. "Mother-infant interaction and the development of competence." *The growth of competence.* Hg. v. K.J. Connolly, J. Bruner. London & New York: Academic Press, S. 97-119.

Ainsworth, M.D.S., S.M. Bell, D.J. Stayton. 1974b. "Infant-mother attachment and social development: Socialisation as a product of reciprocal responsiveness to signals." *The integration of a child into a social world.* Hg. v. M.P.M. Richards. London: Cambridge University Press.

Ainsworth, M.D.S., M.C. Blehar, E. Waters, S. Wall. 1978. *Patterns of attachment: A psychological study of the strange situation.* Hillsdale, N.J.: Erlbaum Associates.

Ainsworth, M.D.S., 1979. "Infant-mother attachment." *American Psychologist.* 34, S. 923-937.

Ainsworth, M.D.S., 1989. "Attachment beyond infancy." *American Psychologist* 44, S. 709-716.

Ainsworth, M.D.S., 1990. "Some considerations regarding theory and assessment relevant to attachment beyond infancy." *Attachment in the preschool years.* Hg. v. M.T. Greenberg, D. Cicchetti, E.M. Cumming. Chicago & London: The University of Chicago Press, S. 463-488.

Ainsworth, M.D.S., J. Bowlby. 1991. "An ethological approach to personality development." *American Psychologist* 46, S. 333-341.

Andres, B. 1989. "Tagesmütter - Frauen zwischen privater und öffentlicher Mütterlichkeit." *Frauenberufe - Hausarbeitsnah? Zur Erziehungs-, Bildungs- und Versorgungsarbeit von Frauen.* Hg. v. M. Klewitz, U. Schildmann, T. Wobbe. Pfaffenweiler, S. 219-245.

Arminger, G. 1976a. *Log-lineare Modelle zur Analyse nominal skalierter Variablen.* Wien: Verband der wissenschaftlichen Gesellschaft.

Arminger, G. . 1976b. "Einführung in log-lineare Modelle zur Analyse von nominal skalierten Variablen." *Format* 1, S. 52-87.

Auhagen, A.E., M. von Salisch (Hg.) 1993. *Zwischenmenschliche Beziehungen.* Göttingen etc.: Hogrefe.

Balint, A. 1939. "Liebe zur Mutter und Mutterliebe." *Die Urfomen der Liebe und die Technik der Psychoanalyse.* Hg. v. M. Balint. Frankfurt am Main: Fischer (1969), S. 103-119.

Balint, M. 1937. "Frühe Entwicklungsstadien des Ichs. Primäre Objektliebe." *Die Urformen der Liebe und die Technik der Psychoanalyse.* Hg. v. M. Balint. Frankfurt am Main: Fischer (1969), S. 83-103.

Basch, M.F. 1992. *Die Kunst der Psychotherapie: Neuste theoretische Zugänge zur psychotherapeutischen Praxis.* München: J. Pfeiffer.

Bates, J.E., C.A. Maslin, K.A. Frankel. 1985. "Attachment security, mother-child interaction, and temperament as predictors of behavior problem ratings at age three years." *Monographs of the Society for Research in Child Development 50,* S. 167-193.

Baumgart, M. 1991. "Psychoanalyse und Säuglingsforschung: Versuch einer Integration unter Berücksichtigung methodischer Unterschiede." *Psyche* 45, S. 780-809.

Beebe, B., F. Lachman. 1986. "Mother-infant mutual influence and precursors of psychic structures." *Progress in Self Psychology.* 3. Hg. v. A. Goldberg. Hillsdale, NJ: The Analytic Press, S. 3-25.

Beller, K.E., A. Pohl. 1986. *The Strange Situation revisited.* Beverly Hills.

Beller, K.E., U. Kuckartz, A. Pohl, M. Stahnke. 1987. *Ein Modell der Kleinstkindpädagogik, seine Umsetzung in Krippen und seine empirische Evaluation. (Abschlußbericht für die Stiftung Volkswagen-Werk.).* Berlin: Freie Universität Berlin.

Belsky, J., M. Rovine, D.G. Taylor. 1984a. "The Pennsylvania Infant and Family Development Project, 3: The origins of individual differences in infant-mother attachment: maternal and infant contributions." *Child Development* 55, S. 718-728.

Belsky, J. 1984b. "Two waves of day care research: Developmental effects and conditions of quality." *The child and the day care setting.* Hg. v. R.C. Ainslie. New York: Praeger Publishers.

Belsky, J., M. Rovine. 1987. "Temperament and attachment security in the strange situation: An empirical rapprochement." *Child Development* 58, S. 787-795.

Bischof, N. 1975. "A systems approach towards the functional connections of attachment and fear." *Child Development* 46, S. 801-817.

Bischof, N, 1985. *Das Rätsel Ödipus.* München: Piper.

Bishop, Y.M.M., S.E. Fienberg, P.W. Holland. 1975. *Discrete multivariate analysis.* Cambridge: MA: MIT Press.

Blanck, R., G. Blanck. 1989. *Jenseits der Ich-Psychologie.* Stuttgart: Klett-Cotta.

Bloom, L. 1985. *Procedures for Coding Affect.*: Unpublished manuscript.

Bloom, L., J. Bitetti Capatides. 1987a. "Expression of affect and the emergence of language." *Child Development* 58, S. 1513-1522.

Bloom, L., P. Wirkstrom, J. Bitetti Capatides. 1987b. *Development in affect.* Teachers College, Columbia University Unpublished manuscript.

Bornstein, M.H. 1989. "*Maternal responsiveness: Characteristics and consequences.* Hg. v. M. Bornstein. San Francisco: Jossey-Bass.

Bortz, J. 1993. *Statistik für Sozialwissenschaftler.* 4. Aufl. Berlin et al.: Springer.

Bowlby, J. 1959. "Über das Wesen der Mutter-Kind-Bindung." *Psyche* 13, S. 415-456.

Bowlby, J.,1961. "Die Trennungsangst." *Psyche* 7, S. 411-464.

Bowlby, J. 1975. *Bindung: eine Analyse der Mutter-Kind-Beziehung.* München: Kindler. (Orig. 1969).

Bowlby, J. 1976. *Trennung: psychische Schäden als Folgen der Trennung von Mutter und Kind.* München: Kindler. (Orig. 1973).

Bowlby, J. 1983. *Verlust, Trauer und Depression.* Frankfurt am Main : Fischer. (Orig. 1980).

Bowlby, J. 1988. *A secure base: Parent-child attachment and healthy human development.* New York: Basic Books.

Brazelton, T.B., B. Koslowsky, M. Main. 1974. "The origins of reciprocity: the early mother-infant interaction." *The effect of the infant on its caregiver.* Hg. v. M. Lewis, L. Rosenblum. New York: Wiley, S. 49-76.

Bretherton, I. 1985. "Attachment theory: Retrospect and prospect." *Monogr. of the Soc. for Res. in Child Dev. 50,* S. 3-35.

Bretherton, I. 1987. "New perspectives on attachment relations: security, communication, and internal working models." *Handbook of infant development.* Hg. v. J. Osofsky. New York: Wiley, S. 1061-1100.

Bretherton, I. 1990. "Communication patterns, internal working models, and the intergenerational transmission of attachment relationships." *Infant Mental Health Journal* 11, S. 237-252.

Bretherton, I. D. Ridgeway, J. Cassidy. 1990. "Assessing internal working models of the attachment relationship: An attachment story completion task for 3-year olds." *Attachment in the preschool years.* Hg. v. M. Greenberg, D. Cicchetti, E. Cummings. Chicago: The University of Chicago Press, S. 273-308.

Cassidy, J., M. Main. 1985. "The relation between infant-parent attachment and the ability to tolerate brief separation at six years." *Frontiers of infant psychiatry.* Hg. v. R. Tyson, E. Galenson. New York: Basic Books, S. 132-136.

Cassidy, J. 1986. "The ability to negotiate the environment: An aspect of infant competence as related to quality of attachment." *Child Development* 57, S. 331-337.

Cassidy, J. 1988. "Child-mother attachment and the self in six-year-olds." *Child Development* 59, S. 121-134.

Cassidy, J. 1990. "Theoretical and methodological considerations in the study of attachment and the self in young children." *Attachment in the preschool years.* Hg. v. M.T. Greenberg, D. Cicchetti, E.M. Cummings. Chicago & London: The University of Chicago Press, S. 87-119.

Cicchetti, D., E.M. Cummings, M.T. Greenberg, R.S. Marvin. 1990. "An organizational perspective on attachment beyond infancy. Implications for theory, measurement, and research." *Attachment in the preschool years.* Hg. v. M.T. Greenberg, D. Cicchetti, E.M. Cummings. Chicago & London: The University of Chicago Press, S. 2-49.

Cohen, J. 1960. "A coefficient of agreement for nominal scales." *Educational and Psychological Measurement* 20, S. 37-46.

Cohen, L.J., J. Campos. 1974. "Father, mother, and stranger es elicitors of attachment behaviors in infancy." *Developmental Psychology* 1 0, S. 146-154.

Cohn, D.A. 1990. "Child-mother attachment of six year old`s and social competence at school." *Child Development* 62, S. 152-162.

Cox, F.N., D. Campbell. 1968. "Young children in a new situation with and without their mothers." *Child Development* 39, S. 123-131.

Cramer, B.G. 1987. "Objective and subjective aspects of parent-infant relations: An attempt at correlation between infant studies and clinical work." *Handbook of infant development.* Hg. v. J. Osofsky. New York: Wiley, S. 1037-1057.

Cramer, B.G., Ch. Robert-Tissot, D. Stern, S. Serpa-Rusconi, M. De Muralt, G. Besson, F. Palacio-Espasa, J.-P. Bachmann, D. Knauer, C. Berney, U. D`arcis. 1990. "Outcome evaluation in brief mother-infant psychotherapy: A preliminary report." *Infant Mental Health Journal* 11, S. 278-300.

Crittenden, P.M. 1985. "Maltreated infants: Vulnerability and resilience." *J. Child Psychol. Psychiat.* 26, S .85-96.

Crittenden, P.M. 1988a. "Distorted patterns of relationship in maltreating families: The role of internal representation models." *Journal of reproductive and Infant Psychology* 6, S. 183-199.

Crittenden , P.M. 1988b. "Relationship at risk." *Clinical implication of attachment.* Hg. v. J. Belsky, T. Nezworski. Hillsdale, NJ: Erlbaum, S.136-174.

Crittenden, P.M., M.D.S. Ainsworth. 1988. "Child maltreatment and attachment theory." *Handbook of child maltreatment: Clinical and theoretical perspectives.* Hg. v. D. Cicchetti, V. Carlson. New York: Cambridge University Press, S. 432-463.

Crittenden, P.M. 1990. "Internal representational models of attachment relationships." *Infant Mental Health Journal* 11, S. 259-277.

Crittenden, P.M. 1992a. "Quality of attachment in the preschool years." *Development and Psychopathology* 4, S. 209-241.

Crittenden, P.M. 1992b. *Classification of quality of attachment for preschool-aged children.* University of New Hampshire: Unpublished coding guidelines.

DeMeis, D.K., E. Hock, S.L. McBride. 1986. "The balance of employment and motherhood: Longitudinal study of mothers` feelings about separation from their first-born infants." *Developmental Psychology* 22, S. 627-632.

DJI. 1993. *Tageseinrichtungen für Kinder. Informationen, Erfahrungen, Analysen, Zahlenspiegel.* München: Deutsches Jugendinstitut (DJI).

Dornes, M. 1993. *Der kompetente Säugling: Die präverbale Entwicklung des Menschen.* Frankfurt am Main: Fischer.

Dreier, A. 1993. *Was tut der Wind, wenn er nicht weht? Begegnung mit der Kleinkindpädagogik in Reggio Emilia.* Berlin: FIPP.

Dreier, A. 1994. *Reggio-Pädagogik. Analyse und Interpretation einer Konzeption vorschulischer Bildung. Dissertation am Fachbereich Erziehungs- und Gesellschaftswissenschaften an der Hochschule der Künste Berlin.* Berlin.

Eagle, M.N. 1988. *Neuere Entwicklungen in der Psychoanalyse.* München & Wien: Verlag Internationale Psychoanalyse.

Easterbrooks, M.A., M.E. Lamb. 1979. "The relationship between quality of infant-mother attachment and infant competence in initial encounters with peers." *Child Development* 50, S. 380-387.

Ekmam, P., W.V. Friesen. 1974. "Nonverbal behavior and psychopathology." *The Psychology of Depression: Contemporary theory and research.* Hg. v. R.J. Friedman, M.N. Katz. Washington, D.C.: J. Winston.

Ekman, P. 1979. "Zur kulturellen Universalität des emotionalen Gesichtsausdrucks." *Nonverbale Kommunikation.* Hg. v. K. Scherer, H. Wallbott. Weinheim: Beltz, S. 50-59.

Ekman, P. 1988. "Gesichtausdruck und Gefühl. 20 Jahre Forschung von Paul Ekman.". Hg. v. M. von Salisch. Paderborn: Junfermann Verlag.

Emde, R.N. 1983. "The prerepresentational self and its affective core." *The Psycoanalytic Study of the Child* 38, S. 165-192.

Emde, R.N. 1990. "Presidential address: Lessons from infancy: New beginning in a changing world and a morality for health." *Infant Mental Health Journal* 11, S. 196-212.

Emde, R.N. 1991. "Die endliche und die unendliche Entwicklung." *Psyche* 45, S. 745-799.

Ewert, O. 1983. "Ergebnisse und Probleme der Emotionsforschung." *Theorien und Formen der Motivation.* Hg. v. H. Thomae. Enzyklopädie der Psychologie. Göttingen: Hogrefe, S. 397-452.

Fairbairn, W.R. 1952. *Psychoanalytic studies of the personality.* London: Tavistock Publications.

Ferenczi, S. 1924. "Versuch einer Genitaltheorie." *Schriften der Psychoanalyse. Band II.* Hg. v. S. Ferenczi. 1982. Aufl. Frankfurt am Main: Fischer, S. 317-400.

Field, T.M. 1991. "Young children`s adaptation to repeated separations from their mothers." *Child Development* 62, S. 539-547.

Fish, M., J. Belsky. 1991. "Temperament and attachment revisited: Origin and meaning of separation intolerance at age three." *Amer. J. Orthopsychiatr.* 61, S. 418-427.

Fonagy, P., M. Steele, G. Moran, H. Steele, A. Higgitt. 1991. "Measuring the ghost in the nursery: A summary of the main findings of the Anne Freud Centre - university college London parent-child study." *The Bulletin of the Anna Freud Centre* 14, S. 115-131.

Freud, A. 1936. *Das Ich und die Abwehrmechanismen. Die Schriften der Anna Freud, Bd. 1.* Frankfurt am Main: Fischer (1987).

Freud, A., D. Burlingham. 1942. *Heimatlose Kinder. Zur Anwendung psychoanalytischen Wissens auf die Kindererziehung.* Frankfurt am Main: Fischer (1971).

Freud, A. 1946. *Das psychoanalytische Studium der frühkindlichen Eßstörungen. Die Schriften der Anna Freud, Band IV.* Frankfurt am Main: Fischer (1987).

Freud, A. 1965. *Wege und Irrwege in der Psychoanalyse.* Frankfurt am Main: Fischer (1987).

Freud, S. 1915. *Triebe und Triebschicksale. Sigmund Freud Studienausgabe, Band III.* Frankfurt am Main: Fischer (1982).

Freud, S. 1917. *Allgemeine Neurosenlehre. Vorlesungen zur Einführung in die Psychoanalyse.* Frankfurt am Main: Fischer (1980).

Freud, S. 1920. *Jenseits des Lustprinzips. Sigmund Freud Studienausgabe, Bd. III.* Frankfurt am Main: Fischer (1982).

Freud, S. 1926. *Hemmung, Symptom und Angst.* Frankfurt am Main: Fischer (1986).

Freud, S. 1931. *Über die weibliche Sexualität. Sigmund Freud Studienausgabe. Band V.* Frakfurt am Main: Fischer (1972).

Freud, S. 1938. *Abriß der Psychoanalyse.* Frankfurt am Main: Fischer (1977).

Friesen, W.V., P. Ekman. 1984. *EMFACS-7 Interpretation guide. Manuscript.* San Francisco: University of California.

George, C., N. Kaplan, M. Main. 1985. *The Adult Attachment Interview.* Unpublished protocol: University of California at Berkeley.

Gloger-Tippelt, G. 1993. *Die Bindungsbeziehung zwischen Kind und Mutter im Kontext der Partnerschaftsentwicklung der Eltern.* Vortrag im Rahmen der 11. Tagung Entwicklungspsychologie.vom 28. bis 30. September 1993 in Osnabrück.

Goossens, F.A., M.H. van Ijzendoorn . 1990. "Quality of infants` attachment`s to professional caregivers: Relations to infant-parent attachment and day-care characteristics." *Child Development* 61, S. 832-837.

Grossmann, K. 1984. *Zweijährige Kinder im Zusammenspiel mit ihren Müttern, Vätern, einer fremden Erwachsenen und in einer Überraschungssituation: Beobachtungen aus Bindungs- und kompetenztheoretischer Sicht.* Dissertation: Universität Regensburg.

Grossmann, K., K.E. Grossmann, G. Spangler, G. Suess, L. Unzner. 1985. "Maternal sensitivity and newborn`s orientation responses as related to quality of attachment in northern Germany." *Growing points in attachment theory and research. Monogr. of the Soc. for Res. in Child Dev.* 50, S. 233-256.

Grossmann, K., E. Fremmer-Bombik, J. Rudolph, K.E. Grossmann. 1988. "Maternal attachment representations as related to patterns of infant-mother attachment and maternal care during the first year." *Relationships within families: Mutual influences.* Hg. v. R.A. Hinde, J. Stevenson-Hinde. Oxford: Oxford University Press, S. 241-260.

Grossmann, K.E. 1977. "Skalen zur Erfassung mütterlichen Verhaltens von Mary D.S. Ainsworth: Feinfühligkeit versus Unempfindlichkeit gegenüber den Signalen des Babys." *Entwicklung der Lernfähigkeit in der sozialen Umwelt.* Hg. v. K.E. Grossmann. München : Kindler, S. 98-107.

Grossmann, K.E., K. Grossmann, F. Huber, U. Wartner. 1981. "German children's behavior towards their mothers at 12 months and their fathers at 18 months in Ainsworth`s Strange Situation." *Intern. Journ. of Behavioral Dev.* 4, S. 157-181.

Grossmann, K.E., K. Grossmann, A. Schwan. 1986. "Capturing the wider view of attachment: A reanalysis of Ainsworth`s Strange Situation." *Measuring emotions in infants and children.* Hg. v. C.E. Izard, P.B. Read. Cambridge etc.: Cambridge University Press, S. 124-171.

Grossmann, K.E., P. August, E. Fremmer-Bombik, A. Friedl, K. Grossmann, H. Scheuerer-Englisch, G. Sprangler, C. Stephan, G. Suess. 1989. "Die Bindungstheorie: Modell und entwicklungsspsychologische Forschung." *Handbuch der Kleinkindforschung.* Hg. v. H. Keller. Berlin etc.: Springer, S. 31-55.

Grossmann, K.E., 1990. "Laudatio für John Bowlby." *Zeitschrift f. Entw. Psych. u. Päd. Psych.* XXII, S. 166-175.

Grossmann, K.E., K. Grossmann. 1990. "The wider concept of attachment in cross-cultural research." *Human Development* 33, S. 31-48.

Hartmann, H. 1939. *Ich-Psychologie und Anpassungsproblem.* Stuttgart: Klett-Cotta (1975).

Hédervári, É, G. Klann-Delius, K. Teske. 1990. *Manual zur Kodierung von Affektausdrucksveränderung des Kindes und von emotionaler Responsivität der Mutter.* Freie Universität Berlin: Unveröffentlichtes Manuskript.

Hermann, I. 1936. "Sich-Anklammern - Auf-Suche-Gehen. Über ein in der Psychoanalyse bisher vernachlässigtes Triebgegensatzpaar und sein Verhältnis zum Sadismus-Masochismus." *IZPsa.* XXII, S. 349-370.

Hinde, R.A., J. Stevenson-Hinde. 1990. "Attachment: Biological, cultural and individual desiderata." *Human Development* 33, S .62-63.

Hinde, R. 1993. "Auf dem Weg zu einer Wissenschaft zwischenmenschlicher Beziehungen." *Zischenmenschliche Beziehungen.* Hg. v. A.E. Auhagen, M. von Salisch. Göttingen etc.: Hogrefe, S. 7-36.

Hock, E., J. B. Clinger. 1981. "Infant cooping behaviors: Their assessment and their relationship to maternal attributes." *The Journal of Genetic Psychology* 138, S. 231-243.

Hock, E., S. McBride, M.T. Gnezda. 1989. "Maternal separation anxiety: Mother-infant separation from the maternal perspective." *Child Development* 60, S. 793-802.

Hock, E., D. DeMeis. 1990. "Depression in mothers of infants: The role of maternal employment." *Developmental Psychology* 26, S. 285-291.

Hock, E., M.B. Schirtzinger. 1992. "Maternal separation anxiety: Its development course and relation to maternal mental health." *Child Development* 63, S. 93-102.

Immelmann, K., H. Keller. 1988. "Die frühe Entwicklung." *Psychobiologie. Grundlagen des Verhaltens.* Hg. v. K. Immelmann, K.R. Scherer, C. Vogel, P. Schmoock. Weinheim & München: Psychologie Verl. Union, S. 133-180.

Isabella, R.A., J. Belsky. 1991. "Interactional synchrony and the origins of infant-mother attachment: a replication study." *Child Development* 62, S. 373-384.

Isabella, 1993. "Origins if attachment: Maternal interactive behavior across the first year." *Child Development* 64, S. 605-621.

Izard, C.E. 1978. "On the ontogenesis of emotions and emotion-cognition relationships in infancy." *The development of affect.* Hg. v. M. Lewis, L.A. Rosenblum. New York & London: Plenum Press, S. 389-413.

Izard, O.M. Haynes, G. Chisholm, K. Baak. 1991. "Emotional determinants of infant-mother attachment." *Child Development* 62, S. 906-917.

Jacobsen, T., W. Edelstein, V. Hofmann. 1994. "A longitudinal study of the relation between representations of attachment in childhood and cognitive functioning in childhood and adolescence." *Developmental Psychology* 30, S.112-124.

Kagan, J. 1987. *Die Natur des Kindes.* München: Piper.

Keller, H., H.-J. Meyer. 1982. *Psychologie der frühesten Kindheit.* Stuttgart etc.: Kohlhammer.

Kernberg, O. 1976. *Objektbeziehungen und Praxis der Psychoanalyse.* Stuttgart: Klett-Gotta (1989).

Klagsbrun, M, J. Bowlby. 1976. "Responses to separations from parents: A clinical test for young children." *Britisch Journ. of Projektive Psychology* 21, S. 7-21.

Klann, G. 1979. "Die Rolle affektive Prozesse in der Dialogstruktirierung." *Therapeutische Kommunikation.* Hg. v. D. Flader, R. Wodak-Leodolter. Königstein: Ckreiptor, S. 117-155.

Klann-Delius, G. 1986. *Sprachentwicklung und Affektivität*. Unveröffentlichtes Manuskript. Freie Universität Berlin.

Klann-Delius, 1988. *Die Bedeutung der emotionalen Qualität der Mutter-Kind-Interaktion für den Erwerb der Dialogfähigkeit des Kindes - eine empirische Studie*. Unveröffentlichter DFG-Projektantrag. Freie Universität Berlin.

Klann-Delius, 1989. "Affektivität und Spracherwerb." *Praxis der Psychotherapie und Psychosom.* 35, S. 140-149.

Klein, M. 1952. *Das Seelenleben des Kleinkindes und andere Beiträge zur Psychoanalyse*. Stuttgart : Klett-Cotta (1991).

Kobak, R.R., A. Sceery. 1988. "Attachment in late adolescence: Working models, affect regulation, and representations of self and others." *Child Development* 59, S. 135-146.

Köhler, L. 1990. "Neuere Ergebnisse der Kleinkindforschung. Ihre Bedeutung für die Psychoanalyse." *Forum der Psychoanalyse* 6, S. 32-51.

Köhler, L. 1992. "Formen und Folgen früher Bindungserfahrungen." *Forum der Psychoanalyse* 8, S. 263-280.

Krause, R. 1990. "Psychodynamik der Emotionsstörungen." *Psychologie der Emotionen*. Hg. v. K.R. Scherer. Göttingen etc.: Hogrefe, S. 630-705.

Krause, R. 1992. "Die Zweierbeziehung als Grundlage der psychoanalytischen Therapie." *Psyche* 46, S. 588-613.

Laewen, H.-J. 1989. "Zur außenfamiliaren Tagesbetreuung von Kindern unter drei Jahren: Stand der Forschung und notwendige Konsequenzen." *Zeitschrift für Pädagogik* 6, S. 869-888.

Laewen, H.-J., B. Andres, F. Hédervári . 1990. *Ein Modell für die Gestaltung der Eingewöhnungssituation von Kindern in Krippen*. Berlin: FIPP-Verlag.

Laewen, H.-J., 1994. "Zum Verhalten und Wohlbefinden von Krippenkindern." *Psychol., Erz., Unterr.* 41, S. 1-13.

Lamb, M.E. 1977. "Father-infant and mother-infant interaction in the first year of life." *Child Development* 48, S. 167-181.

Lamb, M.E. 1978. "Qualitative aspects of mother- and father-infant attachments." *Infant Behavior and Development* 1, S. 265-275.

Lamb, M.E., A.Th. Ross, P. Gardner, E.L. Charnov, D. Estes. 1984. "Security of infantile attachment as assessed in the strange situation: Its study and biological interpretation." *The Behavioral and Brain Sciences* 7, S. 127-171.

Lamb, M.E. 1988. "Social and emotional development in infancy." *Social, emotional and personality development*. Hg. v. M.H. Bornstein, M.E. Lamb. Hillsdale & London: Erlbaum. S. 359-410.

Langeheine, R. 1980. *Log-lineare Modelle zur multivariaten Analyse qualitativer Daten. Eine Einführung.* München: Oldenbourg.

Lichtenberg, J.D. 1991. *Psychoanalyse und Säuglingsforschung.* Berlin: Springer.

Maccoby, E.E., S.S. Feldman. 1972. "Mother-attachment and stranger-reactions in the third year of life." *Monogr. of the Soc. for Res. in Child Dev. 37,* S. 1-85.

Mahler, M. 1975a. "Symbiose und Individuation. Die psychische Geburt des Menschenkindes." *Psyche* 29, S. 609-625.

Mahler, M., F. Pine, A. Bergman. 1975b. *Die psychische Geburt des Menschen.* Frankfurt am Main: Fischer.

Mahler, M. 1985. *Studien über die drei ersten Lebensjahre.* Frankfurt am Main: Fischer.

Main, M., D. Weston. 1981. "The quality of the toddler's relationship to mother and to father: Related to conflict behavior and the readiness to establish new relationships." *Child Development* 52, S. 932-940.

Main, M. 1982. "Vermeiden im Dienst von Nähe: ein Arbeitspapier." *Verhaltensentwicklung bei Mensch und Tier.* Hg. v. K. Immelmann, G. Barlow, L. Petrinowich, M. Main. Berlin: Prey, S. 751-793.

Main, M., N. Kaplan, J. Cassidy. 1985. "Security in infancy, childhood and adulthood: A move to the level of representation." *Growing points in attachment theory and research. Monographs of the Society for Research in Child Development* 50, S. 66-104.

Main, M., J. Solomon. 1986. "Discovery of an insecure-disorganized/dis-oriented attachment pattern." *Affective development in infancy.* Hg. v. T.B. Brazelton, M. Yogman. Norwood: Ablex, S. 95-124.

Main, M., J. Cassidy. 1988. "Categories of response to reunion with the parent at age 6: Predictable from infant attachment classifications and stable over a 1-month period." *Developmental Psychology* 24, S. 415-526.

Main, M., E. Hesse. 1990. "Parents' unresolved traumatic experiences are related to infant disorganized attachment status: Is frightened and/or frightening parental behavior the linking mechanism?." *Attachment in the preschool years.* Hg. v. M.T. Greenberg, D. Cicchetti, E.M. Cummings. Chicago & London: The University of Chicago Press, S. 161-182.

Malatesta, C.Z. 1982. "The expression and regulation of emotion: A lifespan perspective." *Emotion and early interaction.* Hg. v. T. Field, A. Fogel. Hillsdale, NJ.: Erlbaum, S. 1-24.

Malatesta, C.Z., J.M. Haviland. 1982. "Learning display rules: The socialization of emotion expression in infancy." *Child Development* 53, S. 991-1003.

Malatesta, C.Z., C. Culver, J.R. Tesman, B. Shepard. 1989. "The development of emotion expression during the first two years of life." *Monogr. of the Soc. for Research in Child Dev.* 54, S. 1-113.

Malatesta, C.Z., 1990. "The role of emotions in the development and organisation of personality." *Nebraska Symposium on Motivation 1988.* Hg. v. R. Thompson. Lincoln: Univ. of Nebraska Press, S. 1-56.

Mates, L., R. Arend, L.A. Sroufe. 1978. "Continuity of adaptation in the second year: The relationship between quality of attachment and later competence." *Child Development* 49, S. 547-556.

McBride, S., J. Belsky. 1988. "Characteristics, determinants, and consequences of maternal separation anxiety." *Developmental Psychology* 24, S. 407-414.

Meyer, H.-J. 1985. *Zur emotionalen Beziehung zwischen Müttern und ihren erst- und zweitgeborenen Kindern.* Regensburg: S. Roderer Verlag.

Oswald, H. 1983. "Interaktion." *Enzyklopädie Erziehungswissenschaft, 1.* Hg. v. D. Lenzen, K. Mollenhauer. Stuttgart: Klett-Gotta, S. 446-451.

Oswald, H., 1984. "Rollenübernahme und Mißverständnis." *Kultur im Zeitalter der Sozialwissenschaften.* Hg. v. H. Braun, A. Hahn. Berlin: Reimer Schriften zur Kultursoziologie, S. 111-126.

Papousek, H. 1977. "Die Entwicklung der Lernfähigkeit im Säuglingsalter." *Intelligenz, Lernen, und Lernstörungen.* Hg. v. G. Nissen. Berlin: Springer, S. 75-93.

Papousek, H., M. Papousek. 1986. "Neue wissenschaftliche Ansätze zum Verständnis der Mutter-Kind Beziehung." *Zur Psychologie und Psychopathologie des Säuglings - neue Ergebnisse in der psychoanalytische Reflexion.* Hg. v. J. Stork. Stuttgart-Bad Cannstatt: Frommann-Holzboog, S. 53-71.

Papousek, M. 1984. "Wurzeln der kindlichen Bindung an Personen und Dinge: Die Rolle integrativer Prozesse." *Bindungen und Besitzdenken beim Kleinkind.* Hg. v. Ch. Eggers. München etc.: Urban & Schwarzenberg, S.155-184.

Piaget, J. 1950. *Der Aufbau der Wirklichkeit beim Kinde. Gesammelte Werke 1. Studienausgabe.* Stuttgart: Klett (1975).

Piaget, J. 1959. *Das Erwachen der Intelligenz beim Kinde. Gesammelte Werke 1. Studienausgabe.* Stuttgart: Klett (1975).

Radke-Yarrow, M., E.M. Cummings, L. Kuzcynski, M. Chapman. 1985. "Patterns of attachment in two- and three-year-olds in normal families and families with parental depression." *Child Development* 56, S. 884-893.

Robertson, J., J. Robertson. 1975. "Neue Beobachtungen zum Trennungsverhalten kleiner Kinder." *Psyche* 9, S. 626-664.

Rottmann, U., U. Ziegenhain. 1988. *Bindungsbeziehung und außerfamiliale Tagesbetreuung im frühen Kindesalter: Die Eingewöhnung einjähriger Kinder in die Krippe.* Dissertation: Freie Universität Berlin.

Rutter, M. 1978. *Bindung und Trennung in der frühen Kindheit. Forschungsergebnisse zur Mutterdeprivation.* München: Juventa.

Rutter, M. 1979. "Maternal deprivation, 1972-1978: New findings, new concepts, new approaches." *Child Development* 50, S. 283-305.

Sagi, A. 1990. "Attachment theory and research from a cross-cultural perspective." *Human Development* 33, S. 10-23.

Scarr, S. 1984. *Wenn Mütter arbeiten. Wie Kinder und Beruf sich verbinden lassen.* München: Beck.

Schaffer, H.R., P.E. Emerson. 1964. "The development of social attachment in infancy." *Monogr. of the Soc. for Res. in Child Dev.* 29.

Scherer, K.R. 1979. "Entwicklung der Emotionen." *Angewandte Entwicklungspsychologie des Kindes- und Jugendalters.* Hg. v. H. Hetzer, E. Todt, I. Seiffge-Krenke, R. Arbinger. Heidelberg: Quelle & Meyer, S. 211-253.

Scherer, K.R. 1990. "Theorien und aktuelle Probleme der Emotionspsychologie." *Psychologie der Emotionen.* Hg. v. K.R. Scherer. Göttingen etc.: Hogrefe, S. 1-38.

Scherer, K.R. Wallbott. 1990. "Ausdruck von Emotionen." *Psychologie der Emotionen.* Hg. v. K.R. Scherer. Göttingen etc.: Hogrefe, S. 345-422.

Schmidt-Atzert, L. 1981. *Emotionspsychologie.* Stuttgart etc.: Kohlhammer.

Schneider, K., K.R. Scherer. 1988. "Motivation und Emotion." *Psychologische Grundlagen des Verhaltens.* Hg. v. K.R. Scherer, C. Vogel, P. Schmoock. New York etc., S. 257-288.

Serefica, F.C. 1978. "The development of attachment behaviors: an organismic-developmental perspective." *Human Development* 21, S. 119-140.

Shouldice, A., J. Stevenson-Hinde. 1992. "Coping with security distress: The Separation and Anxiety Test and Attachment Classification at 4.5 years." *Journ. of Child Psych. a. Psychiatry* , S. 331-348.

Spangler, G., K.E. Grossmann. 1993. "Biobehavioral organization in securely and insecurely attached infants." *Child Development* 64, S. 1439-1450.

Spanhel, D., S. Hotamanidis. 1988. *Die Zukunft der Kindheit.* Weinheim: Deutscher Studienverlag.

Spitz, R. 1945. "Hospitalism. An inquiry into the genesis of psychiatric conditions in early childhood." *The Psychoanalytic Study of the Child* 1, S. 53-75.

Spitz, R. 1954. *Die Entstehung der ersten Objektbeziehungen.* Stuttgart: Klett (1957).

Spitz, R.1963. *Vom Dialog.* München: Deutscher Taschenbuch Verlag (1988).

Spitz, R. 1965. *Vom Säugling zum Kleinkind.* Stuttgart : Klett-Cotta (1985).

SPSS. 1988. *SPSSx User`s Guide. 3rd ed.* .

Sroufe, L.A., E. Waters. 1977. "Attachment as an organisational construct." *Child Development* 48, S. 1184-1199.

Sroufe, L.A. 1979. "Socioemotional development." *Handbook of infant development.* Hg. v. J. Osofsky. New York: Wiley, S. 462-516.

Sroufe, L.A. 1981. "Die Organisation der emotionalen Entwicklung." *Kognitive Strukturen und ihre Entwicklung.* Hg. v. K. Foppa, R. Groner. Bern etc.: Huber, S. 14-34.

Sroufe, L.A. 1983. "Infant-caregiver attachment and patterns of adaptation in preschool: The roots of maladaptation and competence." *Minnesota Symposia on Child Psychology, Vol. 16: Development and policy concerning children with special needs.* Hg. v. M. Perlmutter. Hillsdale, N.J.: Erlbaum, S. 41-81.

Sroufe, L.A., N.E. Fox, V.R. Pancake. 1983. "Attachment and dependency in developmental perspective." *Child Development* 54, S. 1615-1627.

Sroufe, L.A., E. Schork, F. Motti, N. Lawroski, P. LaFreniere. 1984. "The role of affect in social competence." *Emotions, cognition and behavior.* Hg. v. C.E. Izard, J. Kagan, R.B. Zanjonc. Cambridge: Univ. Press, S. 289-319.

Sroufe, L.A. 1985. "Attachment classification from the perspective of infant-caregiver relationships and infant temperament." *Child Development* 56, S. 1-14.

Sroufe, L.A., J. Fleeson. 1986. "Attachment and the construction of relationships." *Relationships and development.* Hg. v. W.W. Hartup, Z. Rubin. Hillsdale, NJ.: Erlbaum, S. 51-72.

Sroufe, L.A. 1988. "The role of infant-caregiver attachment in development." *Clinical implications of attachment.* Hg. v. J. Belsky, T. Nezworski. Hillsdale, S. 18-38.

Stayton, D.J., M.D.S. Ainsworth, M. Main. 1973. "Development of separation behavior in the first year of life. Protest, following and greeting." *Developmental Psychology* 9, S. 213-225.

Steimer-Krause, E., R. Krause. 1993. "Affekt und Beziehung." *Beziehung im Fokus. Lindauer Texte.* Hg. v. P. Buchheim, M. Cierpka, Th. Seifert. Berlin et al.: Springer, S. 71-83.

Stern, D. 1974. "Mother and infant at play: The dyadic interaction involving facial, vocal and gaze behaviors." *The effect of the infant on its caregiver.* Hg. v. M. Lewis, L. Rosenblum. New York: Wiley, S. 187-213.

Stern, D. 1979. *Mutter und Kind. Die erste Beziehung.* Stuttgart: Klett-Cotta.

Stern, D., R. Barnett, S. Spieker. 1983. "Early transmission of affect: Some research issues." *Frontiers of infant psychiatry.* Hg. v. J. Call, F. Galenson, R. Tyson. New York: Basic Books, S. 74-84.

Stern, D., L. Hofer, W. Haft, J. Dore. 1985. "Affect attunement: The sharing of feeling states between mother and infant by means of inter-modal fluency." *Social perception in infants.* Hg. v. T. Field, N. Fox. Norwood, N.J.: Ablex, S. 249-268.

Stern, D., 1992. *Die Lebenserfahrung des Säuglings.* Stuttgart: Klett-Cotta.

Stevenson-Hinde, J., A. 1990. "Attachment within family systems: An overview." *Infant mental Health Journal* 11, S. 218-227.

Stevenson-Hinde, J., A. Schouldice. 1990. "Fear and attachment in 2.5 year-olds." *Britisch Journal of Developmental Psych.* 8, S. 319-333.

Stifter, C.A., C.M. Coulehan, M. Fish. 1993. "Linking employment to attachment: The mediating effects of maternal separation anxiety and interactive behavior." *Child Development* 64, S. 1451-1460.

Stork, J. 1986. "Die Ergebnisse der Verhaltensforschung im psychoanalytischen Verständnis." *Zur Psychologie und Psychopathologie des Säuglings - neue Ergebnisse in der psychoanalytischen Reflexion.* Hg. v. J. Stork. Stuttgart-Bad Cannstatt:Frommann-Holzboog, S. 9-52.

Sullivan, H.S. 1953. *The interpersonal theory of psychiatry.* New York: W.W. Norton.

Thomson, R.A., M.E. Lamb. 1984b. "Assessing qualitative dimensions of emotional responsiveness in infants: Separation reactions in the strange situation." *Infant Behavior and Development* 7, S. 423-445.

Tietze, W., H.-G. Rossbach. 1991. "Die Betreuung von Kindern im vorschulischen Alter." *Zeitschrift für Pädagogik* 37, S. 555-579.

Trevarthen, C. 1979. "Communication and cooperation in early infancy: A description of primary interactivity." *Before Speech.* Hg. v. M. Bullowa. New York: Cambridge Univ. Press, S. 321-346.

Trevarthen, C., 1984. "Emotions in infancy: Regulators of contact and relationships with persons." *Approaches to emotion.* Hg. v. K. Scherer, P. Ekman. Hillsdale, NJ: Erlbaum, S. 129-157.

Tulving, E. 1985. "How many memory systems are there?." *American Psychologist* 40, S. 385-398.

van IJzendoorn, M.H., P.M. Kroonenberg. 1988. "Cross-cultural patterns of attachment: A meta-analysis of the strange situation." *Child Development* 59, S.1 47-156.

van IJzendoorn, M.H. 1990. "Developments in cross-cultural research on attachment: Some methodological notes." *Human Development* 33, S. 3-10.

Vaughn, B., B. Egeland, L.A. Sroufe, E. Waters. 1979. "Individual differences in infant-mother attachment at twelve and eighteen months: Stability and change in families under stress." *Child Development* 50, S. 971-975.

Vaughn, B.E., K.E. Deane, E. Waters. 1985. "The impact of out-of-home care on child-mother attachment quality. Another look at some enduring questions." *Growing points in attachment theory and research. Monographs of the Society for Research in Child Development.* 50, S. 110-135.

Vaughn, B.E., G.B. Lefever, R. Seifer, P. Barglow. 1989. "Attachment behavior, attachment security, and temperament during infancy." *Child Development* 60, S. 728-737.

Waters, E., J. Wippman, L.A. Sroufe. 1979. "Attachment, positive affect and competence in the peer group: Two studies in construct validation." *Child Development* 50, S. 821-829.

Waters, E. 1982. "Persönlichkeitsmerkmale, Verhaltenssysteme und Beziehungen: Drei Modelle von Bindung zwischen Kind und Erwachsenem." *Verhaltensentwicklung bei Mensch und Tier.* Hg. v. K. Immelmann, G. Barlow, L. Petrinowich, M. Main. Berlin, S. 721-750.

Waters, E., L.A. Sroufe. 1983. "Social competence as a developmental construct." *Developmental Review* 3, S. 79-97.

Weinraub, M., M. Lewis. 1977. "The determinants of children's responses to separation." *Monogr. of the Soc. for Res. in Child Dev.* 42, S. 1-78.

Weßels, Holger. 1991. *Zur multivariaten Analyse diskreter Daten: Über einige Erweiterungen und spezielle Parametrisierung des allgemeinen log-linearen Modells.* Dissertation: Technische Universität Berlin.

White, R.W. 1959. "Motivation reconsidered: The concept of competence." *Psychological Review* 66, S. 287-333.

Winnicott, D.W. 1965. *Reifungsprozesse und fördernde Umwelt.* Frankfurt am Main: Fischer (1984).

Winnicott, D.W. 1958. *Von der Kinderheilkunde zur Psychoanalyse.* Frankfurt am Main: Fischer (1985).

Zeanah, C., M. Barton. 1989. "Internal representations and parent-infant relationships." *Infant Mental Health Journal.* 10, S. 135-237.

Zelnick, L.M., E.S. Buchholz. 1991. "Der Begriff der inneren Repräsentanz im Lichte der neueren Säuglingsforschung." *Psyche* 45, S. 810-846.

 **DeutscherUniversitätsVerlag**
GABLER · VIEWEG · WESTDEUTSCHER VERLAG

Aus unserem Programm

Andreas Böhm
Patienten im Krankenhaus
Zur psychischen Bewältigung von operativen Eingriffen
1993. 274 Seiten, 20 Abb., 13 Tab., Broschur DM 54,-/ ÖS 421,-/ SFr 54,-
ISBN 3-8244-4123-3
Wie werden Patienten mit einem chirurgischen Eingriff fertig? Der Autor berichtet über eine Studie, in der Patienten ihre je individuell sehr verschiedene Sicht der aktuellen Situation schilderten.

Petra Born
Geschlechtsrolle und diagnostisches Urteil
1992. 312 Seiten, 78 Tab., Broschur DM 56,-/ ÖS 437,-/ SFr 56,-/
ISBN 3-8244-4117-9
Eine fundierte und differenzierte Darstellung des von Psychologinnen und Psychologen des deutschsprachigen Raums vertretenen Konzepts psychischer Gesundheit und der diagnostischen Beurteilung rollenkonformer und rollendevianter Frauen und Männer.

Dorothee Friebus-Gergely
Personwerdung und Partnerschaft
Interaktionelle, individuumzentrierte und philosophische Theorien
zur Paardynamik
1995. 196 Seiten, Broschur DM 44,-/ ÖS 343,-/ SFr 44,-
ISBN 3-8244-4177-2
Die Autorin untersucht und vergleicht die Ursachen und die Dynamik von Partnerschaftskonflikten sowohl aus einer tiefenpsychologischen, individuumzentrierten als auch aus einer auf die Paardynamik gerichteten Perspektive.

Alexandra Haan
Kreatives Erleben im Psychodrama
Zum Kreativitätskonzept in der Psychotherapie
1992. 244 Seiten, 9 Abb., 20 Tab., Broschur DM 49,-/ ÖS 382,-/ SFr 49,-
ISBN 3-8244-4114-4
In diesem Buch wird die Morenosche Kreativitätskonzeption im Hinblick auf ihre psychodramatische Relevanz im klinischen Setting empirisch untersucht.

DUV Deutscher Universitäts Verlag
GABLER · VIEWEG · WESTDEUTSCHER VERLAG

Christiane Ludwig-Körner
Der Selbstbegriff in Psychologie und Psychotherapie
Eine wissenschaftshistorische Untersuchung
1992. 515 Seiten, Broschur DM 89,-/ ÖS 694,-/ SFr 89,-
ISBN 3-8244-4119-5
Von einem historischen Hintergrund ausgehend kann der Leser geisteswissenschaftliche Linien innerhalb verschiedener Psychotherapierichtungen erkennen, die teils schulenübergreifend verlaufen.

Eberhard Nölke
Lebensgeschichte und Marginalisierung
Hermeneutische Fallrekonstruktionen gescheiterter Sozialisationsverläufe von Jugendlichen
1994. 362 Seiten, Broschur DM 69,-/ ÖS 538,-/ SFr 69,-
ISBN 3-8244-4152-7
Prozesse der Marginalisierung von Jugendlichen werden so rekonstruiert, daß das Ineinandergreifen von milieuspezifischen Strukturen, familialen Sozialisationsprozessen, Bildungs- sowie öffentlichen Erziehungsmaßnahmen in den Blick gerät.

Beate Rachstein
Der Aufbau des Selbst beim Kind
Zur Entstehung des Selbstbewußtseins in den ersten Lebensjahren
1992. 208 Seiten, 7 Abb.,
Broschur DM 42,-/ ÖS 328,-/ SFr 42,-
ISBN 3-8244-4041-5
Wie entsteht Selbstbewußtsein in der frühesten Kindheit? Welchen Vorläufer-Prozessen kommt entscheidende Bedeutung zu? Welche Handlungserfahrungen des Kindes tragen zu dieser Erwerbung bei? Diesen Fragen geht die Arbeit nach.

Die Bücher erhalten Sie in Ihrer Buchhandlung!
Unser Verlagsverzeichnis können Sie anfordern bei:

Deutscher Universitäts-Verlag
Postfach 30 09 44
51338 Leverkusen